놀라움의
에세이

일러두기

• 외래어 표기는 현행 어문규정의 외래어표기법을 따랐습니다.

놀라움의
에세이

김사승

대한민국, 서울, 커뮤니케이션북스, 2026

놀라움의 에세이

지은이 김사승
펴낸이 박영률

초판 1쇄 펴낸날 2026년 2월 5일

커뮤니케이션북스(주)
출판 등록 2007년 8월 17일 제313-2007-000166호
02880 서울시 성북구 성북로 5-11 (성북동1가 35-38)
전화(02) 7474 001, 팩스(02) 736 5047
commbooks@eeel.net
www.commbooks.com

CommunicationBooks Inc.
05-11, Seongbuk-ro,
Seongbuk-gu, Seoul, 02880, KOREA
phone 82 2 7474 001, fax 82 2 736 5047

ISBN 979-11-430-1300-2 03300

책값은 뒤표지에 표시되어 있습니다.

for my grandson Teo

이오지마의 깃발처럼
놀라움의 깃발을 세워야 한다
검은 언덕을 기어 올라야 한다

계산된 말을 걸고
불확실성의 사건을 따라
거기 있을 수 있다면
정적 속에 거주할 수 있다면

당혹스러운 일을 당해도
과감히 의심하고
상처를 받아들이고
해체를 주저하지 말고
사물성을 회복할 수 있을 것이다

그리고 그 끝에 서서
묘사하라
네가 겪은
놀라움의 깃발을

들어가면서

뉴스란 무엇일까.

아무 일도 일어날 것 같지 않은 날들, 어제 같은 오늘 하루가 지나가는 일상. 안다. 일상 그 너머 또는 그 아래 어디선가 섬광처럼 일이 벌어지고 있다. 그래도 우리는 아무것도 알지 못한다. 코드로 대신하고 개념으로 얼버무린 단어만 나열되어 있다. 늘 똑같다. 저쪽은 저쪽으로만 흐르고 다른 쪽은 다른 쪽으로만 길이 나 있다.

요즘 뉴스는 이렇다.

사람들은 기다린다.

사실의 나열, 설명, 해석, 그리고 주장. 이걸로 사건의 본질을 다 말하지 못한다. 그렇다고 소리치지만 그렇게 들리지 않는다. 직접 확인한 일인지 알 수 없다. 일을 제대로 하는지도 모르겠다. 그래도 굳이 설득하려 든다. 그건 내가 듣고 싶은 말이 아닌데. 저 혼자 하는 말이거나 하고 싶은 말일 뿐인데. 내게 하는 말도 아닌 것 같다. 흐릿한 사건이 개운하게 풀리길 기다리던 사람들은 이제 외면한다.

요즘 독자는 이렇다.

이런 뉴스는 어떤가.

말 걸기 뉴스. 알려지지 않은(unknown) 것을 이야기하는 뉴스는 말 걸기에 딱 좋다. 이걸 말하기로 오해하면 안 된다. 말 걸기는 말하기와 아주 다르다. 상대를 생각지 않은 말하기와 상대와 합의한 말 걸기는 다른 유다. 화용론(pragmatism)을 따르는 말 걸기를 해야 한다. 말 걸기에 대한 사람들의 기대는 간단하다.

대단한 이야기(what-a-story) 또는 깜짝 놀랄 만한 이야기(gee-whiz story)다. 그렇다. 말 걸기는 이야기다. 일탈의 이야기다. 직접 경험하고 놀란 이야기다. 사람들은 놀라움을 기대한다. 그런데 설명, 해석, 주장은 말하기에 불과하다. 말 걸기는 기다리던 놀라움을 내놓을 때 성공한다.

뉴스는 놀라움의 이야기다.

저널리스트의 일은 그렇다.

말하기라면 일은 간단하다. 저 혼자 주절거리고 그러다 문을 닫아 버려도 문제 될 것 없다. 말 걸기는 상대방이 있는 게임이다. 내놓을 카드가 있어야 한다. 상대는 놀라움을 기대한다. 그러므로 먼저 저 스스로 놀라야 한다. 놀라움은 불확실하다. 일상의 구체적 장소에 있어야 한다. 정적 속에 머물러야 한다. 아주 오래 거주해야 한다. 공동체 속에 진득하게 버티고 있어야 한다.

그러다 어느 순간 사건은 놀라움을 물고 장소로 돌아온다. 사건이 터지면 의심이 일렁인다. 의심을 뚫고 나갈 때 상처를 입는다. 완전히 다른 세상이 열린다. 그 세상을 온전하게 직접 겪어야 한다. 그때 눈이 새롭게 뜨인다. 그리고 개념과 비사물을 해체해야 하는 이유를 알게 된다. 사건의 사물성을 회복해야 한다. 낯섦과 타자성이 드러나는 순간을 위해서다. 그때 놀라움이 일어난다. 놀라움은 직접 겪어야 얻을 수 있다.

그리고 묘사하면 된다. 그중에서도 사물성의 회복을 묘사해야 한다. 묘사가 왜 필요한지 아나. 사람들이 가장 손가락질하는 것은 정파성이다. 정파의 이해관계를 자신의 이해관계와 동일시하는 기이한 현상이다. 애매한 개념을 내걸고 세상을 어지럽히는 대단히 나쁜 작태다. 여기에 빠지면 불가능한 진실, 이야기가 없는 사실을 내놓고 소리소리 지르게 된다. 모두 일의 형식과 틀이 잘못된 탓이다. 사물성의 회복은 그걸 바로잡는 일이다. 거기서 놀라움이 솟아난다. 묘사는 놀라움의 이야기를 들여놓는 일이다.

저널리스트는 놀라움의 이야기를 쓰는 에세이스트다.

이 책은 저널리스트의 일을 이야기한다.

말 걸기, 장소 만들기, 감각 하기, 거기 있기, 정적 속에 머물기, 거주하기, 의심하기, 상처 입기, 해체하기, 회복하기, 묘사하기 등을 이야기한다. 하나의 이야기로 묶여 있지만, 따로 떼어 내도 읽기를 방해하지는 않는다. 모두 독자적 형식이기도 하니까. 이걸 해낼 때 저널리스트는 비로소 노동(labor)에서 벗어나 일(work)로 이전하게 된다. 놀라움을 위한 저널리스트의 일은 이런 형식을 갖추어야 한다. 여태 알던 것과 아주 다른 형식들이다.

저널리즘이 달라지길 바란다.

2026년 1월

서암(瑞巖)* 담장 너머

김사승

* 경희궁 태령전 뒤 후원에 큰 바위가 있다. 상서로운 바위라고 서암이라 한다. 바위에서 작은 샘이 솟는다. 그 바위 기운을 얻으려 광해군이 이곳에 경희궁을 건립했다고 한다. 비 오는 여름날 태령전 뒤에 앉아서 서암을 보고 있으면 생각들이 다 없어진다.

차례

말 걸기

운명 같았다. 비어 있거나, 비어 있어야 하거나, 채울 것도 없거나, 채우지 못하는 것은 운명인 줄 알았다. 200년 넘게 그리 살아 왔다. 그때는 말하는 것이 일인 줄 알았다. 빌 공(空) 자를 저주처럼 이마에 붙이고 다닐 때 욕된 하루가 어떻게 지나가는지 몰랐다. 말하는 것은 큰 위안이었으나 그건 그뿐, 부끄러움을 지우지는 못했다. 이젠 버릴 때가 됐다. 말 걸기로 갈아타야 한다. 전에 없던 자신감이 붙는 건 무엇 때문일까. 혼자 던져진 고독도 그 고독의 절대치인 죽음도 감당할 수 있을 것 같다. 고독과 죽음을 흑막 뒤에 감추고 사람들의 눈을 가린다. 내겐 그런 코드가 있다. 누가 이 코드를 눈치챌까. 개념을 앞세운 코드란 무엇일까. 그 속으로 많은 것들이 사라진다. 사건의 실체를 묻어 버린다. 사건의 놀라움마저 매장한다. 그 속에 나도 묻히고 만다. 저도 멀쩡하지는 않다. 더는 안 된다. 묻어 버린 것, 묻혀 버린 것, 묻히고 만 것. 이제 그것들을 꺼내야 한다. 누가 이 일에 따라 나서겠나. 나 아니면 누가 나설까.

빈 배

저널리스트가 못마땅해하는 메타포가 있다. 빈 배(empty vessel)다. 아무리 애를 써도 진실을 채울 수 없으니 빈 배라고 불리었다. 가장 큰 책임인 진실을 싣지 못한다 했으니 빈 배는 비난의 소리다. 다른 한편에서는 있는 그대로의 사실(fact)만 실어야 하니 사건 전에는 비워 두라 한다. 저널리스트가 택배 기사도 아닌데 어찌 실어 나르기만 하라고 하나. 이 역시 기분이 언짢다. 전자는 진실을 구현해 내지 못하는 무능한 자라는 낙인이다. 후자는 사실 말고 분석, 해석, 의견 등을 내세울 때 탈이 난다는 말이니 실패자라는 손가락질이다.

빈 배는 아는 게 없다는 비난이기도 하다. 앎의 체계나 근본을 갖추지 못했다는 것이다. 틀린 이야기는 아니다. 내 것이라 내세울 만큼 어엿한 형식지가 없다. 얇지만 넓은 면식지는 있다. 이걸로 비난을 면하기는 어렵다. 여기다 뉴스를 지식(news knowledge)이 아니라고 폄훼한다. 잘해야 뉴스를 지식이라고 주장(news knowledge claims)하는 것일 뿐이라고 한다. 이것도 틀린 이야기는 아니다. 어쨌든 허점들이 자꾸 그리고 더 크게 드러났다.

빈 배는 다른 곳에서도 문제를 일으킨다. 미국 정치 이야기다. 정당들은 대통령 선거를 위해 주 단위 비공식 당원 회의인 코커스(caucus)를 연다. 당원들이 모여 후보에 대해 공개 토론하고 지지할 후보를 결정하는 절차다. 끝까지 의견이나 입장을 드러내지 않은 사람들이 있다. 정책에 대한 이해보다는 후보자의 이미지와 수사에 쉽게 영향받는다. 제 생각이 없는 자들이다. 이들을 빈 배라 부른다. 말발이 센 자들이 꼬드기려는 타깃이다.

정치인들도 빈 배 전략을 취한다. 2024년 대선 때 민주당 후보로 나선 카멀라 해리스(Kamala Harris)는 빈 배라고 비판받았다. 특정한 정책을 제안하지 않았다는 것이다. 어떤 성향의 유권자든 모두 끌어들이기 위해 사실상 무정책으로 선거에 나섰다. 빈 배의 선거 전략이다. 빈 배를 내세워 어떤 표든 담요로 덮어 버리겠다는 심산이었다. 표를 위해 아무 생각 없음을 버젓이 공약으로 들이민 것이다. 유권자건 후보건 빈 배는 제 생각이 없는 자들을 이른다.

저널리즘에도 생각 없는 빈 배가 있다. 정파 언론이 딱 여기에 해당한다. 정파의 결론을 무조건 따른다. 거기에 따라 사실도 선택적으로 넣고 뺀다. 판단하지 않는다. 정파의 이해관계를 저의 이해관계와 일치시킨다. 중계진이 경기장에 뛰어드는 격이다. 때로 정파성을 시각의 다양성이라고 우기기도 한다. 정파의 생각이 제 생각이라고 인정하는 셈이다. 정파성은 아무리 생각해도 생각 없는 저널리즘일 뿐이다.

어떤 의미로든 빈 배의 메타포는 심히 불편하다. 저널리즘은 말로 천하를 경영하는 장이다. 허다한 삶들이 겪어낸 경험들로 채워진다. 그걸 빈 배로 단정하다니. 말의 성찬도 삶의 힘든 역정도 거부된다. 모욕감을 느끼는 건 당연하다. 그렇다 한들 대거리하기도 쉽지 않다. 쏘아 올린 이미지가 하도 단단하니 대신할 만한 메타포를 찾기가 쉽지 않다. 미적거리며 여기까지 왔다.

노력이 없었던 것은 아니다. 프로페셔널리즘이나 객관성의 논리는 꽤 탄탄해 보였다. 사건이 터지면 사건 그것만 전달하겠다는 수동성을 제안했다. 안경을 쓰고 보지 않겠다는 순수성도 내걸었다. 말이 그렇지 이건 지키기 어렵다는 건 누구나 안다. 그래도 수동성과 순수성에 사실(fact)을 보태면 충분하리라 생각했다. 그러나 사실은 생명이 없다.

누가, 언제, 어디서, 무엇만 알려 주는 사실은 검색 엔진을 돌리는 도구일 뿐이다. 사건은 이야기다. 이야기는 사실만으로는 안 된다. 맥락이 있어야 한다. 어떻게, 왜를 더해 사실성(facticity)을 들이대는 것은 이 때문이다. 이러면 맥락이 만들어진다. 이 역시 문제가 된다. 사실성은 당연히 사실은 아니다. 사실성은 누구나 이해할 수 있는 범주 안에 있는 단어로 표시된다. 빈도수가 높은 사실을 골라 쓸 뿐이다. 노력은 또 허점을 드러냈다.

정면 돌파를 시도하기도 했다. 빈 배에 맞서 질문을 내세웠다. 질문을 직업의 정체성으로 삼는다고 주장했다. 논리는 있다. 내 것인 것도 내가 아는 것도 없으니 밖에서 얻어 와야 하고 그건 질문으로만 해낼 수 있다. 사실 저널리스트의 일은 질문이 전부다. 질문으로 사건의 프로세스를 짚어 나간다. 잘된 질문은 새로운 세계를 열어 준다. 질문은 답 속으로 스며들면서 다시 질문으로 이어진다. 질문은 흐름이다. 어떻게든 흐름을 이어 나가야 한다. 남에게서 얻어 내야 하지만 질문은 분명히 빈 배를 채울 수 있는 절묘한 수다.

그러나 이것도 쉽지는 않다. 대답의 소리를 듣지 못하고, 그 말귀를 못 알아듣고, 금방 한 이야기를 기억하지도 못하고, 뻔한 말인데도 해석하지 못하고, 거짓말조차 평가하지 못하고, 분명한 대답도 들으려 하지 않고, 다른 질문으로 넘어가지도 못한다면. 질문은 소용없어진다. 껍데기만 그럴듯할 뿐이다. 요즘은 아예 질문이 없다. 마이크를 다발로 묶어 들고 소리만 지른다. 화면에 제 목소리를 담기만 하면 되는 듯이 대답 없는 소리만 앵앵거린다.

빈 배는 채울 수 없거나 채우지 않으려는 동시에 뭐든 실을 수도 있다. 빈 배를 둘러싼 이해관계가 복잡해진다. 진실을 찾아내지 못하고 사실은 사실성에 가려져 버리는데 알게 되는 것은 없다. 여기다 생각 없이 지지하려는 어처구니없는 일까지 더한다. 생각 없는 지지의 폐해는 생각보다 심각하다. 꼬드기는 자들은 배에 실릴 화물만 간섭하는 것이 아니다. 아예 배를 내놓으라 요구하기도 한다. 출입 기자를 식구라고 부르는 정치인의 위세는 간단히 넘길 수 없는 일이다.

진실과 사실을 빌미로 한 비난은 200년 넘게 이어져 왔다. 얼마 전까지만 해도 통했던 절묘한 한 수가 있었다. 권력을 감시하고 비판하겠다고 나섰다. 근대 사회 입법, 사법, 행정의 권력을 감시하겠다고 한 것이다. 이 무지막지한 권력들은 서로 견제하지 않으면 사고가 난다. 권력들끼리 야합하면 더 무서운 일이 벌어진다. 독재는 불 보듯 뻔하다. 피해는 권력 없는 시민들만 입는다. 이때 권력을 감시하고 견제하겠다고 나선 것이다. 생각은 참신했다. 권력 감시는 무주공산의 명분이었다. 가진 권력도 없으니 어떤 권력이든 긴장하며 맞설 것이라고 약속했다. 누구든 비판할 수 있다고 주장했다. 그런데 가만히 보니 이는 자기 공언의 독트린(self-proclaimed doctrine), 즉 저만의 주장이다. 받쳐 줄 제도 한 줄 없다. 더구나 소셜의 시대인 요즘 세상에 감시 기능을 독점하겠다는 고집을 누가 받아들이겠는가.

더구나 생각 없는 지지를 보내는 줏대 없는 빈 배라면 누가 지지하겠는가. 권력과의 긴장은 고사하고 권력과 공생하거나 최소한 권력에 빌붙어 살 것이 뻔하다. 정파성의 실상이 이렇다. 어처구니없게도 반대 진영에만 권력과의 긴장을 요구한다. 긴장은 이상하게 뒤틀려 있다. 독트린은 무너졌다. 흐트러진 긴장 사이로 구린 권력이 탄 빈 배가 항구로 미끄러져 들어온다. 이 상황을 기억해야 한다. 기억이 짧아지면 안 된다.

빈 배의 메타포는 강력했다. 메타포란 애매한 현상이나 상황을 전혀 다른 곳으로 교묘하게 이동시키는 틀이다. 사람들이 믿을 만한 형상을 만들어 '있을 법함(verisimilitude)'을 내민다. 빈 배의 메타포는 그걸 멋지게 해냈다. 이제 벗어나고 싶다. 빈 배의 메타포는 당최 마음에 들지 않는다. 진실, 사실, 무지, 생각 없는 지지는 눈에 보이지도 않고 손에 잡히지도 않는다. 진실은 본래 불가능한 것이고, 사실은 사실성 정도만 가능한 것이고, 무지는 해결하기 어렵다. 생각 없는 지지는 어쩌면 버텨 내기 힘든 정치적 억압의 결과일 수 있다. 빈 배의 지적은 어찌해 볼 도리가 없다. 빈 배의 프레임 안에서는 답이 없다.

프레임을 뒤집어 보자. 빈 배의 메타포가 지적하는 것은 태도가 아니라 결과다. 무지는 태생적인 것이지만 진실, 사실, 지지는 행위의 결과다. 결과를 문제 삼는 쪽은 이야기를 받는 쪽, 즉 독자들이다. 그런데 이들의 기준은 분명하지 않다. 어디에나 공익을 기준으로 제시한다. 틀린 이야기는 아니다. 그러나 공익은 개념일 뿐이다. 실체가 없으니 저마다 아전인수로 해석한다.

이런 기준을 모두의 맘에 들게 충족시키는 것은 어렵다. 기준을 지켰다고 주장해도 못마땅한 자들은 인정하지 않는다. 그렇다. 받는 쪽의 불만을 완전히 해결하는 것은 현실적으로 어렵다. 대신 만드는 쪽의 메타포를 만드는 것은 어떤가. 해결책을 그쪽에서 찾는 것이 논리적으로도 맞다. 문제는 그쪽이 만든 것이니까.

만드는 자의 기준에 집중하자. 물론 그게 없었던 것은 아니다. 제대로 작동하지 않는 것이 문제다. 진솔하고 실체적이고 납득할 만한 것이어야 하는데 그렇지 못했다. 단적인 예가 객관성이다. 객관성을 내세운 것은 애초 장삿속이었다. 1830년대 대중 시장으로 진출하면서 신문을 더 많이 팔기 위한 상업적 전략이었다. 정파든 종파든 어느 쪽도 편들지 않아야 더 많은 사람이 사 볼 것이라는 판단이었다. 그때 내세웠던 것이 객관성이다.

더욱이 객관성은 애초 불가능한 것이다. 누가 봐도 똑같은 사건일 것, 이걸 100퍼센트 완벽하게 기술해 낼 것이 객관성의 조건이다. 이걸 해내겠다고 말하는 것은 뻔한 거짓말이다. 그런데도 객관성을 내세우고 있다. 이것도 장삿속이다. 그걸로 어필하려 한다. 당치도 않는 것을 제 것인 양 우긴다. 객관성이라는 허상을 파는 상술이다.

결론은 간단하다. 만드는 자의 메타포를 만들되 조건을 충족해야 한다. 개념이 아니고 애매하지도 않고 해낼 수 있어야 한다. 현실성 없는 가치를 깔고 있으면 안 된다. 실체가 있어야 한다. 그런 메타포를 찾아내면 된다.

말 걸기

'말 걸기'는 어떤가. 진실, 사실, 무지, 생각 없는 지지, 그것이 뭐든 사람들에게 전달해야 한다. 그러자면 말을 해야 한다. 진실이다, 사실이다, 지지한다 말을 해야 한다. 그런데 엄밀히 말하면 이건 '말하기'다. 말 걸기와 말하기는 구분해야 한다. 말하기는 영어 표현으로 하면 'saying', 'speaking', 'talking' 정도일 것이다. 이는 내뱉는 그 지점에서 일이 끝난다. 배에 실려 있던 화물을 하역해서 그냥 전하는 것이 전부인 것과 같다. 빈 배를 대신할 만한 메타포는 아니다. 비슷한 듯하지만 말 걸기는 전혀 다르다. 영어로 치면 'initiating a conversation', 'starting a conversation'이다. '대화의 시동을 걸다'가 말 걸기의 사전적 의미다. 둘의 차이는 크다.

다시 말하기부터 보자. 말하기는 발화 행위 자체에 방점이 있다. 단순히 무엇인가를 표현하거나 정보를 전달하는 행위다. 누군가에게 뭔가를 알려 주는 것일 수도 있지만, 혼잣말일 수도 있다. 누가 듣는지 구분하지 않기도 한다. 상대방의 존재가 중요하지 않을 때도 있다. 진실, 사실, 생각 없는 지지의 빈 배들은 말하기에 속한다.

말 걸기는 확연히 다르다. 듣는 자가 없으면 성립하지 않는다. 듣는 자에게 먼저 다가가 말을 시작한다. 대화를 요청하는 것이다. 그런데 단순한 대화가 아니다. 말을 거는 것은 말을 주도하겠다는 의지의 표현이다. 말 걸기는 의지가 있어 행한다. 의지는 의도로 진화한다. 두 가지 의도가 있다.

하나는 계산이다. 말을 걸어야 하는 속내가 있다. 다른 하나는 상대방의 반응에 집중하는 것이다. 내 속내에 대한 반응이 중요하다. 말 걸기는 말 거는 자의 의도와 함께 말 듣는 자의 의도도 포함한다. 즉 말 거는 자의 계산에 말 듣는 자는 자기 계산으로 반응한다. 말 걸기는 말의 계산 판에 둘 다 올라설 때 가능하다. 말을 주고받는 것은 계산이 이어지고 있음이다. 그러므로 계산에 합의가 이루어질 때 말 걸기는 성공한다.

말 걸기가 이런 것이라면 새로운 메타포로 삼을 만하지 않은가. 무엇보다 상호 호혜적이다. 말하기보다 위다. 합의에 따라 작동하므로 공중과 같은 불특정 다수의 기준도 아니고 나만의 기준도 아니다. 먼저 말을 건네는 것도 좋은 포인트다. 빈 배처럼 사건에 떠밀려 정신없이 따라다니지 않아도 된다. 계산에 따라 움직이니 능동적이다. 능동적인 만큼 적극적으로 나설 수 있다. 믿어 달라거나 노력하겠다며 애걸할 필요도 없다.

성공 확률을 높이는 방법을 알아보자. 말 걸기는 첫마디가 중요하다. 첫마디가 풀리면 반은 온 것이다. 이후는 주거니 받거니 따라가면 된다. 그러자면 말본새가 좋아야 한다. 말본새란 말하는 태도나 모양새를 이른다. 말 걸기의 성공은 여기에 달려 있다. 화용론(pragmatics)을 알면 말본새가 어떠해야 하는지 알 수 있다.[1)]

화용론에 따르면 말 걸기는 대화의 맥락을 파악하는 데서 시작해야 한다. 말 거는 자의 맥락도 있겠지만 듣는 자의 맥락이 더 중요하다. 들을 준비, 감정, 주제, 관계, 들을 의지를 파악해야 한다. 여기까지는 준비다. 본격적인 말 걸기는 기술을 필요로 한다. 무엇보다 공손해야 한다. 말 걸기의 공손은 예의가 아니라 기술이다. 듣는 자가 누구인지에 따라 공손의 디테일은 달라야 한다.

맥락의 프레임도 만들어야 한다. 프레임이 명료해야 맥락도 분명해진다. 프레임을 따라 맥락 속으로 쉽게 들어오게 할 수 있다. 반대로 긴장을 심어 줄 수도 있다. 어려운 것은 맥락 조정이다. 물리적, 사회적, 문화적 상황에 맞추어 맥락을 조정해야 한다. 또 맥락을 새로 만들 줄도 알아야 한다.

이런 기술들은 말 걸기의 필수 기술에 해당한다. 이것들을 바탕으로 글 쓰는 자인 저널리스트의 말 걸기, 즉 텍스트 말 걸기로 들어가 보자. 텍스트 말 걸기는 고급 말 걸기 영역이다. 뉴스 스토리는 물론, 시, 소설에서부터 연구 논문에 이르기까지 텍스트 말 걸기는 다양하다. 뉴스 스토리의 말 걸기는 그중에서도 독특한 종목에 속한다.

여기서도 역시 첫마디가 중요하다. 텍스트 초반에 관심을 끄는 첫마디를 던져야 한다. 제목이나 첫 문장이 승부처다. '지구는 끓고 있다'라는 제목이나 '올여름 같은 날씨는 이제 일상이 될 것이다. 뭘 해야 하나'라는 첫 문장은 어떤가. 4개월 이상의 혹독한 여름을 겪은 데다 이제 여름은 4월에서 11월까지라는 소리를 들은 사람들의 귀에 쏙 들어올 수밖에 없다.

구체적 사례나 증거를 제시하는 것도 중요하다. 사례나 사실을 내세운 증거는 읽는 자에게 신뢰를 심어 준다. 추상적인 개념이나 주장은 되도록 멀리해야 한다. '최근 5년간 기후 변화로 자연재해가 40% 증가했다'라는 증거는 사람들의 관심을 쉽게 끌 수 있다. 읽는 자는 텍스트를 진지하게 들여다보게 된다.

좀 더 고급 기술로 들어가자. 필살기로 삼을 만한 고급 기술의 하나가 질문이다. 질문은 읽는 자에게 생각할 거리를 던져 주는 기술이다. 앞에 들었던 것을 더 깊이 생각하고 주제를 다시 돌아보게 만든다. 생각을 다음 텍스트로 연결하게 만든다. 감정에 호소하는 것도 고급 기술에 속한다. 공감대를 만드는 것은 그중 하나다. 공감할 수 있는 사례나 이야기는 사람의 감정을 흔들게 마련이다. 개인적인 사연과 관련짓기 때문이다. 논란거리를 툭 던지는 것도 비슷한 효과를 낸다. 논란에 대해 공감할 때 '그 사람들이 겪었다면 이건 우리의 이야기이기도 하다'고 생각하게 만든다.

가장 난이도가 높은 기술은 낯설게 하기다. 예기치 않는 말 걸기는 모든 것을 낯설게 만든다. 낯설게 하기는 읽는 자의 관심과 집중을 단박에 끌어당긴다. 낯섦이 사실(fact), 그것도 예상치 못한 사실을 갖고 있다면 힘은 더 커진다. 경로 의존적 사고 패턴을 한 번에 무너뜨릴 수 있다. 적재적소에 배치하면 효과는 상상 이상이 된다. 낯섦이 만들어 내는 결과는 놀라움(wonder)이다.

놀라움의 힘은 놀랍다. 감정을 강력하게 흔들어 놓을 수 있다. 인식의 반작용을 유도할 수 있다. 읽는 자는 텍스트에 더 몰입하게 되고 반응은 갈수록 강해진다. 놀라움을 잊지 말아야 한다. 읽어 나가면서 알게 되겠지만 이 책의 바닥에 깔린 단 하나의 단어를 꼽으라면 놀라움이다.

주의할 것이 있다. 예상치 못한 사실을 제시하더라도 단어와 문장은 알아듣기 쉬워야 한다. '복잡해 보이지만 문제의 핵심은 간단하다'라는 식으로 낯선 사실을 쉽게 따라오도록 해야 한다.

질문, 공감대 만들기, 논란거리 제시, 낯설게 하기 등의 고급 기술에서 알 수 있듯이 텍스트 말 걸기는 전략적이어야 한다. 읽는 자가 고개를 박고 읽게 만들려면 전략적이어야 한다. 텍스트와 이야기하게 만드는 것이 전략의 핵심이다. 텍스트는 혼자만의 담론(discourse)이 아니라 읽는 자와의 담화(dialogue)가 되어야 한다. 담화로서의 텍스트 말 걸기는 읽는 자가 텍스트를 해석할 수 있도록 해 준다. 읽는 자는 읽음을 통해 자신의 의미를 갖는다. 이때 둘 사이에는 적극적 관계가 만들어진다.

적극적 관계는 말 걸기의 계산에 서로 합의했다는 것을 의미한다. 계산에 대한 합의는 말 걸기를 계속 이어 나가도록 해 준다. 이걸 토론이라고 부른다. 토론까지 성사시키면 말 걸기는 크게 성공한 것이다. 그러나 더 나아가야 한다. 토론이 계속되면 읽는 자는 텍스트를 통해 비판적 사고를 하기 시작한다. 비판적 사고는 읽는 자에게 자신감을 불어넣는다. 남들 앞에서 제 입장을 분명하게 내세울 수 있다. 여기까지 갈 수 있다면 말 걸기는 상찬(賞讚)을 받을 수 있다. 말 걸기의 전략은 이런 걸 모두 내다보아야 한다.

커뮤니케이션

그렇다. 텍스트 말 걸기는 계산의 합의를 향해 나아가야 한다. 이 계산은 어떤 것일까. 또 합의는 어떻게 얻을 수 있나. 계산은 말 거는 자의 의도와 듣는 자의 관계가 거래 가능한가를 따지는 것이다. 계산의 합의는 말 걸기를 통해 말 거래가 가능하다는 것을 확인했음을 의미한다. 말로는 쉬운데 그림이 그려지지 않는다. 말 걸기의 포괄성, 또는 일상성 때문이다. 말 걸기 속에 너무나 많은 논리가 들어 있다. 이걸 정리해야 한다. 다시 말 걸기로 돌아가자.

말 걸기는 인간의 숙명이다. 매일을 살아가는 것처럼 항상 말 걸기를 해야 한다. 말 걸기는 쉬지 않는다. 살아가기 위해 계속 말을 걸어야 한다. 쉽지 않은 일이다. 그럼에도 계속해야 하는 이유는 분명하다. 말 걸기가 가장 추구하는 토론을 만들어 내기 위해서다. 토론은 말 듣는 자의 비판적 사고가 더해지면서 더 강력해진다. 그럴수록 말 걸기는 더 오래 계속될 수밖에 없다.

말 걸기의 지속성은 말 걸기를 커뮤니케이션의 대열에 들어서게 한다. 동네 골목길에서 주고받던 말 걸기가 시내 한복판 대로로 나서는 것이다. 말 걸기가 커뮤니케이션으로 승격하면서 말 걸기의 조건이나 환경이 확 바뀐다. 진행 역시 완전히 다른 논리로 이루어진다. 커뮤니케이션의 논리를 따른다. 이제 커뮤니케이션의 논의로 넘어가야 한다.

커뮤니케이션은 말 걸기를 비롯해 많은 챕터를 거느리고 있는 큰 이야기다. 그만큼 무거운 주제다. 동시에 커뮤니케이션은 인간의 숙명이다. 커뮤니케이션이 왜 인간의 숙명인가. 커뮤니케이션은 문제 해결을 위한 의사 결정의 메커니즘이다. 여기에 주목하자. 커뮤니케이션은 문제와 이의 해결로 구성된다. 문제를 해결하자면 먼저 문제를 파악해야 한다. 문제란 가만있는 나한테 외부 세계가 던져 놓고 간 것이다. 사람들은 이걸 저한테만 해당하는 문제로 다듬는다. 문제를 구성하는 것이다. 그래서 문제 구성에 바탕을 둔 문제 해결은 전적으로 혼자 지고 가야 한다. 문제 해결의 의사 결정은 고독한 것이다. 그래서 커뮤니케이션은 인간의 숙명인 것이다.

좀 더 알아보자. 스타시스(stasis)와 카이로스(kairos)를 비교하면 이해가 쉽다. 스타시스는 문제 구성의 메커니즘이다. 스타시스는 본래 정적 균형 상태를 의미한다. 문제를 초래하는 사건이 더 진행되지 않는 안정된 상태를 말한다. 가만히 멈춰 있으니 문제가 뭔지 알기 쉽다. 이 상태에서 비합의, 모순, 혼잡, 논란, 이슈, 긴장, 갈등, 반목이 무엇인지 파악한다. 또 이것들 사이에 어떤 시퀀스가 숨어 있는지 찾아낸다. 사건의 논쟁점이나 합의하지 못하는 데에 어떤 속사정이 있는지도 확인할 수 있다. 이를 통해 갈

등과 모순들로 가득한 환경을 한눈에 파악할 수 있다.

문제 해결의 메커니즘은 카이로스다. 카이로스는 시간, 정확히 말해 적합한 시간을 말한다. 그래서 카이로스는 적합도를 의미한다. 적합도는 맥락과 연결된다. 카이로스 분석은 그래서 상황적 맥락, 그 맥락의 본질을 파악하는 것을 말한다. 맥락을 파악하겠다는 것은 갈등을 추출하기 위함이 아니다. 갈등의 어떤 요소가 문제 발생의 원인 요소로 얼마나 적합한가를 따진다. 이항 대립으로 분석할 수도 있다. 어떤 결정적 순간이 있는지 확인한다. 이것들을 알면 문제를 일으키는 갈등적 요소들이 어떤 방향으로 흘러가는지 알아낼 수 있다.

스타시스와 카이로스의 이야기에서 뭘 눈치챘는가. 그렇다. 커뮤니케이션은 문제와 동시에 그 해결의 고민을 감당해야 한다. 이것이 커뮤니케이션이라면 커뮤니케이션은 4월의 황무지 같다. 대책도 없이 맞닥뜨리는 봄 아닌 봄의 거대한 폭풍 같은 것이다. 여기서 두 가지 통찰을 얻을 수 있다. 하나는 커뮤니케이션은 무작위의 환경에 맞서야 한다는 것이다. 갈등은 무작위적으로 등장한다. 답을 찾으려면 그 속을 저 혼자 헤쳐 나가야 한다. 다른 하나는 이를 오롯이 혼자 감당해야 한다는 것이다. 그러나 혼자 찾아낸 해결책은 겨우 문제의 방향을 짐작하는 정도에 불과하다.

커뮤니케이션은 이런 무게를 짊어지고 가는 방랑길이

다. 커뮤니케이션의 여정은 인간의 숙명과 묘하게 연결된다. 인간은 무작위의 자연을 상대하며 생존해야 한다. 내가 만든 문제도 아닌데 감당해야 한다. 그러고도 결국 절대 고독 속에 혼자 남겨진다. 그리고 어느 순간엔 혼자서 죽음을 감당해야 한다. 어느 것도 피할 수 없다. 인간은 놀랍게도 이런 운명을 커뮤니케이션을 통해 돌파하고자 한다. 커뮤니케이션과 인간은 엉뚱한 지점에서 서로 얽혀 있다.

예기치 않는 곳에서 이야기를 풀어 가고자 한다. 유대인이고 체코 사람인데 독일에서 공부하다 2차 대전을 맞았고 히틀러를 피해 영국으로 도망갔다. 거기도 미덥지 않아 멀고 먼 브라질로 이민을 갔다. 오래 브라질에서 살면서 주로 포르트갈어로 책을 썼지만 독일어, 영어, 프랑스어로도 책을 썼다. 빌렘 플루서(Vilém Flusser)다. 북아메리카에 마셜 매클루언이 있다면 유럽엔 빌렘 플루서가 있다고들 한다.

특이하고, 다방면에 절충적으로 박식하고, 영향력 있고, 다언어에 능통하고, 늘 이리저리 돌아다니고, 예지력을 갖추었다고 평가받는 인물. 그러나 1991년 11월 독일과 체코 국경에서 교통사고로 사망한 뒤 30년이 지나서야 참고문헌과 독서 목록, 그리고 도서관 수장 도서 목록에 새로 올려지기 시작한 이름이다. 그는 커뮤니케이션의 문제를 자연과 죽음을 중심으로 명쾌하게 설명했다.[2)]

먼저, 첫 번째 고민인 환경과 인간의 관계를 보자. 인간에게 환경은 시련 그 자체다. 벅찬 도전의 대상이다. 가장 힘든 환경은 자연이다. 그래서 플루서는 자연을 커뮤니케이션이 부딪쳐야 하는 첫 번째 상대로 꼽았다. 자연은 인간이 부딪쳐야 하는 제일 강력한 환경이다. 자연에는 제1 자연과 제2 자연이 있다.

본래의 자연은 제1 자연이다. 제1 자연은 무작위의 세계다. 인간이 감당하기 어렵다. 무자비한 혼란을 초래한다. 무의미의 세계나 마찬가지다. 인간에게 문제를 안겨다 주는 환경은 제1 자연과 닮았다. 이 무자비와 무의미를 어떻게 벗어날 수 있을까. 플루서는 커뮤니케이션을 지목했다. 커뮤니케이션을 통해 인간은 제2 자연을 만들어 문제를 돌파하고자 한다고 보았다.

두 개의 자연 사이에 건너기 어려운 큰 강이 흐른다. 설명과 해석의 강이다. 원인과 결과를 규명해 자연현상을 설명하는 자연과학은 제1 자연을 상대한다. 제2 자연은 인문학과 사회과학이 다룬다. 인문학은 자연현상을 해석하고 사회과학은 세상의 현상을 해석한다. 해석을 토대로 현상의 의미를 제시한다. 설명과 해석의 차이는 엄청나다. 구름은 발생 원인을 통해 설명되고, 책은 그 의미를 통해 해석된다. 같은 현상을 다른 차원에서 볼 수도 있다. 구름을 '읽고자' 하는 것은 자연을 인간화하는 것이다. 이것은 인문학이다. 반대로 책의 '기원'을 파악하고자 한다면 자연과학이다.

커뮤니케이션도 비슷하게 둘로 나눌 수 있다. 정보과학은 커뮤니케이션을 정보의 차원에서 분석한다. 정보는 비인간적이므로 이는 제1 자연에 해당한다. 인간을 자연화하는 것이다. 인간 커뮤니케이션은 인간을 중심에 둔다. 인간의 현상으로 커뮤니케이션을 다룬다. 그러므로 이는 제2 자연으로서의 커뮤니케이션이다.

인간이 안고 있는 문제들은 어디쯤 있을까. 무작위적으로 무자비하게 세계가 떠안긴 문제라면 제1 자연에 집중해야 한다. 태풍이나 가뭄이 그렇다. 공동체나 공익처럼 사람들 사이의 일이라면 제2 자연의 논리로 접근해야 한다. 전쟁과 인플레이션을 제1 자연으로 설명할 수는 없다.

문제의 지점을 올바로 파악하는 것이 중요하다. 설명과 해석의 차이만으로 두 자연을 이해하기는 쉽지 않다. 제1 자연과 제2 자연이 전혀 다른 세상일 것 같지는 않다. 둘이 맞닿는 경계 지점도 있지 않을까. 그러자면 다른 관점이 필요하다. 엔트로피(entropy)와 음의 엔트로피인 네겐트로피(negentropy)의 이야기를 들어 보자. 엔트로피는 에너지가 축적될수록 혼란이 심해지고 무작위의 움직임이 강해진다. 정보과학의 논리가 이렇다. 정보가 더 많이 축적될수록 엔트로피는 높아진다. 엔트로피가 높아질수록 질서가 없어진다. 정보 홍수가 혼란을 초래하는 것은 엔트로피가 강해지기 때문이다.

그 반대인 네겐트로피는 인간 커뮤니케이션의 논리다. 정보가 축적될수록 질서가 만들어진다. 축적의 논리를 갖고 있기 때문이다. 인간 커뮤니케이션의 역사는 정보 축적 방법을 개발해 온 역사다. 확보한 정보들을 저장할 수 있는 논리는 사실 독특한 속임수라고 할 수 있다. 인간은 이를 발견하고 만들어 내는 동물이다. 역사는 그 속임수의 결과물인지도 모른다. 인간 커뮤니케이션은 이렇게 확보하고 축적한 정보를 세대를 거쳐 이전해 왔다.

엔트로피와 네겐트로피 둘 다 에너지 강화가 문제라는 인식을 공유하고 있다. 엔트로피는 내버려두고 네겐트로피는 관리한다. 네겐트로피의 동물인 인간은 제 손에 들어온 것들을 저장하고 정리하고 감추는 재주를 갖고 있다. 인간이 어떻게 환경에 대처해야 하는지 어렴풋하게 그려진다. 네겐트로피의 지혜를 다시 끄집어내야 한다.

인간은 때로 제1 자연이 휘두르는 폭력에 침몰하기도 한다. 태풍에 휩쓸리고 지진에 무너진다. 제1 자연의 엔트로피를 감당해야 한다. 그러나 인간이 고민하는 대부분의 문제는 인간들 사이의 일들이다. 인간을 둘러싼 환경은 인간이고 그 속에서 일어나는 인간의 일이 인간을 괴롭힌다. 제2 자연의 현상이다. 이는 네겐트로피의 세계에서 답을 찾아야 한다. 역사적으로 축적된 논리에서 답을 찾을 수도 있다. 속임수 같은 정보 축적 방법을 마련할 수 있을까.

둘째, 혼자서 감당해야 하는 문제, 즉 고독의 문제다. 플루서는 커뮤니케이션은 고독에 대한 인간의 대응이라고 간파했다. 고독의 본질은 혼자라는 것이다. 고독은 누구한테나 들이닥치는 무차별적 고통이다. 그렇다. 고독은 누구에게나 동질적이다. 혼자라서 겪는 고통을 모두가 갖고 있음은 역설적이다. 이 동질성이 인간을 뭉치게 만든다. 인간은 고독을 공유하는 독특한 습관을 갖고 있다. 아무튼 고독은 인간의 궁극적 본질이다.

고독의 최고 수준은 죽음이다. 죽음은 가장 무작위적이고 무자비한 제1 자연이다.[3] 동양과 서양 모두에게 똑같이 닥친다. 죽음 앞에 모든 인간은 동질적이다. 죽음은 삶의 마지막에나 당도한다. 그런데 살아 있는 동안에도 아직 오지 않은 죽음을 자꾸 상기한다. 그것 때문에 고독에 빠진다. 고독의 문제는 죽음에 이르는 삶의 전 국면에 깔려 있다.

커뮤니케이션이 죽음에 이르기까지의 고독을 어떻게 해결한다는 말인가. 죽음과 고독은 그 속을 알 수 없다. 실체는 흑막에 싸여 있고 공포만 보인다. 죽음에 대해 무지하다. 의도적으로 무시하기도 한다. 그러니 죽음은 늘 가려져 있다. 죽음의 흑막은 죽음만큼 고통스러운 것이다.

고통을 견디기 위해 인간은 신화를 만들었다. 죽음의 흑막을 신화적 담론 체계로 만들어 버린다. 예술, 철학, 종교는 가장 효율적인 신화다.

커뮤니케이션은 죽음과 고독의 흑막을 덮어 버림으로써 해결한다. 커뮤니케이션은 상대방을 전제로 한다는 점에 주목하라. 흑막에 덮인 죽음과 고통은 커뮤니케이션에 개입한 사람들로 삽시간에 퍼져 나갈 것이다. 죽음과 고독의 고통은 무자비하며 무차별적이다. 누구나 겪는다.

이 때문에 사람들은 고독과 죽음을 타인과 나누고자 한다. 나눔이 고독과 죽음을 회피하고 인내하게 만든다. 나눌수록 고독과 죽음의 두려움과 고통은 작아진다. 커뮤니케이션은 나눔의 메커니즘이다. 이 메커니즘의 핵심은 연결이다. 죽음과 고독을 매개로 사람들 사이의 관계를 연결해 준다. 이런 점에서 고독과 죽음을 잊게 만들어 주는 커뮤니케이션은 대단히 정치적이다.

여기서 커뮤니케이션이 '만들어지는(making)' 것이라는 점을 감지해야 한다. 예술, 철학, 종교는 물론 정치에 이르기까지 모두 커뮤니케이션이 끼어들어 만들어진다. 만들어진다는 것은 도구와 방법을 동원한다는 것을 함의한다. 커뮤니케이션의 도구는 코드다.

코드란 패턴 속에 정렬된 기호의 체계다. 문화라고 불리는 상징을 직조한다. 코드를 이용해 상징을 만들고 상징이 의미를 낳는다. 커뮤니케이션은 코드와 상징을 통해 인간은 제1 자연의 현상을 설명한다. 이로써 인간은 제1 자연으로서의 고독과 죽음의 고통을 이해하게 된다.

나아가 커뮤니케이션 코드는 사람들이 고독과 죽음을 용납할 수 있도록 해석한다. 그리고 해석을 다른 사람들과 공유한다. 이때 제2 자연이 만들어진다. 인간은 코드화된 제2 자연에 산다. 제2 자연으로서의 고독과 죽음의 고통은 커뮤니케이션 코드로 덮여 버린다. 그리고 이 코드를 사람들과 나눈다. 고독과 죽음을 잊을 수 있는 것은 코드 덕분이다. 코드의 공유로 무작위의 고독과 죽음에 맞서는 것이다. 모든 걸 혼자 감당해야 하는 인간은 용케도 커뮤니케이션 코드라는 비밀 병기를 만들어 냈다.

코드는 당연히 인위적이다. 코드로 만든 제2 자연은 인위적이다. 커뮤니케이션은 당연히 인위적이다. 그런데 커뮤니케이션을 하는 인간은 정작 이를 눈치채지 못한다. 사실 커뮤니케이션 기술의 핵심은 눈치채지 못하게 만드는 데 있다. 인간의 눈을 가려 버린다. 코드로 고독과 죽음을 잊는 것은 사실 이 때문이다. 커뮤니케이션은 음험하다.

커뮤니케이션하는 동안 인간은 제1 자연의 세계를 잊어버린다. 나아가 커뮤니케이션이 만들어 낸 제2 자연이 인위적이라는 것조차 모른다. 커뮤니케이션을 잘한다는 것은 만들어 내고자 하는 것에 중요성을 효율적으로 부여하는 것을 말한다. 이를 가장 잘 해내는 방법이 해석이다.

해석은 실체와 진실을 코드로 가려 버리는 어처구니없는 짓이지만 효과적이다. 해석이 축적되면 네겐트로피를 얻을 수 있다. 인간들 사이의 질서를 확보할 수도 있다. 이러니 인간은 커뮤니케이션에 매달릴 수밖에 없다. 커뮤니케이션은 환경을 혼자 맞서야 하는 인간의 절박한 요구를 이렇게 해결한다.

커뮤니케이션 코드 작업의 대표적인 예가 글쓰기다. 글쓰기는 존재의 실체 그대로를 다루지 않는다. 제1 자연의 본질을 벗어난다. 뉴스는 이런 글쓰기다. 뉴스가 설득의 담론이라는 말은 고독과 죽음의 실체를 감추고 속인다는 것을 에둘러 표현한 것이다. 뉴스 스토리만큼 이걸 잘 해내는 텍스트는 없다. 특히 해석의 재주는 탁월하다. 저널리즘 공동체를 해석 공동체라고 부르는 이유가 있는 것이다.

뉴스를 매일 쓰는 저널리스트는 자신의 글이 결코 사건의 실체는 물론 본질에 다가서지 못한다는 것을 알까. 진실이 아니요, 그렇다고 사실도 아니라는 걸 알까. 모르면서 아는 것처럼 쓰는 건 아닐까. 생각 없는 지지를 내세워 그냥 밀고 나가는 것은 아닌가. 사건에 담긴 진짜 이야기는 무엇인지 고민해 봤을까. 그것은 놀라움이라는 것을 알고 있을까. 그리고 저널리스트의 글쓰기는 말하기가 아니라, 말 걸기라는 것을 짐작이나 할까.

역기능

이제 논의를 옮겨야 한다. 진실, 사실, 무지, 생각 없는 지지의 빈 배로 실어 나르던 말하기에서 벗어나야 한다는 걸 알았다. 듣는 자와의 계산에 합의가 이루어져야 하는 말 걸기로 이동해야 하는 이유도 알았다. 그런데 말 걸기는 계속 이어 나가야 하는 부담이 있다. 문제는 지속의 부담을 커뮤니케이션으로 해결하고자 했다는 점이다.

다른 선택이 있었던 것은 아니지만 커뮤니케이션과의 연결은 문제가 있다. 커뮤니케이션은 말 걸기의 숙제를 독특한 논리로 감당한다. 고독과 죽음의 흑막을 덮어 버리는 것, 이로부터 사람들의 눈을 가리는 것, 즉 코드로 이 일을 해내는 것이다. 인간 커뮤니케이션의 제2 자연은 이렇게 만들어진다. 이것은 분명 속임수다. 우리는 눈치채지 못한다. 코드 덕분이다. 코드는 문제를 해결함과 동시에 문제를 낳는다.

코드로 고독과 죽음을 흑막 속으로 감추는 것은 코드의 역기능을 초래한다. 저널리스트가 쫓는 사건은 사람들의 이야기다. 실체가 있는 것이다. 그런데 저널리즘 코드는 이걸 감춘다. 코드는 개념을 만들어 낸다. 코드가 내세운 개념을 뒤집어쓴 이야기는 당연히 문제가 있다. 말 걸기의 상대인 독자가 이해하기 곤란하다. 실체가 뭔지 알 수 없으니 그렇다. 이걸로 둘 사이의 완전한 계산이 가능할 것 같지는 않다.

독자의 독법(讀法)을 이기는 저널리스트의 작법(作法)은 의미 없다. 시장 없는 상품, 즉 빈 조개껍질이 되고 만다. 빈 배에서 시작된 '비어 있음'의 저주가 다시 살아날 수 있다. 그러므로 저널리스트의 글쓰기는 주의해야 할 것이 아주 많다. 이 에세이가 이야기하고자 하는 것이 바로 그것이다. 독자가 받아들일 수 있는 뉴스의 글쓰기를 이야기하고자 한다.

글쓰기는 문자에 고착된 읽기와 소리로 읽는 두 가지 방식의 읽기가 가능하다. 코드와 개념으로 도배된 글은 문자를 눈으로 훑어가는 읽기만 가능하다. 소리로 읽는 글은 문자의 크기도 다르고, 성조도 있고, 억양도 있다. 줄 바꾸기도 읽는 자의 소리에 맞춘다. 이런 글을 읽을 때 독자는 오래된 기억을 소환할 수 있다. 몸에 배어 쉽게 이해할 수 있는 기억을 끌어내 읽게 된다.

기억은 바로 사건의 실체로 이어진다. 실체를 떠올릴 수 있을 때 독자의 독법과 저널리스트의 작법은 합의에 이르게 된다. 코드 뒤에 가려진 사건의 실체, 그 속에 숨은 놀라움을 제시할 때 그 합의는 더욱 굳건해진다. 사건은 놀라움을 통해 실체를 보여 주기 때문이다. 그러므로 저널리스트는 코드로 만들어진 문어체의 뉴스가 아니라 육성의 구어체 뉴스를 써야 한다. 그래야 사건의 실체를 회복하고 그 놀라움을 발굴할 수 있다.

그래서 이 책은 저널리스트의 작법은 사건의 실체와 놀라움을 건져 내는 데 주력해야 한다고 주장한다. 이것은 그냥 두면 알지도 못하는 사이에 사라질 이야기다. 즉각성에 사라지고, 넘쳐나는 새로운 사건에 압도되어 사라지고, 감각적이고 자극적인 이야기 속에 사라지고, 소셜 미디어들로 희석되면서 사라지고, 사회적 망각 속에 사라지고, 정치가 의도적으로 축소해서 사라진다. 실체를 알아채기 전에 이런 힘들이 들이닥치면 꼼짝없이 사라진다. 모두 자신만의 코드로 마술을 부린다. 어디서나 코드는 난무한다. 저널리스트는 이들의 코드를 파헤쳐야 한다. 이 모두 말 걸기의 형식에 해당한다. 이 책은 그 방법을 이야기한다.

이 책이 제시하려는 것은 가장 소극적 수준의 형식들이다. 적극적 수준이란 자유, 정의 이런 개념들을 내세우는 것이다. 자유나 정의가 그렇듯이 개념이란 모든 것을 애매하게 만들어 버린다. 종국에 가서는 흐지부지된다. 이 책은 개념을 앞세운 형식을 부정한다. 이런 것 가운데 말 듣는 자의 소용에 닿는 것은 없다.

소극적 수준의 형식은 낯설 것이다. 그것도 가장 소극적 수준에서 접근하고자 하니 받아들이기 쉽지 않을 수 있다. 이는 나서서 하는 어떤 일도 하지 않겠다는 것을 말한다. 사실 저널리스트는 스스로 나서서 일을 만들려고 해서는 안 된다. 저널리스트 일의 형식은 본래 이래야 한다. 지켜보는 것이 저널리스트의 일이다. 탐사 보도처럼 나서기로 작정하는 경우도 있지만 이도 제대로 살피려면 사건에서 떨어져 있어야 한다. 떨어져 있다는 점에서 소극적이라는 것이다.

쉬울 것 같지만 그렇지 않다. 주변에서 내버려두지 않는다. 저널리스트는 이용 가치가 크다. 이용하려는 자들의 꼬임과 속임수를 막아내는 효과적인 방법이 있다. 그들이 노는 틀에서 벗어나는 것이다. 이것이 소극적이어야 하는 이유다.

소극적 수준의 형식이란 이런 것이다. 주장하지 말아야 한다. 편들지 말아야 한다. 예단하지 말아야 한다. 정파의 문제를 내 문제인 양 목매달지 말아야 한다. 이런 소극적 형식이 무기력한 것은 아니다. 아무렇게나 끌려다니는 것이 아니다. 간단히 말하면 버티는 것이다. 자기로서 버티는 것이다. 이때 필요한 것이 나를 붙들어 맬 형식이다. 형식에 스스로를 결박하고 풍진 세상 모진 바람을 버텨야 한다. 모든 힘으로부터 버텨야 한다. 오로지 자신의 경험만으로 버텨야 한다. 버텨 낸다면 사건의 본질을 확인할 수 있을 것이다.

이 책이 이야기하고자 하는 형식들은 다음과 같다. 여

기 1장 '말 걸기'에서는 저널리스트의 일이 말 걸기라는 것을 이야기했다. 그 일은 커뮤니케이션 코드로 감추어진 것을 드러내는 것이다. 코드가 숨겨 놓은 것은 놀라움이다.

2장 '사건'은 말 걸기가 다루는 사건의 이야기다. 말 걸기는 사건의 구체성을 놓고 이루어진다. 그러나 사건은 늘 불확실하다. 그 이유를 살펴본다. 장소가 불확실성을 걷어내는 독특한 논리도 알아본다. 그리고 사건의 구체성이 왜 장소와 연결되는지 조목조목 따진다. 저널리스트가 이를 위해 장소 만들기에 나서야 하는 이유도 알아본다.

3장 '거기 있음'은 사건의 가치를 품고 있는 놀라움을 찾아가기 위한 조건들을 이야기한다. 저널리스트는 사건이 놀라움을 갖고 있다는 확신으로 사건에 달려든다. 동시에 독자도 놀라움 때문에 사건으로 고개를 돌린다. '거기 있음'은 놀라움 획득의 조건이다. 그리고 정적 속에 있어야 하고 공동체에 오래 거주해야 한다.

4장 '당혹 또는 당함'은 놀라움의 발동을 다룬다. 이 당혹스러운 놀라움은 갑작스럽고 순간적으로 일어나는 즉각적 놀라움이다. 이는 무엇으로 인한 놀라움(wonder AT)이다. 수동적 놀라움이라는 것이다. 놀라움은 느닷없이 당하는 당혹스러움으로 시작한다. 당혹스러움은 일상 속에서 순간적으로 닥친다. 그러므로 일상성이 그 바탕이다. 감각의 수동적 경험을 제대로 이해해야 한다. 이는 놀라움을 받아들이는 수신기(receptor)나 마찬가지다.

5장 '의심'에서 7장 '회복'에 이르기까지는 놀라움이 깊어 가는 현상을 다룬다. 놀라움이 진득하게 깊어지는 것을 확인할 수 있다. 5장 '의심'은 무엇에 관한 놀라움(wonder ABOUT)이다. 당혹스러움에 대한 의심을 통해 놀라움을 능동적으로 들여다보기 시작한다. 대상을 겨냥한다. 의심은 탐구의 시작이다. 탐구를 통해 놀라움의 느낌을 구체화하고자 한다. 이를 위해 기존의 프레임에 대해 판단 중지한다. 있는 그대로를 보고자 한다. 사건의 저항 때문에 혼란스럽지만 제문론적 차이를 만들어 주는 질문으로 접근하면 된다.

6장 '상처'는 의심보다 훨씬 적극적이다. 상처를 받아들일 때 적극적 놀라움이 일기 시작한다. 기존 구조의 전제와 모순을 해체해서 얻어지는 탈영토화의 놀라움이다. 상처를 딛고 이분법, 결절점, 차연(差延, Différance) 등을 통해 사건을 해체함으로써 얻을 수 있다. 저널리스트의 일은 해체 그 자체라고 할 수 있다. 이들이 해야 하는 사실과 의미의 해체를 살펴본다.

7장 '회복'은 놀라움의 클라이맥스다. 해체의 주적은 추상화된 개념과 비사물화다. 문자성이 만들어 낸 개념화가 얼마나 음험한 결과를 낳는지 분석한다. 개념화의 연장선에 있는 테크놀로지의 비사물화는 사건의 실체를 흐려 버린다. 저널리즘은 지금껏 코딩을 통해 사건을 개념화하고 비사물화해 왔다. 사물의 실체적 사물성을 회복하는 것은 저널리즘의 반성적 행동이다. 그리고 놀라움의 본질을 찾는 길이다.

8장 '묘사'는 놀라움의 이해를 완성하는 글쓰기에 대한 장이다. 글쓰기, 특히 묘사는 사건의 낯섦과 타자성을 드러내는 유일한 방법이다. 주장은 말할 것도 없고 설명이나 해석은 사건의 구체성을 개념화하고 만다. 놀라움의 글쓰기는 글 쓰는 자의 직접 경험에 근거해야 한다. 때문에 이는 에세이 형식을 띠어야 한다. 저널리스트의 글쓰기는 결국 놀라움의 에세이인 것이다.

장소, 거기 있음, 당혹 또는 당함 이런 것들은 놀라움의 상황을 만들어 낸다. 버텨야 하는 상황들이다. 그리고 의심, 상처, 해체와 회복, 묘사는 자신의 경험에 천착해 놀라움을 찾아내려는 노력이다. 이 모두가 가능해야 사건의 본질을 밝혀낼 수 있다. 저널리스트가 따라야 하는 형식들은 이런 것이다. 이 책은 저널리스트의 형식을 다룬 연구 에세이다. 무거운 에세이다.

사건

입구에 들어섰을 때 느꼈다. 여름밤 서늘한 바람. 바람의 끈에
묶여 있는 세상을 보았다. 장소는 사라졌고 멀대 같은 세상은 속
빈 허수아비마냥 휑하다. 골목은 무너져 내리는데 저 혼자 뻗어
있는 저 길은 어디로 갈까. 이름마저 빼앗긴 길들. 머리에 인 저
숫자는 무엇일까. 주인 잃은 이야기들은 숫자를 따라나선다.
숫자들 속으로 사건이 사라진다. 선형의 줄 따라 끌려간다.
맥락을 짚을 수도 없다. 이 가느다란 선에 매달려 연명하겠지.
순서를 기다리는 그 어디쯤 빼꼼히 고개를 쳐드는 것.
어처구니없는 흐름. 느낌만 남은 사건은 늘 구름처럼 애매하다.
겹겹의 선들에 눌려 있으니 알아볼 수 없다. 확실한 건 하나도
없다. 익숙한 언덕을 낯선 사람들이 타고 올라온다. 버려진
사연들을 주워 모은다. 골목과 광장의 사건들이 거기 담겨 있다.
보톡스를 맞은 듯한 재개발의 철거지엔 그런 이야기들이
모여든다. 알겠다. 사건은 그곳에서 일어났다. 누군가 엿보고
있다.

알았다. 말 걸기의 세계, 아니 커뮤니케이션의 세계는 어렵다. 커뮤니케이션 코드가 모든 걸 감추고 속이면서 해결하긴 하겠지만 쉬운 일은 아니다. 저널리스트가 커뮤니케이션에 들어서면 생각과 다른 상황이 펼쳐진다. 악마는 디테일에 있다. 플루서의 담론은 웅장하지만 구체적이지 않다. 저널리스트는 살아 움직이는 구체적인 문제에 달려들어야 한다. 모든 것이 손에 잡혀야 한다.

말 걸기의 입구부터 이해해야 한다. 입구란 드나드는 자리만이 아니다. 외부와 내부를 연결하므로 입구는 경계다. 하나의 공간에서 다른 공간으로 넘어갈 때 반드시 거쳐야 하는 곳이다. 입구를 넘는 것은 과거에서 과거, 현재, 미래가 뒤섞인 곳으로 넘어가는 일이다. 미래를 맞이할 준비가 되어 있어야 한다. 입구를 넘어 내딛는 공간에선 예기치 않은 일이 기다린다. 입구를 넘어설 때 새로운 가능성의 세계로 이동할 수 있다. 그러므로 입구는 전환이 일어나는 곳이다. 이런 기대로 입구에 서야 한다.

전환은 변화를 가져온다. 변화는 이야기를 만들어 낸다. 말 걸기는 전환의 이야기를 노린다. 말 걸기를 따라 변화의 이야기는 흐른다. 흐름을 이끄는 어떤 힘이 있다. 흐름이 지속하는 것도 그 힘 덕분이다. 변화, 흐름, 이야기 이런 것들이 만들어 내는 것. 바로 사건이다. 말 걸기의 입구는 사건이 있는 곳이다.

사건은 사실로만 구성되는 것이 아니다. 누가, 언제, 어디서, 무엇을 보여 주는 사실은 검색을 위한 정보, 다시 말해 기계적 정보일 뿐이다. 이걸로는 사건의 이야기를 만들지 못한다. 맥락을 찾아내야 한다. 사건은 이야기가 되어 흘러가야 한다. 그 흐름의 엔진이 맥락이다. 맥락은 말 걸기의 계산을 만들고 그 속에 녹아 있다. 이 계산에는 사람들의 이야기들이 서로 얽혀 있다. 말 거는 자와 말 듣는 자가 사건에 대해 합의한 계산이다. 사건의 계산이 말 걸기의 흐름을 이끌어 가는 것이다.

그렇다. 말 걸기의 입구는 사건의 계산이 시작되는 지점이다. 여기서 말 거는 자와 말 듣는 자가 만난다. 둘의 계산이 이곳에서 만들어지고 차츰 밖으로 드러나기 시작한다. 상대방의 계산을 들여다볼 수도 있다. 이걸 가능하게 해 주는 것이 코드다. 각자는 자신의 코드를 통해 사건에 대한 카드를 제시한다. 무작위와 무자비 속에 던져진 사건은 이 코드를 통해서만 읽을 수 있다. 빤히 보이거나 누구에게나 주어진 코드가 아니다. 그렇게 읽어 낸 계산의 의미는 제한적이다. 코드의 속과 뒤를 읽어 낼 수 있어야 한다. 놀라움은 그곳에서 만날 수 있다. 그러니 이걸 읽어 내는 독법이 필요하다.

코드는 실체를 덮어 버린다고 했다. 실체는 코드 뒤에서 어떤 모습으로 웅크리고 있는지 알기 어렵다. 코드 뒤는 모든 것이 흐릿하다. 불안하다. 보일 듯 보이지 않으니 불안하다. 사건을 찾아 당도한 입구는 이렇게 막막하고 불안한 곳이다. 모든 것이 불확실하다. 그렇다. 사건은 불확실성을 통해 그 안으로 들어갈 수 있는 미로다. 확실한 것은 사건이 아니다. 적어도 저널리스트에게는 그렇다.

불확실성은 의식이 대상을 완전히 포착하지 못하는 한계 상황에서 발생한다. 사건은 불확실성을 형식으로 삼는 서사다. 불확실성을 앞세워 전환의 순간을 연결한다. 입구는 그래서 기존 질서와 새로운 질서가 교차하는 경계다. 사건이 기존의 안정된 세계관에 도전하고 새로운 가능성을 열어젖히는 순간을 맞이하는 곳, 즉 불안의 지점이다.

역설적으로 불확실성은 불확실성의 크기만큼 가능성을 열어 준다. 동시에 가능성 때문에 불안해진다. 사건은 불확실성이 가능성을 안고 있는 상황이다. 그래서 통제하기 어렵다. 그렇게 되면 그간의 지식과 세계관은 위협당할 수밖에 없다. 두려워지게 된다. 불확실성에 대한 두려움은 완전한 무지에서 생기는 것은 아니다. 아는데 조금 알거나 희미하게 알 때 삐져나온다.

일상생활을 생각해 보라. 늘 거기 있으니 그게 뭔지 알 것 같은데 충분히 잘 모를 때가 있다. 이때 어떤 선택을 해야 한다면 두려워진다. 사건이 맥락 없는 사실, 단편적 정보들만 보여 줄 때가 이런 때다. 사실을 수집했다고 끝나는 건 아니다. 이것만으로는 불확실성이 열어 놓는 가능성, 통제 불가능성, 위협 등에 맞설 수 없다. 저널리스트는 본능적으로 두려움을 몸으로 느끼게 마련이다. 두려움을 느끼지 못한다면 사건을 다룰 자격이 없다.

그래도 불확실성의 정체는 퍼뜩 와닿지 않는다. 불확실성이 스쳐 간 흔적을 찾는 것이 빠를지 모른다. 애매함을 보자. 애매함은 불확실성이 낳은 결과다. 그래서 사례를 찾을 수 있다. '말이 애매하다'고 한다. 같은 것에 대해 하나 이상의 단어, 구, 문장이 존재할 때 애매해진다. 하나의 문장인데 의미가 둘 이상일 때도, 말의 의도가 분명치 않을 때도 애매해진다. 어느 경우든 하나 이상의 해석이 가능한 상황이다.

말 거는 자가 애매함을 일으키기도 한다. 의도를 분명하게 제시하지 않을 때, 전혀 다른 두 가지 태도를 보일 때, 확신이 없을 때, 결론을 내리지 못하고 우물쭈물할 때 애매함을 피할 수 없다. 애매함은 그 뒤에 어떤 것, 알 수 없는 어떤 것, 즉 불확실성이 숨어 있을 것이라는 생각 때문에 일어난다. 애매함은 그래서 불확실성이 남긴 흔적이다.

위험도 불확실성을 알려 주는 지표다. 통제할 수 있는 문제는 위험이다. 위험은 다룰 수 있다. 통제를 벗어난 문제는 불확실성의 영역에 남는다. 위험은 이상함(odds)을 아는 상태지만 불확실성은 그조차 모른다. 그러므로 위험을 인지하면 곧바로 불확실성이 그 주변에 어슬렁거린다는 걸 알아야 한다.

위험은 불확실성으로 가는 길목, 즉 징후다. 위험은 쉽게 불확실성으로 이전할 수 있다. 이를 촉발하는 기제는 많다. 이런 일을 하는 악역 중의 하나가 뉴스다. 뉴스는 위험을 판다. 위험을 지속하고 확산한다. 뉴스에 위험 요소가 많아지면 반드시 불확실성이 뒤따를 것임을 짐작해야 한다.

불확실성은 다양한 해석을 낳는다. 새로운 방식으로 세계를 드러내고 해석할 수 있는 공간이다. 많은 해석은 많은 기대를 촉발한다. 사건이 어디로 흘러갈지 호기심을 일으킨다. 사건의 의미와 방향을 추측하게 만든다. 불확실성은 이렇게 해석의 여지를 제공함으로써 사건의 서사에 몰입하게 만든다. 몰입하면 불확실성의 서사는 더욱 깊어진다.

물론 단순한 정보에 기대거나 거기에 만족하면 서사도 몰입도 불확실성도 쉽게 무너지고 만다. 이걸 넘어선 실체에 다가서고자 노력해야 한다. 그렇지 않으면 입구 언저리에서 주저앉고 만다. 입구 너머 있는 무엇인가를 앞에 두고도 보지 못한다. 입구는 비밀의 문이 되고 만다. 이럴 때 애매함만 커진다.

불확실성 때문에 사람들은 쉬운 길로 가려 한다. 직접 눈에 보이는 것들에 의지하는 것을 나무랄 수만은 없다. 상황에 의존하는 것이 그런 예다. 행태 경제학(behavioral economics)을 보라. 소비자가 처한 상황이 의사 결정의 근거가 된다. 차가운 방에 있는 사람은 더운 방에 있는 사람보다 부정적 답을 내놓는다. 그런 경향이 있다. 불확실성에 빠진 상황은 본질과 상관없는 방향으로 빠질 수 있다.

이런 일은 어디서나 벌어질 수 있다. 누구나 정보를 충분하게 갖기는 어렵다. 롱테일(long-tail)의 꼬리에 길게 매달린 80%를 생각해 보라. 이들은 20%의 정보로 살아간다. 불확실한 판단에 내몰릴 수밖에 없다. 20%의 시장 주도 세력은 80%의 정보를 갖고 있다. 이 역시 완전한 것은 아니다. 잘못된 결정을 내릴 가능성은 여전히 남아 있다. 불확실성의 정도가 다를 뿐이다.

불확실성에 내몰리면 피상적 정보, 겉으로 드러난 정보에 매달리게 된다. 완전한 정보보다 자기 입맛에 맞는 정보를 택한다. 대신 자기만의 룰을 따라가려 한다. 또는 자신의 경험 메커니즘을 이용하거나 감정에 휘둘린다. 그러다 '대충 이만하면 돼(good enough)'라는 식의 결정을 내린다. 만족할 수도 없고 완벽하지 않다는 것을 알아도 그렇게 결정한다. 불확실성은 엉뚱한 곳으로 사람들을 내몰 수 있다.

불확실성이 입구를 가로막는 방해물만은 아니다. 불확실성은 말 걸기 커뮤니케이션의 매력적인 자원이기도 하다. 다 아는 이야기나 혼자 해결할 수 있는 문제는 쳐다보지 않는다. 다른 사람들과 나눌 만한 이유가 없기 때문이다. 불확실성의 뉴스 가치는 매우 높다. 주고받을 만한 내용이라는 것이다. 비즈니스도 마찬가지다. 시장의 불확실성, 미래의 불확실성 등은 이해 당사자 모두에게 중요한 이슈다. 불확실성은 뉴스의 훌륭한 주제이자 소재다.

그럴 만한 이유가 있다. 무엇보다 불확실성은 열린 구조다. 기존의 믿음이나 고정된 의미를 의심하도록 부추기기 때문이다. 확고한 중심이 흔들리면 이야기는 열려 버린다. 열린 구조는 은폐된 것 다시 말해 은폐된 채 버려져 있던 가능성을 수면 위로 끌어 올린다. 사건을 풍부한 이야기로 만들어 내는 것은 이런 것들이다. 말 걸기의 저널리즘이 필요로 하는 자원은 이런 데서 생성된다.

불확실성이 이야기를 풍부하게 만드는 것은 분명하다. 그러나 불확실하므로 상징과 메타포를 동원하기도 한다. 불확실하니까 다양한 해석이 가능하도록 하기 위한 전술이다. 상징과 메타포를 동원한 불확실성의 이야기는 열린 텍스트다. 독자가 텍스트의 불확실성과 모호성을 적극적으로 해석하고 새로운 의미를 창출하도록 만든다. 이야기가 전하고자 하는 진실은 견고한 성채가 아니다. 상징은 진실이 얼마나 두꺼운 층들로 켜켜이 쌓여 있는지 드러낸다. 불확실성은 이를 드러내는 도구다. 불확실성이 텍스트와 텍스트의 구조를 열어 놓음으로써 이야기의 미학적 가치는 한층 높아진다.

불확실성의 크기를 가늠해 보자. 불확실성을 한 손에 거머쥘 수는 없다. 간단히 말하면 불확실성이란 과거, 현재, 미래의 사건에 대한 충분하지 않은 지식을 가진 상태다. 불확실할 때 더 많이 알려고 애쓰는 것은 정보나 지식이 문제를 해결해 주리라 생각하기 때문이다. 알고 있는 지식과 더 알아야 하는 지식 사이의 갭이 문제다. 이는 의사 결정에 필요한 지식과 동원할 수 있는 지식 사이의 갭을 말한다.

갭이 극단적으로 커지면 불확실성의 가장 심한 수준인 블랙스완(black swan)이 된다. 이는 '매우 일어날 것 같지 않은 것(the highly improbable)'을 말한다. 세상에 없는 검은 백조처럼 블랙스완은 상상이 안 되는 불확실성이다. 사건과 관련된 어떤 것도 모른다. 정상적 예측치를 벗어나 어떤 전문가도 이해하지 못한다. 어떤 문제 해결책에 대해서도 합의에 이르지 못한다. 만인에 대해 만인이 전혀 다른 생각을 하는 상태다. 즉 블랙스완의 불확실성은 혼돈이다. 알아야 할 필요가 있는 것에서 블랙스완에 이르기까지 불확실성의 영역은 넓고 크다.

장소

불확실성은 우리를 둘러싼 환경에서 일어난다. 사회, 경제, 기술의 발전은 무수한 변이를 만들어 낸다. 이것들이 원인인 경우가 많다. 이런 불확실성은 누가 와도 일어난다. 누구에게나 무차별적으로 드러난다. 이런 논리는 너무 두루뭉술하다. 이렇게 뭉뚱그리면 불확실성은 더 불확실해진다. 둘로 나눠 보자.

하나는 나로 인해 일어나는 불확실성이다. 인식론적 불확실성이라 부른다. 이는 인식의 부족, 즉 무지 때문에 일어난다. 전혀 모르기 때문이 아니라 필요한 지식이 부족할 때 일어난다. 열심히 공부해서 부족한 지식을 메꿔 나가면 해소될 수 있다. 존재론적 불확실성도 있다. 블랙홀은 존재 자체가 불확실성이다. 누구라도 이건 어찌해 볼 도리가 없다. 이런 불확실성이라면 해결을 포기해야 한다. 변이를 일으키는 요소들을 파악하고 분석하는 것이 할 수 있는 전부다.

불확실성은 늘 흐릿하다. 존재론적이든 인식론적이든 불확실성은 또렷하지 않다. 그러니 모습을 구체적으로 드러내는 것이 급선무다. 존재론적 변이가 어떤 것인지, 부족한 지식이 어디에 속한 것인지, 정상 범위를 벗어나는 이유가 뭔지 윤곽이라도 그려 내야 한다. 그 징후들을 표면

위로 드러내야 한다. 효과적인 방법의 하나가 문제화(problematization)다.

이는 불확실한 대상을 일단 표면 위로 떠올리는 것을 말한다. 불확실성의 징후인 위험을 문제화할 수 있다. 위험이란 이상함을 느끼나 실체가 드러나지 않는 상황이다. 위험의 문제화는 사전 예측적이고 사전 행동적이다. 안타깝게도 예측은 불확실성의 실체를 드러내지 못한다. 흐릿한 윤곽 또는 윤곽의 개념만 던져놓고 만다.

문제화만으로는 부족하다. 문제화는 자칫 불확실성을 개념으로 끌어내릴 수 있다. 불확실성이 더 미궁으로 빠질 수도 있다. 다른 것이 필요하다. 불확실성 자체를 찾기보다 그것이 자리 잡은 구체적 근거를 찾는 것이 더 효율적이다. 불확실성의 플랫폼을 찾자는 것이다. 가장 확실한 플랫폼은 장소(place)다.

낯선 골목길, 어두운 숲, 끝이 보이지 않는 사막은 사건의 본질을 불확실성 속으로 몰고 가는 장소다. 기울어진 공간, 폐쇄된 공간은 방향 감각 상실, 고립, 불안을 초래하는 장소다. 도심의 복잡한 교차로, 정체를 알 수 없는 폐공장은 사건이 어떻게 전개될지 예측할 수 없게 만드는 장소다. 낡은 저택은 사건의 불확실성과 두려움을 증폭하는 장소다. 법정이나 관청은 사건의 방향과 결과를 예측할 수 없게 만드는 권력의 장소다. 장소에서는 다양한 모습의 불확실성이 일어난다. 즉 불확실성의 진원이다.

장소를 알면 사건이 보인다. 그게 사람이 다니지 않는 낯선 골목길인지, 신호등으로 교통을 통제하는 도심 교차로인지, 재개발을 앞둔 낡은 주택가인지 알면 불확실성은 하나씩 걷히기 시작한다. 장소는 사건이 발생할 수 있는 물리적, 사회적 조건이다. 시간 및 행위자와 연결하면 사건의 불확실성은 줄어든다. 장소를 통해 사건은 서서히 형체를 드러낸다.

장소는 단순한 물리적 공간이 아니다. 인간 경험의 중심이다. 사건과 사물을 지각할 수 있고, 정서적으로 연결되어 있으며, 의미가 생성되는 현장이다. 사건을 경험하고 해석하는 의미의 장(場)이다. 사람들은 장소에 자신의 경험과 기대를 반영한다. 때로 의도를 투사하기도 한다. 장소에는 불확실성의 증거가 어딘가 묻어 있게 마련이다. 장소가 확실하면 사건 역시 확실해진다. 그 반대도 마찬가지다.

장소는 이런 역할을 해낼 만한 근거가 있다. 첫째, 장소는 구체적 실체다. 사람들의 행위가 일어나는 물리적 지점이다. 장소가 없으면 행위는 일어날 수 없다. 행위의 근거인 것이다. 사건은 장소에 널려 있는 요소들과 불확실하게 얽힐 때 일어난다. 둘째, 장소는 그곳에서 일어나는 행위들과 모종의 관계가 있다. 이 관계가 행위의 의미를 만든다. 장소의 의미 역시 이 덕분에 지속한다. 그래서 불확실성이 어떤 증거를 남겼다면 이는 장소에 보관되어 있다고 보면 된다. 셋째, 장소는 권력 구조를 반영한다. 장소의 구성과 구조는 권력 관계와 권력의 의미를 내재하고 있다. 행위와 장소의 관계는 권력을 은유한다. 넷째, 장소는 다양한 행위의 가능성을 갖고 있다. 현재는 물론 미래 행위의 잠재력을 보유한다. 장소를 잘 살피면 불확실성의 미래 모습을 점칠 수 있다.

이 모든 것이 장소의 스토리텔링 능력을 키워 준다. 장소가 가진 물리적 형식, 위치, 의미 등이 통합되어 행동과 의미를 만든다. 통합이 어긋나면 반대로 모든 것이 흐려진다. 이럴 때 장소는 불확실성의 온상이 된다. 사건은 혼돈으로 빠지고 만다. 장소는 의미도 불확실성도 만들어 내는 독특한 지점이다.

장소는 물리적 공간이지만 정태적 환경으로 이해하면 안 된다. 장소는 게임의 플레이어다. 상황을 이해하고 해석하는 맥락을 제공한다. 다름, 권력, 불평등, 집단행동 등 문제를 일으키는 요소를 제공한다. 저만의 물질적 형식들을 통해 사건에 개입한다. 방이나 건물, 도시 구조를 생각해 보라. 이것들은 사람, 관행, 사물, 사건, 그리고 이것들의 재현으로 채워진다.

여기에 의도나 의미가 작용할 때 사건이 일어난다. 장소의 의도나 의미를 알지 못하면 사건도 불확실해진다. 장소는 사회의 다양한 특성들이 구현되는 구체적 실체인 것이다. 그래서 지리학자 이-푸 투안(Yi-Fu Tuan)은 토포필리아(topophilia)라는 개념으로 장소를 '절실한 가치의 중심(center of felt value)'이라고 강조했다.

사건이 장소에 녹아들어 가는 것은 자연스러운 현상이다. 장소의 맥락이 사건을 자연스러운 것으로 만들어 준다. 사건의 발생과 전개, 그리고 결말의 개연성은 장소 덕분이다. 장소는 다양한 맥락을 갖고 있다. 장소를 경험하는 사람들과의 관계, 불확실성의 플랫폼으로서 역할, 장소가 요구하는 규범 등이 모두 장소의 맥락이다. 이것들이 결합하면 또 다른 맥락이 만들어진다. 불확실성은 장소의 맥락들에 걸려들면서 모습을 드러낸다. 장소의 맥락들을 찬찬히 살펴보자.

먼저 장소의 물리적 특성이다. 이는 사건이 발생할 수 있는 지평(horizon)[4]을 제공한다. 장소의 지평 덕분에 장소는 단순한 물리적 좌표를 넘어선다. 경험, 시간성, 관계, 의미가 축적되는 살아 있는 공간이 된다. 이렇게 되면 장소는 경험을 위한 열린 구조의 가치를 지닌다. 보이는 것 또는 현재의 모습과 기억, 기대, 가능성과 같은 보이지 않는 것이 공존한다. 어떤 장소에서 즉각적으로 경험하는 것은 일부에 불과하다.

또 사람들은 자기만의 각도로 특정한 요소에 집중한다.

작은 방이라 해도 누구도 그 전체를 경험하지 못한다. 광장의 경험은 말할 것도 없다. 지역이나 나라의 경험은 어떻겠는가. 반드시 경험하지 못하는 구석이 남아 있다. 문제를 보완하기 위해 사람들은 추론과 상상을 통해 장소 전체를 판단하려고 한다. 이는 당연히 더 큰 불확실성으로 이어진다.

경험하지 못한 나머지는 지평 속에 기다리고 있다. 장소의 역사나 문화적 맥락은 지평으로 남아 있다. 경험은 보이는 것과 보이지 않는 것을 연결하는 지평 속에서 이루어진다. 그러므로 지평은 현상과 함께 그 현상의 뒤에 머무르고 있는 배경 또는 맥락을 포함한다. 시간이 흘러 경험이 쌓일수록 장소에 대한 지평은 확장한다.

그 속에 불확실성이 숨어 있다. 때로 장소는 불확실성을 제한하고 구체화하기도 한다. 낯선 장소에서 겪는 불안은 불확실성의 미니어처 같은 것이다. 장소의 낯선 구조와 형태, 낯선 레이아웃, 낯선 규칙, 그곳의 낯선 사람들은 이방인에게 힘든 대상들이다. 아는 것보다 모르는 것이 더 많은 공간을 만들어 내기 때문이다.

도시의 복잡하게 얽힌 길들, 혼란스러운 주변 환경, 정보가 부족한 공항, 잘못된 표지판은 어디로 가야 할지, 무엇을 해야 할지 모르게 만든다. 불확실한 이미지만 다가온다. 안전하지 않다고 느낀다. 그런 것들이 다시 불확실성을 만들어 낸다. 장소의 물리적 특성들은 불확실성의 출처인 것이다.

장소가 변하면 불확실성의 출처들도 흔들리게 된다. 장소는 시간이 흐르면 변한다. 사람들도 바뀐다. 도시 개발을 생각해 보라. 익숙했던 장소지만 재개발로 구조 자체가 바뀌어 버린다. 익숙함은 사라지고 모든 것이 낯설다. 장소에 대한 이해는 상황적이고 주관적인 것으로 변한다. 장소가 요구하는 규범도 달라진다. 장소 해석의 혼란이 일어난다. 장소에 대한 기대나 경험이 배반당한다. 불가피하게 불확실성의 출처도 흔들리게 된다.

또 다른 중요한 맥락이 장소 규범이다. 장소는 어떻게 행동하고 의사소통할지를 규정하는 그곳만의 규범이 있다. 이는 변하지 않거나 적게 변한다. 쉽게 변하지 않는다. 장소 규범 덕분에 장소는 저마다 독자적으로 작동한다. 장소 맥락을 통제하기도 한다. 대표적인 규범이 장소의 커뮤니케이션 규칙이다.

법정의 커뮤니케이션 규칙을 보라. 법정에서는 엄격한 규칙에 따라 증거를 제시하고 논의를 진행한다. 분명한 결론에 도달하기 위해서다. 이런 공식적 장소의 규칙은 엄격하다. 규칙은 강제 요구다. 지키지 않을 때는 대가가 따른다. 규칙이 제대로 지켜지지 않는 지점이 어딘지 눈여겨봐야 한다. 바로 그곳에서 불확실성이 발생한다. 규칙이 깨지는 순간에 불확실성이 모습을 드러낸다. 그걸 포착해야 한다.

장소는 특정한 행동을 요구한다. 이 역시 장소 맥락이다. 그 장소에 맞는 적절한 행동이 뭔지 이해하지 못할 수 있다. 그런 채로 행동할 경우 어떻게 될까. 불확실성의 확률은 높아진다. 낯선 곳에서는 늘 일어나는 일이다. 그래서 낯선 장소는 불확실성이 가득 차 있다. 두 장소의 경계 지점도 그런 곳이다. 사적 장소와 공적 장소는 경계를 두고 전혀 다른 행동 규범이 지배한다.

경계가 모호해지는 순간 또는 지점을 포착해야 한다. 예기치 않은 행동이 일어날 확률이 높다. 집과 학교의 경계를 잘못 알면 예상치 못한 일이 일어난다. 그게 불확실성이다. 경계는 불확실성의 상습적 출처다. 확실함의 장소가 불확실성의 근거로 변하는 지점이 경계다. 경계를 무시하는 행동이 많아지면 불확실성은 자꾸 커진다. 경계를 주시해야 한다.

가장 놀라운 장소 맥락은 사람이다. 사람 때문에 장소의 맥락이 달라진다. 특히 사람은 장소의 불확실성을 악화시킨다. 우선 사람마다 장소에 대한 경험이 다르다. 자신이 지각할 수 있는 범위 안에서 사물, 환경, 사람들과 상호 작용한다. 때로는 장소에 대해 불충분한 지각 또는 잘못된 지각을 갖고 상호 작용한다. 장소 경험은 불완전해지고 장소 맥락은 달라질 수밖에 없다. 사람마다 장소에 대한 이질적 경험을 하는 것이다. 이렇게 장소는 불확실해진다.[5)]

사건

출처를 찾았다고 불확실성이 걷히는 것은 아니다. 장소는 불확실성의 출처를 알려 주고 맥락도 제공한다. 그렇다고 불확실성을 온전하게 거머쥐기는 어렵다. 불확실성을 장소에 얽어매는 뭔가가 있다. 장소에 불확실성이 떠올랐을 때는 어떤 힘이 있어 밀어 올린 것 아니겠는가. 바로 사건이다. 의심할 것 없이 불확실성은 사건과 밀접하게 연결되어 있다. 사건 자체가 불확실성이다. 그래서 사건의 가치가 있는 것이다.

그러나 불확실성은 사건 이전부터 어딘가에 잠복하고 있었을 수도 있다. 불확실성의 본질은 사건보다 더 깊은데 있다. 어딘가 도사리고 있다가 사건을 만나 뛰쳐나온다. 이 경우 사건은 불확실성을 폭발시키는 기폭제가 된다. 다시 말해 사건이 터짐으로써 불확실성을 만날 수 있게 된다. 저널리스트가 마주하는 것은 사건이 아니라 사건이 안고 있는 불확실성인 것이다.

사건이란 간단히 말해 일상생활의 흐름을 중단하고 주

의를 끌면서 의미를 창출하는 해프닝이다. 간단한 것 같지만 사건은 어디에서나 찾아온다. 일상은 가장 낮은 수준의 사건이다. 햇살이 피부에 닿는 느낌, 지나가는 차의 숨 가쁜 엔진 소리, 음식의 차가운 맛. 눈에 뜨이지도 않고 눈치챌 만한 것도 아닌 것들이다. 그러나 생활 세계의 직접 경험을 즉각적으로 만들어 낸다. 일상적 존재의 질감을 구성한다. 이때 일상은 갑자기 다르게 드러난다.

커피 한 잔을 마시는 것, 대화를 나누는 것 역시 사건의 순간이다. 일상의 매 순간이 사건이다. 이런 순간이 있어 우리는 세상을 이해하고 상호 작용하는 방식을 만들 수 있다. 일상생활의 흐름이 사건을 포괄하고 있다.

그러나 눈에 뜨이지 않든 눈에 들어오든 일상의 사건은 감각을 곤두세워야 눈치챌 수 있다. 사건은 일상생활의 통상적인 흐름을 방해하는 것들이다. 예상치 못한 만남이 그런 사건이다. 이때 일상성은 중단된다. 중단은 주의를 끈다. 그러면서 당연하게 여기는 일상의 구조를 다시 인식하게 된다. 동시에 평소 인식되지 않는 구조와 가정을 드러낸다.

사건은 직접 경험의 질감을 변형시키는 것보다 더 많은 것을 포함한다. 의미의 변형을 가져온다. 깊은 상실을 경험할 때를 생각해 보라. 관계, 자기 정체성 등을 다르게 이해하게 된다. 이는 단순한 해프닝이 아니다. 사건은 직접 경험의 의미를 재구성한다.

사건이 더 깊이 진행하면 사건 속의 어떤 존재가 드러난다. 이는 새로운 것에 대한 개방의 순간이다. 사건에 대한 우리 존재도 새로운 모습을 드러낸다. 새로움은 사건의 또 다른 본질이다. 일상생활의 일상성 속에 숨겨져 있는 존재의 새로운 모습은 사건을 통해 갑자기 등장한다. 사건을 통해 통찰, 깨달음 등을 얻는 것은 이 새로움 때문이다. 이때 우리는 놀라움을 경험하게 된다.

자기 존재가 새롭게 드러나는 것보다 더 큰 사건은 타자성과 만나는 사건이다. 이는 타인일 수도 있고, 전혀 새로운 테크놀로지일 수도 있고, 급진적인 아이디어일 수도 있다. 이것들은 나와 다른 모습들을 갖고 있다. 나의 이해를 벗어난다. 다른 배경을 가진 사람을 만나는 것은 나의 선입견에 도전장을 내미는 것이나 마찬가지다. 강력한 압박을 가해 온다. 이것이 타자성이다.

가장 범위가 넓은 사건은 전에 갖고 있던 일상의 가정과 예상의 배경, 즉 기대의 지평(horizon of expectation)을 방해하거나 깨뜨리는 사건이다. 사건의 예상치 못한 모습들이 일상생활을 인식하는 방식을 바꾸도록 강요한다. 새로운 의미를 표면으로 드러낸다. 저널리스트가 맞닥뜨리는 사건은 이 수준의 사건이다.

사건의 가치는 크다. 사건이 아니면 세계가 무엇인지

어떻게 알 수 있을까. 본질로서의 세계는 도무지 알 수 없다. 본질을 구성하는 실체조차 완전히 알 수 없다. 그러므로 세계는 사건을 통해 구성될 수밖에 없다. 세계를 무엇이라고 개념화하는 것은 사건이다. 장소에 스며 있는 많은 정보, 그것들이 만들어진 오랜 시간, 또 그것들이 구성해 낸 맥락은 사건이 없으면 낱낱의 사실들로 흩어질 뿐이다.

사건이 없다면 그냥 사실로 끝난다. 사건이 주제를 높이 치켜들기 전까지 사실은 표식도 없다. 사건이 주제를 내놓은 다음에는 그 들러리가 된다. 사실들은 주제를 통해 걸러지고 수정되어 사건으로 들어온다. 그때야 사실들은 서로 연결되어 그림이 된다. 그림들이 사건의 실체를 엮어 낸다. 그러니 사건이 없다면 사실에 걸려 있던 불확실성은 드러나지 않는다. 여전히 실체도 없이 유령처럼 때론 소문이 되어 떠돈다.

사실은 사건 이전부터 어디나 널려 있다. 이는 사실이 사건보다 크다는 것을 의미한다. 사건은 사실보다 작지만, 사실을 바꿔 놓는 의외의 힘을 갖고 있다.

물론 사실이 없으면 사건도 없다. 사건의 힘은 깜짝 놀랄 만한 이야기, 대단한 이야기에서 비롯된다. 사건의 이야기들은 생명력을 갖고 유기체처럼 움직인다. 이야기의 생명력은 사건의 에너지에 의해 결정된다. 사실은 사건의 에너지다. 사건이 진행될 때 사실은 끊임없이 생성된다.

사건이 전환점을 맞이하면 사실은 사건 밖으로 분출된다. 사건이 유기체처럼 변할 때마다 사실은 폭증한다.

이 때문에 한번 사실의 끈을 놓치면 사건의 변화는 다시 따라잡기 어렵다. 사건은 이해할 수 없는 하늘로 날아가 버린다. 혼돈에 빠진 사건은 블랙스완이 되고 만다. 사건을 쫓는 저널리스트가 사실에 매달리는 이유가 여기에 있다. 저널리스트는 사실을 내세워 사건을 독자들에게 설득하려는 자, 말하자면 사실을 파는(fact-mongering) 자인 것이다.

사건의 에너지는 사건의 라이프 사이클을 따라 변한다. 사건은 눈에 띄지 않게 시작된다. 눈에 띌 때는 이미 어느 정도 성장한 다음이다. 이때가 사건이 뉴스로 편입되는 시점이다. 뉴스로 다뤄진다는 것은 사건의 힘이 얼마간 더 지속할 것이라는 평가표다. 새로운 사실들이 계속 공급된다. 사건은 에너지를 공급받아 더욱 활성화된다. 사건과 관련된 뉴스가 파생될수록 사건은 더 오래간다. 사실들이 더 많이 공급되기 때문이다.

사건은 다른 영역으로 번지기도 한다. 갑자기 방향을 획 틀 수도 있다. 새로운 불확실성의 변수들이 등장하기 때문이다. 사건은 이것들이 등장할 수 있도록 해 주는 플랫폼의 역할을 한다. 이때 기존의 불확실성이 해소될 수도 있다. 동시에 새로운 불확실성을 만들어 내기도 한다. 불확실성이 변하는 것이다. 불확실성은 복잡해지기까지 한다.

저널리스트는 이 변화들을 기록해야 한다. 불확실성의 변화를 모두 뉴스로 기록해야 한다. 뉴스에 편입되어야 변화는 공식적으로 인정받는다. 불확실성은 이렇게 사건을 통해 구체적인 모습을 드러낸다. 그러니 사건은 결정론적 존재(being)가 아니다. 사건의 본질은 되어 감(becoming)이다. 저널리스트가 늘 후속 보도를 염두에 두어야 하는 것은 이 때문이다.

사건이 되어 감을 따라 성장하는 과정 곳곳에 사람들의 이해관계가 걸린다. 그런데 이해관계는 시시각각 변한다. 사건에 에너지가 공급되는 한 이해관계는 변한다. 에너지를 공급받은 사건은 역동적이다 못해 날아다닐(in flight) 정도다. 포착하기 어렵다. 물론 실체는 분명히 있다. 다만 물 위를 떠다니는 것처럼 흘러 다니니 포착하기 어렵다.

사건은 이처럼 이해관계가 뒤섞인 군산 복합체 같은 것이다. 사건은 혼자 일어나는 법이 없다. 사건을 고립된 '단순한 위치(simple location)'에 묶어 두면 사건을 이해할 수 없다. 하나의 사건은 다른 사건을 내재하고 있다. 사건은 사건과 연결되어 있다. 언제나 그렇다. 사건들의 이질적 속성이 뒤섞이면서 복잡해질 때 새로운 사건이 생겨난다.

그래서 사건은 관계적이다. 즉 사건은 사건의 네트워크다. 사건의 최소 단위는 단일 사건이 아니라 최소한 사건

쌍(dyad)이다. 사건들의 결합은 사건을 발전시키고 변화시킨다. 이전의 사건과 이후의 사건이 만나면 방향이 수정되기도 한다. 이것이 사건의 프로세스를 만들어 낸다.

사건은 사건 네트워크가 프로세스의 흐름을 만들면서 진행된다. 사건은 프로세스다. 그렇다면 사건을 단일한 논리나 통일된 의미로 설명하려 해서는 안 된다. 다양성의 논리로 접근해야 한다. 사건은 다양하게 짝짓기를 하고 재정렬한다. 사건을 독립 변수와 종속 변수로 나누어 인과 관계를 찾아보려는 시도는 의미가 없다. 이는 사건을 두 변수로 고정해 버리기 때문이다. 사건은 끝나지 않는 자전거 경주 같은 것이다. 인과 관계의 설명으로 끝나는 것이 아니다. 이 경주는 변수들의 끊임없는 발생과 변화로 멈출 수가 없다.

사건 프로세스는 앞으로 나아갈 뿐만 아니라 뒤로 연결되기도 한다. 과거 사건의 사실들은 그 당시엔 실재(actuality)다. 그러나 이는 현재 사건에 대해서는 잠재성(potentiality)이다. 현재 사건의 발발에 영향을 미치기 때문이다. 마찬가지로 현재 사건의 사실들은 지금은 실재지만 미래 사건에 대해 잠재성을 갖고 있다. 사건은 이렇게 서로 연결되어 프로세스를 타고 흐른다.

이때 사건은 사건들 사이의 구분, 차이, 세분화를 통해 서로 연결된다. 구분하고 차이를 드러내고 세분화함으로써 사건의 불확실성이 구체화한다. 구분, 분할, 세분화는 현재의 사건을 이전이나 이후의 다른 사건들과 분리해 준다. 그러므로 분리는 사건의 불확실성 요소들에 각자의 시공간 위치를 부여하는 역할을 한다. 사건 프로세스를 이어가면서 이것들을 찾아내고 설명하도록 요구하는 것을 말한다. 불확실성은 이런 식으로 걷혀 간다.

재미있는 것은 사건과 장소의 관계다. 저널리스트는 사건에 장소성을 부여하거나 사건의 장소성을 찾아내는 일을 한다. 이때 사건의 불확실성은 어느 정도 해소된다. 사건은 장소에 의해 어느 정도 그 성격이 규정된다. 공공장소의 시위는 정치적 저항으로 해석될 수 있다. 그러나 사적 장소에서의 시위는 사생활 방해일 뿐이다. 사건의 불확실성이 공공장소와 사적 장소라는 장소성에 따라 어느 정도 해소되는 것이다.

물론 장소가 사건의 불확실성을 모두 해소하지는 못한다. 그러나 장소가 불확실성과 사건이 연결되는 지점인 것은 분명하다. 사건의 불확실성은 장소의 구체성과 만남으로써 해소의 실마리를 잡을 수 있다. 불확실성은 장소를 연결 고리로 사건의 옷을 입고 구체적으로 드러난다. 장소가 뉴스의 장소로 변하는 순간이다. 그러므로 저널리스트는 장소와 불확실성의 상호 작용을 이해해야 한다. 저널리스트는 이-푸 투안이 제시한 장소 감각(sense of place)과

장소 만들기(place-making)라는 독특한 메커니즘으로 이를 감당할 수 있다.[6)]

장소 감각이란 사람들이 장소에 대해 갖는 심리적, 정서적, 사회적, 그리고 문화적 의미를 의미한다. 단순히 물리적인 공간에 대한 의미를 넘어선다. 사람들이 그 장소에서 경험하는 느낌, 기억, 역사, 상호 작용으로 형성되는 주관적이고 감성적인 의미를 포함한다. 저널리스트는 사건의 근거를 장소 감각으로 찾아낼 수 있다.

사건과 불확실성의 장소 감각은 일상생활의 장소 감각과 다르다. 사건 관련 장소의 물리적 특성을 이해해야 이런 감각을 가질 수 있다. 장소의 사회 문화적 맥락에 대한 감수성도 중요하다. 과거 그곳에서 일어났던 다른 사건들과 연결하는 역사적 감각도 필요하다. 그곳에 사는 사람들의 삶과 이야기에도 민감해야 한다.

장소 만들기는 공간(space)이 인간의 경험과 감각적, 사회적 의미를 통해 장소(place)로 전환하는 것을 말한다. 장소는 시간의 흐름 속에서 형성되는 기억과 역사까지 포함한다. 그러면서 공동체의 기억을 저장한다. 장소 만들기란 이런 장소에 대한 감각을 구체적으로 사건에 적용하는 것을 말한다. 즉 아직 관계를 맺지 않은 물리적 환경인 공간에 인간의 경험과 의미를 담아낸다. 이를 위해 개인의 감각적 경험은 물론 사회적 기억까지 반영한다. 시간의 흐름에 따른 변화까지 담아낸다. 과거, 현재, 미래의 인식이 장소의 의미를 확장한다. 이 때문에 장소 만들기는 지속해서 변화를 겪는다.

장소 만들기에 성공하면 장소 신뢰(place trust)를 얻는다. 사람들은 사건과 관련해 사건의 장소에 있는 사람 또는 그 장소의 지식을 가진 사람을 신뢰한다. 사건을 장소에 대한 실체적 경험들과 효율적으로 통합할 때 장소 신뢰를 얻을 수 있다. 장소 신뢰는 사건 목격을 말하는 '그곳에 자리 잡고 있음'과 장소 재현을 의미하는 '거기에 대해 이야기하기'의 두 조건을 충족해야 한다.

'그곳에 자리 잡고 있음'은 사건에 대한 직접 목격, 사건에 집중하고 있음이다. 간단히 말해 사건을 직접 경험한다는 것이다. 이는 반드시 물리적 직접성을 이야기하는 것은 아니다. 장소와 관련된 사건의 속성들을 제대로 알고 있다는 것을 의미한다. '거기에 대해 이야기하는 것'은 무엇이 거기에서 일어났는지를 사람들과 커뮤니케이션하는 것을 말한다.

저널리스트가 뉴스 스토리를 효과적으로 만드는 것이 이런 커뮤니케이션이다. 그러자면 저널리스트는 사건의 중요성이 어디에 있는지 정확하게 판단해야 한다. 장소 신뢰는 장소에서 일어난 사건에 대한 직접 경험을 정확하게 글쓰기로 표현해 낼 때 얻을 수 있다. 저널리스트의 신뢰

역시 이렇게 확보할 수 있다.

요컨대 장소 만들기는 장소에 대한 스토리텔링으로 완성된다. 사건과 장소를 연결하는 서사를 만드는 것이 장소 만들기다. 스토리텔링은 사건의 이야기는 물론 장소의 이야기, 그곳에 사는 사람들의 삶, 공동체의 역사를 그려 낸다. 이렇게 하면 불확실성은 낱낱이 드러나게 된다. 이걸 잘 해내는 사람을 '장소 아는 자(place-knower)'라고 부른다. 이런 일을 전문적으로 하는 일을 장소 관찰 비즈니스(place-observing business), 또는 장소 만들기 비즈니스(place-making business)라고 한다. 이들은 장소 재현의 헤게모니를 쥔 자들이다. 불확실성은 이들 앞에 발가벗겨진다. 저널리스트는 이런 사람이어야 한다.

사건이 이렇게 장소와 복잡하게 얽혀 있다는 걸 아는 저널리스트는 얼마나 될까. 디지털 글로벌 시대에 뉴스 스토리는 장소를 무참하게 홀대하고 있다. 분석, 해석에 골몰하는 사이 장소가 사라지고 있다. 하루살이 같은 일과에 어찌 이런 부담을 감당할 수 있는가 항변할 수도 있다. 그러나 아무도 그런 변명을 들으려 하지 않는다. 저널리스트에 대한 사람들의 태도는 이상하리만큼 완고하다. 저널리즘은 완전해야 한다고 기대한다. 항변도 변명도 소용없다. 사건을 모르면 저널리스트도 없다. 물론 사건을 이해한다 해도 아직 갈 길은 멀다.

거기 있음

살아 있음. 거기 있음(being there). 어제 못다 한 일, 내일 바람처럼 닥칠 일, 그걸 생각하는 지금. 거기 있어 보듬을 수 있으나 어떤 일도 피할 수 없는 곳. 그곳에선 의지와 상관없이 일들이 일어난다. 뜻하지 않던 생각들이 의미가 되는 곳. 그런 것을 낯설게 찾는 곳이다. 온갖 시선이 몰려드는 거기는 불합리하고 시끄럽다. 가을날 숲속의 낙엽 쌓인 길을 걷되 그냥 걷는 것, 정의하지 않고 그냥 걷는 것, 걷는 것만 존재하도록 그냥 걸을 것. 낙엽은 광합성의 오작동이라거나, 쓸쓸해지는 것은 노란 색깔의 신경 작용이라는 이야기는 필요 없다. 괄호 속에 집어넣어라. 전제에서 벗어나라. 어떤 것도 경험에 끼어들게 놔두면 안 된다. 정적 속에 거주할 테니 그것만 오라. 그냥 경험만 일어나라. 경험하는 그대로의 세계로 열어 두겠다. 우리는 놀라움으로 간다.

거기 있음

저널리스트의 그곳은 어딜까. 특별하거나 이상한 곳이 아니다. 보통 사람들과 다르지 않다. 사람들이 있는 곳이 그들이 있을 곳이다. 거기 있음 덕분에 저널리스트는 일할 기회를 얻을 수 있다. 거기 있음으로써 순간의 현상과 현상의 경험에 자신을 열어 둘 수 있다. 저널리스트는 사건을 찾아다니는 자다. 찾아다니는 것보다 더 좋은 방법은 사건이 찾아오도록 하는 것이다. 거기 있음은 사건이 찾아올 수 있는 최소한의 조건이다. 거기서 사건을 예민하게 감지하고 반응하면 된다. 필요한 감각을 살려 두면 된다. 거기 있음으로써 사건과 함께 있는 자신의 존재를 느낄 수 있다.

누구에게나 세계는 늘 불안이 돌아다니는 공간이다. 불안은 그러나 공포가 아니다. 어떤 선택을 해야 할지 모르는 상태일 뿐이다. 불안 속에 불확실성을 상대해야 하는 자가 저널리스트다. 불확실성에 달려드는 것은 저널리스트가 자기 존재를 확인하려는 몸짓이다. 동시에 자신의 존재 방식을 탐구하고 의미화하려는 행위다. 저널리스트는 이때 자유를 느낀다. 온몸으로 혼자 불확실성을 오롯이 감당해야 하는 것은 독특한 자유다. 불확실성이 난무하는 거기에 있을 만한 가치가 분명히 있다.

거기 있음은 거기에 집중하는 것이다. 그러나 가만있음

은 아니다. 거기 있으면서 장소 만들기를 한다. 저널리스트는 사건에 직면하면 장소 만들기에 들어간다. 그러니 장소 만들기는 거기 있음의 방법이다. 동시에 사건 앞에 자신을 여는 방법이다. 사건과 관련된 장소를 만들어 가는 것이다.

놀랍게도 이때 두려움이 해소되기 시작한다. 경계도 없이 오가던 불확실성은 일단 멈춘다. 물론 불확실성이 완전히 해결되는 것은 아니다. 그러나 어떤 감각이 작동한다는 것을 느낄 수 있다. 거기 있으면 사건에 묻혀 있는, 묻어 있는, 또는 사건이 뱉어내는 뭔가를 감각할 수 있다. 이것은 놀라움(wonder)이다. 그렇다. 거기 있으면서 사건의 장소 만들기에 나서는 것은 놀라움을 얻으려는 노력이다. 거기 있음은 놀라움을 위한 선택인 동시에 조건이다.

놀라움은 이 책의 유일한 주제다. 지금부터 책 끝까지 놀라움을 이야기할 것이다. 놀라움을 말하지 않는 순간에도 놀라움은 문맥에 깔려 있을 것이다. 책을 다 읽고 나면 놀라움은 몸에 배게 될 것이다. 서서히 따라오면 된다.

놀라움을 느낄 때의 감각은 누구한테나 동일하다. 놀라움은 익숙하게 받아들이던 세계가 순간적으로 낯설게 다가오는 느낌이다. 우리의 인식과 존재 방식에 깊은 영향을 미치는 경험이다. 한 곡의 음악이 평소와 다르게 강렬한 감정으로 다가오는 순간의 예술적 경험, 오랫동안 보아 온

풍경이 어느 날 전혀 다른 의미로 다가올 때 느끼는 일상에 대한 깨달음, 어떤 개념에 대한 이해가 180도 뒤바뀌는 경험을 하는 철학적 사유. 이런 것이 놀라움이다. 놀라움은 대상이나 사건이 예상치 못한 방식으로 의식에 나타날 때 발생하는 인지적, 정서적 반응이다.

놀라움을 판단할 수 있는 몇 가지 징후가 있다. 첫째, 기대와 일치하지 않는다. 우리는 늘 특정한 방식으로 사물을 인식하고 예상한다. 그 기대를 벗어나 뭔가를 경험할 때 놀라움이 발생한다. 익숙하던 장소가 갑자기 전혀 새롭게 경험될 때가 그런 때다. 둘째, 의식의 지향성이 변한다. 의식은 언제나 특정한 대상을 향한다. 특정한 태도로 향한다. 놀라움은 이런 의식의 지향성이 순간적으로 단절될 때, 또 예기치 않게 전환될 때 발생한다. 셋째, 지각적, 개념적 변형이 일어난다. 사물이나 개념을 다르게 이해해야 할 때를 말한다. 사물과 개념을 새로운 의미로 받아들여야 할 때 놀라움이 일어난다. 언어와 이미지 간의 관계가 변할 때를 생각해 보라. 이는 전에 갖고 있던 의미를 해체하고 새로 재구성하는 것을 말한다. 놀라지 않을 수 없다. 넷째, 존재의 안정성이 흔들린다. 이런 징후들은 편안하게 지내 온 일상을 혼란스럽게 만든다. 그 속에서 우리의 존재는 안정감을 잃게 된다. 놀라움은 이런 식으로 찾아온다.

이들을 한꺼번에 겪을 수도 있다. 더 큰 놀라움이 다가오는 징후다. 저널리스트가 더 찾고자 하는 사건은 이런 것들이다. 사건은 늘 예기치 않게, 엉뚱한 곳에서, 머릿속을 뒤흔들면서 등장한다. 사건은 단순한 충격이나 물리적 변화 또는 일상의 우연한 일이 아니다. 거기서 그치지 않는다. 사건은 의미 변화의 길로 들어서는 순간에 일어난다. 이 순간 우리는 익숙한 세계에서 분리된다. 새로운 존재 방식을 경험한다. 존재의 구조마저 바뀐다. 기존의 의미망도 무너진다. 즉 놀라움은 의미의 파괴를 말한다.

워터게이트 스캔들은 미국 민주주의의 본질과 권력 작동 방식을 혼란하게 만들었다. 아랍의 봄(Arab Spring)은 중동 전체의 정치 구조를 근본적으로 수정하려 했다. 코비드 팬데믹(COVID-19)은 인간과 기술, 생태계의 관계를 전 지구적으로 재구성했다. 이런 것이 놀라움이다. 세상을 바라보는 눈을 바꾸는 사건의 맨 앞에 놀라움이 있다.

저널리즘이 다루는 사건은 이런 놀라움이다. 놀라움은 사회를 바라보고, 정치를 이해하는 기존의 프레임들을 붕괴시킨다. 생각의 틀이 요동을 친다. 뉴스 텍스트는 이를 새로움, 다름으로 포장한다. 그렇다. 놀라움은 새로움, 다름이다. 세계를 전혀 다른 방식으로 보는 것은 사건 때문이 아니다. 사건의 놀라움 때문이다. 그러니 사건에서 놀라움을 찾아내지 못하면 사건이 아니다. 뉴스가 다룰 만한 가치가 없다. 사건 앞에 선 저널리스트는 당연히 놀라움을 노린다. 그래야 한다.

사람들이 듣고자 하는 것 역시 놀라움이다. 놀라움이 있어 사건으로 받아들인다. 사람들은 사건의 사실 정보 때문에 뉴스를 보는 것이 아니다. 팩트가 아니라 놀라움이 이들을 끌어당긴다. 놀라움을 통해 사건의 의미를 이해하려 한다. 저널리스트가 사건을 인지하는 것도 놀라움 때문이고, 사람들이 뉴스를 보는 것도 놀라움 때문이라면 저널리스트의 일은 놀라움을 찾아내는 것이 전부다. 그러자면 저널리스트는 사건의 놀라움을 직접 경험해야 한다. 그런 놀라움이어야 독자가 쉽게 간접 경험할 수 있다.

뉴스 사건이 놀라움을 전하기 위한 조건을 간추려 보자. 의미망의 붕괴, 예기치 않은 인식의 변화, 사건을 바라보는 철학적 고민 모두 필요하다. 그래야 전에는 보이지 않던 구조적 문제, 억압, 감춰진 관계 등이 보이기 시작한다. 무엇보다 직접 경험으로 받은 충격을 통해 존재론적 질문을 제기할 수 있어야 한다. 원래 세상에 존재하던 것들 모두 왜 그게 거기 있어야 했는지 의심해야 한다.

놀라움이 없는 사건은 사건이 아니다. '나쁜 뉴스가 좋은 뉴스'라는 말이나 '뉴스가 없으면 사건이 없다'라는 이상한 논리는 놀라움의 가치를 지적하는 말이다. 그러나 놀라움은 미리 예측할 수 없다. 놀라움을 찾아갈 수도 있지만 어디서 오는지 어디로 가는지 모른다. 놀라움으로 가는 길은 묘하다. 길 어디쯤에서 어떻게 만날지 모른다. 간간이 징후를 느끼겠지만 그건 징후일 뿐이다.

그러므로 우리가 할 수 있는 것은 지금 그냥 길에 들어서는 것뿐이다. 그 길 위에 서 있어야 한다. 달리 말해 사건이 있는 그곳에 있어야 한다. 물론 그곳은 사람들이 있는 곳이다. 사건이 사람들 앞에 등장하는 거기에 있어야 한다. 거기 있음은 놀라움을 맞이할 수 있는 가장 중요한 조건이다.

놀라움의 겉모습은 복잡하지 않다. 그저 일상과 다른 느낌으로 등장한다. 그런데 이것만으로도 사람들은 당황한다. 때로 바빠진다. 사소한 일도 일상의 프레임 안에서 처리할 수 없기 때문이다. 일상은 계속되어야 하므로 방법을 찾으려 애쓴다. 손쉬운 방법은 새로운 정보를 새로운 방식으로 신속하게 처리하는 것이다. 새로운 방식을 동원한다는 것은 인식의 구조가 전환된다는 것을 말한다.

저널리스트는 여기를 노려야 한다. 일상에 대한 사람들의 인식이 달라지는 지점, 그리고 자신의 인식도 달라지는 지점에 주목해야 한다. 이것은 사건의 놀라움이 사건의 내용 이전에 사건의 형식에 의해 일어난다는 것을 시사한다. 이때는 사건의 내용이 퍼부을 놀라움을 아직 모른다. 그건 개별적이니 설명하기 어려울지도 모른다. 그러므로 놀라움을 둘러싼 일상의 형식에서 이상 징후를 포착해 내야 한다.

눈여겨보아야 할 사건의 형식은 일상의 흐름을 깨뜨리는 것이다. 두 가지 조건을 충족할 때 일상은 깨어진다. 하나는 예상치 못한 순간에 사건이 일어나는 것이다. 다른 하나는 예측 불가능한 요소들에 의해 일어나는 것이다. 이것들은 어떤 방향성을 갖고 있다. 기존 질서를 거부하고, 기존 체제에 저항하고, 기존 개념들에 도전한다. 사건은 기존 프레임에 대한 저항의 몸짓인 것이다. 이런 저항은 일상에 대한 인식의 전환을 촉발한다.

거기 있음을 주장한 것은 이 때문이다. 인식의 전환을 포착하기 위해서다. 거기 있음으로써 원래의 프레임과 이에 저항하는 사건의 충돌을 직접 목격할 수 있다. 거기 있음은 장소 만들기를 위한 '그곳에 자리 잡고 있음(being emplaced there)'을 떠올린다. '그곳에 자리 잡고 있음'은 사건 현장에서 사건을 목격하는 것을 말한다.

거기 있음은 다르다. 한발 더 나아간다. 이는 하이데거(Heidegger)가 말한 'Dasein', 즉 '세계 속의 존재(being-in-the-world)'와 연결된다.[7)] 인간은 세계 속에 던져져 있다. 사건들이 난무하는 세계에 자신의 의지와 관계없이 던져져 있다. 거기 있음은 세계에 던져짐이다. 사람은 세계의 어딘가에 던져져 있다. 그리고 던져짐은 피할 수 없다.

던져짐은 인간에게 이유도 없으니 그만큼 가혹하다. 태어남은 그 자체로 던져짐이다. 던져짐은 선택이 아니고 그러니 어떤 의도도 없다. 의미도 없다. 신의 섭리도, 정해진 운명 같은 것도 없다. 그런 것과 아무 관계 없이 그냥 던져진다. 그래서 거기 있음은 불안하고 고독할 수밖에 없다. 거기 있음은 '내던져짐(Geworfenheit)'인 것이다.

거기 있음으로써 존재들이 드러난다. 저널리스트도 사건도 거기 있어 존재가 드러난다. 저널리스트는 자기가 왜 거기 던져져 있는지 이유를 찾아내야 한다. 나는 누구이기에 왜 지금 여기에 있는지에 대한 인식이 없으면 안 된다. 자신의 존재 의미가 사건의 존재를 받아들이는 창이기 때문이다.

그럼에도 거기 있음은 불안을 야기한다. 던져짐으로서의 거기 있음은 완전히 수동적인 상태이기 때문이다. 그냥 낯선 모습들이 자신에게 마구 달려드는데 그것들에 고스란히 당해야 한다. 다시 말해 그곳에 던져져 있음은 어떤 일이 일어나더라도 이상하지 않은 상태다. 사건, 놀라움, 사람이 한데 뒹군다. 그래서 사건을 만날 수 있다. 거기 있어 겪는 사건은 그래서 충격일 수밖에 없다.

충격은 피할 수 없다. 거기 있어 충격을 뒤집어쓰는 건 어쩔 수 없다. 그러나 충격에 나가떨어지면 안 된다. 충격에 맞붙는다는 정신으로 충격을 직시해야 한다. 거기 있음의 이유는 충격을 직접 경험한다는 데 있다. 현상학이 금과옥조로 삼는 생체험(lived experience)은 직접 경험을 말한다.

이는 거기 있음, 즉 세계 내 존재라면 피할 수 없다.

저널리스트는 사건을 부재자에게 현재 벌어지는 일처럼 알려 주는 일을 한다. 이 일을 정당화해 주는 방법이 직접 경험이다. 직접 경험해야만 사건, 더 정확히 말해 사건의 놀라움을 알 수 있다. 그렇지 않은 불확실성, 사건, 놀라움은 신뢰할 수 없다. 거기 있음은 놀라움의 가장 기본적인 조건이다. 요컨대 직접 경험은 저널리스트의 가장 확실한 존재 방법이다.

그런데 저널리스트는 거기 그냥 있는데 사건은 가만있지 않는다. 어디로 튈지 모른다. 사건을 겪는 사람들도 가만있지 않는다. 사람마다 생각이 다르다. 저널리스트는 그런 와중에 사건을 겪는다. 그런 사건이어야 가치가 있다. 움직이는 두 개의 타깃은 어디서 어떻게 만날까. 그곳은 일상성이 작동하는 생활 세계(Lebenswelt)다. 사건은 사람의 일이므로 사람의 일상이 살아 있는 곳에서 터지고 자란다. 그래서 일상성이 중요하다.

생활 세계는 일상 경험 속에서 당연하게 여겨지는 세계(taken-for-granted world)를 말한다. 분석이나 판단 이전의 세계다. 일상생활에서 만나는 친숙한 사물, 관행, 상호작용이 가득한 세계다. 사건도 여기서 일어난다. 그렇다. 거기 있음은 일상을 사는 것을 말한다. 거기 있음으로써 일상에서 일어나는 사건을 직접 경험할 수 있다. 달리 말하면 거기 있음은 그곳에서 일어나는 사건을 이해하는 방식을 제공해 준다. 그러면서 생활 세계에 의미를 부여한다. 사람도 사건도 생활 세계의 메커니즘 안에서 움직이기 때문이다. 킬리만자로의 표범처럼 사건을 찾아 어딘지 알 수 없는 곳을 헤맬 필요가 없다. 가만히 거기 있으면서 낯선 바람을 느끼면 된다.

물론 사건이 일상처럼 밋밋한 것은 아니다. 사건은 불연속적이다. 사건이 다른 사건들과 네트워크를 이루어 진화할 때마다 연속성은 끊긴다. 이런 불연속성이 오랫동안 지속하기도 한다. 사건의 불연속성은 거기 있음을 일시적으로 중단시켜 버린다. 이때 익숙하던 일상의 흐름도 깨지고 만다. 결혼이라는 사건을 생각해 보라. 지난 삶은 일시에 통째로 바뀐다. 삶은 재조직된다. 살아가는 방법도 새로 결정된다. 결혼이 이루어진 그곳에서 만들어진다. 장소 만들기도 똑같다. 모든 것이 거기 있음으로써 가능하다.

감각

거기 있음은 방법이 필요하다. 거기 있음은 마냥 가만히 있는 것이 아니기 때문이다. 거기 있음이 경험하는 일상은 몸으로 겪어야 하는 것들이다. 몸은 물과 단백질로 구성된 단순한 물리적 객체가 아니다. 감각은 생리적 경험에 그치지 않는다. 몸은 세상을 감각한다. 눈, 코, 귀, 입, 손이 만드는 오감이 세상을 감각한다. 공간과 장소를 실체로 이해하는 것은 감각 덕분이다. 감각이 매개해 준다. 그래서 감각이 작동할 때 우리는 거기 있음을 확신한다.

장소에서 느끼는 낯섦이나 친숙함을 보자. 장소의 물리적 특성 때문만은 아니다. 우리는 장소와 감각적으로 상호작용한다. 그 감각이 낯섦과 친숙함을 결정한다. 감각은 환경과 조건을 직접 경험하고 이해하는 통로다. 감각을 통해 환경의 특성과 자신의 위치를 파악한다. 감각은 세계를 경험하는 독특한 시스템인 것이다.

감각이 어떻게 세계를 경험하는지 아는가. 이-푸 투안은 오감이 장소와 연결되는 방식을 정확히 진단했다.[8] 가장 중요한 감각은 시각이다. 시각은 장소를 이해하는 강력한 감각이다. 공간을 파악하는 기본적인 감각이 시각이다. 시각 정보를 받아들이기 위해 인간의 눈은 커졌다. 눈의 전망을 방해하지 않도록 코를 주저앉히는 진화를 해 왔다. 시각을 통해 거리, 형태, 색상을 인식하고 환경을 구조화한다.

눈을 뜨면 눈에 익은 것만 보이는 것이 아니다. 낯선 것들도 함께 들어온다. 장소를 결정짓는 정보, 장소와 어울리지 않는 정보들은 특히 시각을 강력하게 자극한다. 다른 감각들보다 훨씬 많은 정보를 받아들인다. 이런 정보들이 마구 쏟아져 들어오도록 시각을 열어 두어야 한다. 다른 세계는 이렇게 열린다. 눈을 통해 질서를 부여하고 세계를 이해하는 것이다. 그러므로 시각은 지식의 창이다. 세상으로 나아가려는 자는 시각에 크게 의존한다.

청각은 공간의 리듬을 경험하는 통로다. 소리는 장소의 분위기를 만든다. 독특한 감정이 일어나는 것은 소리의 덕이 크다. 또 청각은 시간성의 감각이다. 청각을 통해 장소의 시간성을 경험할 수 있다. 도시의 소음은 혼란스럽고 리듬이 빠르다. 시골의 새소리나 바람 소리는 느리고 조화로운 리듬을 형성한다. 다른 감각에 비하면 사람의 청각은 그다지 민감하지 않다. 눈은 귀보다 훨씬 정확하다. 그러나 눈으로 본 것보다 귀로 들은 것에 더 감동한다. 소리로 격정에 사로잡힐 수 있다. 시각도 감정을 고조시키지만, 청각에 견줄 만하지 못하다. 눈을 감아도 들을 수 있지만, 귀는 닫을 수 없다. 인간은 소리에 더 상처를 받는다.

촉각은 경험의 문이다. 물리적 장소와 직접 접촉하는 감각이다. 거칠고 차가운 돌벽과 부드럽고 따뜻한 나무 표면은 다른 장소 감각을 만들어 낸다. 촉각을 통해 환경을 더 깊이 이해할 수 있다. 손으로 표면을 만지는 행위는 장소에 대한 친밀감을 제공한다. 마찰과 압박감을 통해 세상에 대한 직접 경험을 느낀다. 보는 것은 곧바로 믿음으로 이어지지 않는다. 그러나 촉각은 믿음으로 직행한다. 예수가 부활을 의심하는 사도에게 말했다. “만져 보라.” 시각이 없어도 살아갈 수 있다. 그러나 촉각을 잃으면 살아남기 어렵다. 일상을 사는 우리는 늘 접촉 중이다.

후각은 기억과 연결된다. 기억의 열쇠 역할을 한다. 특정한 냄새는 과거의 장소나 경험을 강력하게 소환한다. 바다 냄새는 해변의 추억을 불러온다. 익숙한 음식 냄새는 어린 시절 고향을 떠올린다. 냄새는 정서적으로 충만한 과거의 사건과 장면들을 생생하게 환기한다. 후각의 도움으로 과거의 특정 시각과 특정 장소의 느낌을 불러올 수 있다. 후각은 특히 장소에 대한 감정을 형성하는 데 중요한 역할을 한다.

미각은 문화적 감각이다. 미각이 예민하다는 것은 문화의 정수를 느낄 수 있음을 말한다. 지역의 음식은 그곳의 환경과 전통, 사회적 관계를 반영한다. 향신료가 강한 음식은 따뜻한 기후의 문화를 반영한다. 담백한 음식은 추운 지역의 생활 방식을 나타낸다. 특정 지역과 문화를 경험하는 직접적인 감각 중 하나다.

이러하니 감각이 직접 경험의 첨병인 것은 당연하다. 우리는 감각을 통해 사건을 처음 접촉하게 된다. 감각은 몸과 사건을 연결한다. 사건을 감각함으로써 이 순간에 존재하고 있음을 확신한다. 감각은 실존적 진정성

(existential authenticity)을 가질 수 있는 근거다. 감각의 체계인 몸은 거기 있음의 실현 기제다. 감각을 기반으로 일상에 몰입할 수 있는 것이다. 감각이 거기 있음의 증거다.

감각의 메커니즘은 복잡하게 작동한다. 무엇보다 수동적이다. 사건과 무관한 자극에도 휘둘린다. 감각은 어느 것에도 저항할 수 없다. 천둥소리가 귓전을 때리는 것을 저항할 수 있나. 이 소리를 들을 때 누가 이것을 의식적으로 분석하거나 해석하면서 걸러 듣는가. 거기 있어 들리는 천둥소리를 듣기만 할 뿐이다. 물론 선험적 경험이 영향을 미칠 수는 있다. 빗소리를 들을 때 소리를 감지하는 데서 그치지 않는다. 그게 비라는 것을 알고 있기에 비가 온다는 것을 직관적으로 이해한다.

그러나 더 나아가기는 어렵다. 거기 있음처럼 감각 역시 던져진다. 거기 있음보다 먼저 사건에 반응한다. 거기 있음으로써 의식은 사건을 인식한다. 그런데 이걸 알아야 한다. 그 전에 감각이 반응한다. 감각적 경험은 의식의 작동이나 판단 없이 이루어진다. 그래서 감각은 일상에 던져진 상태에서 사건을 받아들이는 첫 관문이다. 감각의 수동성이 중요한 이유가 여기에 있다.

감각의 수동성 때문에 사건의 조건을 주는 대로 수용할 수밖에 없다. 감각에 쏟아지는 자극을 거부할 수도 차단할 수도 없다. 감각 데이터를 통제하거나 해석하지도 못한다. 감각의 수동성이 이처럼 감각을 열린 체계로 만든다. 사건과의 첫 만남은 이렇다. 그러나 수동적 감각은 감각의 가장 약한 고리인 동시에 사건을 맞이하는 최전선의 무기라는 걸 잊지 말아야 한다.

감각의 능동성도 가능하다. 보자. 미술 작품을 감상할 때 색감이나 구도를 분석한다. 도시를 걸으며 건축 양식을 눈으로 탐색한다. 음악가는 악기의 음색을 분석한다. 법의학자는 녹음된 대화를 분석하기 위해 주의를 기울여 듣는다. 조각가는 돌의 질감을 확인하며 작업한다. 소믈리에는 와인의 향을 맡으면서 분석한다. 요리사는 음식의 신선도를 판단하기 위해 냄새를 맡는다. 소믈리에는 와인의 다양한 풍미를 분석하기 위해 맛을 본다. 셰프는 맛을 조절하기 위해 맛을 본다. 이들이 감각을 의도적으로 작동하는 것은 분명하다.

다시 보자. 이것들은 예술적 감각이거나 프로페셔널의 역량이다. 의도적이고 의식적이고 목표가 분명하다. 지향성을 갖고 있다. 예술가든 법률가든 감각의 지향성을 갖고 있다. 의도에 따라 의식적으로 감각을 발동한다. 이를 위해 학습하고 훈련한다. 오랫동안 쌓여 온 경험이 중요하다. 감각을 정교하게 발전시키고자 갖은 노력을 한다. 느닷없는 사건 앞에 서게 되는 저널리스트의 감각과 다르다.

감각의 능동성은 거기 있음의 일상성과 전혀 다르다. 무엇보다 감각의 대상이 다르다. 능동적 감각의 대상이 정해져 있다. 대상에 대한 의식이 분명하고 인식 방법도 전문화되어 있다. 저널리스트가 감당해야 하는 사건과 아주 다르다. 사건은 예측할 수 없다. 사건은 겪는 사람의 의도와 전혀 관계없다. 의식 이전에 발생한다. 목표와도 무관하다. 감각하는 이유가 다르면 감각도 전혀 다르게 작동하는 것은 당연하다.

저널리스트의 감각은 능동적일 수 없다. 그렇다고 일상성에서 누구나 겪는 수동적 감각과 같지도 않다. 저널리스트도 예술가나 법률가의 감각을 원한다. 저널리스트도 훈련을 통해 감각을 발전시키고자 한다. 경험을 축적하면서 감각을 보다 정교하게 만들 수도 있다. 저널리스트의 감각은 어디까지 갈 수 있을까. 어떤 감각을 어떻게 날카롭게 만들 수 있을까. 감각의 작동을 좀 더 살펴보자. 어딘가 답이 있을 것 같다.

감각은 환경과 관계를 맺는 기점이다. 어두운 방에 빛이 들어올 때 본능적으로 빛을 인식한다. 눈을 뜨고 그것이 창문을 통해 들어오는 햇빛임을 깨닫는 것은 그다음이다. 먼저 감각하고 이어 의식을 통해 세계와 연결된다. 그런데 인간의 감각은 지향성을 갖고 있다. 감각이 대상을 갖고 있다는 말이다. 눈이 부신 시각의 불편함은 햇빛이라는 대상을 지향한다. 지향성은 감각의 능동성이 필요한 것은 아니다.

그렇다. 저널리스트는 무엇보다 감각의 지향성을 예민하게 갈고닦아야 한다. 빛이 방을 가득 채우기 전에 빛을 감각하듯 사건이 수면 위로 완전히 드러나기 전에 사건을 인식할 수 있어야 한다. 감각의 수동성은 달리 말하면 감각을 열어 두는 것이다. 이 때문에 의식이 사건에 의미를 부여하기 이전의 혼란스러운 실재를 쉽게 접할 수 있다. 이건 많은 경험을 통해 방법을 터득할 수 있다. 그러므로 감각의 수동성에 낙담할 필요는 없다.

감각의 수동성은 저널리스트에게는 차라리 잘된 일이다. 건드려지지 않는 원재료 그대로의 데이터를 만날 수 있다. 실재는 경험의 결여, 분열, 설명 불가능성, 언어화되지 않은 세계, 즉 아무도 건드리지 않은 현상 그 자체의 세계다. 공포를 단어를 통해 설명할 수 있다. 그러나 특정 시간과 장소에서 겪는 공포는 언어적 상징에서 벗어나 있다. 그게 실재다. 차가운 초겨울 바람은 설명할 수 있지만, 그 감각의 원천을 언어로 완전히 포착할 수는 없다.

주변의 소리나 빛, 냄새 등은 의식하지 않아도 내재된 독특함을 느낄 수 있다. 그러나 이를 설명할 언어적 상징은 찾기 어렵다. 감각이 받아들이는 환경은 무의식적이고 비자발적이다. 실재를 감각하는 데이터가 마구 쏟아진다.

어떤 의미도 건드리지 않는 채로 아직 이름도 없는 청정 데이터들이다. 이것을 감각 데이터라고 부른다. 그렇다. 감각의 수동성이 제공하는 실재에 대한 접근은 저널리스트에겐 비장의 무기나 마찬가지다. 수동적 감각의 경험은 이런 감각 데이터를 자동으로 한데 모아 주기 때문이다.

감각의 수동성은 낯섦을 감지하는 기제라는 것도 중요하다. 낯섦을 감지하자면 감각은 구체적인 사건의 자극 속에 있어야 한다. 그러니 거기 있어야 한다. 거기 있음은 달리 말해 몰입이다. 몰입은 일상에서는 쉽다. 일상은 그 자체가 몰입이다. 그러나 그 속의 사건은 일상적이지 않다. 예기치 않은 것이고 낯선 일이다. 낯선 자극이 몰려오는 상황이다. 장소에 대한 익숙한 감각을 혼란스럽게 만든다. 그래서 사건을 제대로 감각하기 어렵다. 감각의 수동성은 감각의 불완전성과 같은 말이다.

사건의 가치는 낯섦에 있으므로 낯섦을 마다해서는 안 된다. 감각이 받아들이기 어려울 정도로 낯설면 더 가치가 있다. 그럴수록 감각은 제한적일 수밖에 없다. 낯섦에 대한 감각은 불완전할 수밖에 없다. 물론 인간의 감각은 모든 현상을 완전하게 감각하지는 못한다.

이 대목이 중요하다. 감각의 제한성을 극복하기 위해 감각적 해석을 동원한다. 이는 감각을 분석하고 의미를 부여하는 것을 말한다. 자극 현상, 자극 소스 등을 '이것'으로 지각하고 그것이 무엇인지 판단하는 것이다. 그렇다면 저널리스트의 감각은 감각적 해석을 통해 발전시켜야 한다는 결론이 나온다.

감각적 해석은 수동적 감각과 다르다. 의식의 판단, 추론, 기억, 회상과 같은 능동적 행위다. 이를 통해 감각 데이터를 의미화한다. 이를 능동적 종합이라 부른다. 논리적 판단이 이의 바탕이 된다. 이를 통해 감각이 포착한 자극을 이해한다. 그 이해를 근거로 사물이나 사건에 이름을 부여한다.

바람이 불 때는 몰랐지만 바람이 지난 다음에 바람을 맞은 감각을 해석한다. 이때 예전 경험의 기억에 의존하기도 한다. 음악을 들을 때도 음표 하나하나를 듣는 것이 아니다. 음표들이 연속적으로 연결된 멜로디를 감각적으로 이해한다. 춥다는 감각은 단순한 온도의 변화가 아니다. 추위라는 사건의 총체적 경험으로 춥다는 감각을 받아들인다. 사건의 자극 이전에 축적된 경험의 기억이 현재의 자극을 감각적으로 해석하는 데 동원된다. 감각적 해석은 지난 경험을 맥락으로 사건에 끌어들이는 것이다.

이처럼 사건을 감각하는 것은 순간적 현상이 아니다. 파편적인 것도 아니다. 감각이 단순하다거나 편안하게 대할 수 있다는 생각을 지워야 한다. 감각은 늘 과거의 기억과 현재의 감각이 합쳐진다. 미래에 대한 기대도 개입한다. 시간의 흐름 속에서 사건을 감각하는 것이다. 과거, 현재, 미래를 어떻게 한데 모을 수 있을까. 과거의 감각과 현재의 감각은 다른 경험이다. 미래에 대한 감각은 아예 존재하지 않는다. 감각적 해석은 이런 것을 포착할 수 있는 능력을 말한다.

저널리스트의 감각적 해석을 지원해 주는 연결고리가 있다. 상징이다. 언어, 사회적 규범, 문화적 코드와 같은 상징 구조가 이것들을 통합한다. 이들 대부분은 이미 일어난 것들이다. 또는 나와 관계없이 주어진 것(givenness)이다. 이에 대한 경험이 축적된 체계가 상징의 세계다. 그래서 감각을 표현하는 것은 주어진 경험을 상징의 세계 안으로 편입시키는 것이다. 감각의 표현을 통해 감각은 사건과 관계를 시작한다.

아무튼, 거기 있음으로써 저널리스트는 수동적 감각의 발동을 걸 수 있다. 거기서 생성되는 감각 유발 요소를 일단은 그대로 받아들일 수밖에 없다. 그래서 수동적 감각은 부정적 어감을 불러온다. 피해와 같은 것처럼 들린다. 그렇지는 않다. 물론 놀란다. 그러나 놀라움은 수동적 감각 때문이 아니다. 수동적 감각에 의해 놀라움이 드러날 뿐이다. 수동적 감각은 놀라움으로 연결되는 다리 같은 것이다. 그러니 당당히 즐길 필요가 있다.

정적과 거주

사건은 사람들이 직접 경험하는 생활 세계의 일상성을 배경으로 삼는다. 늘 같은 하루의 배경이 없다면 그 하루와 다른 일은 쉽게 드러나지 않는다. 사건은 일상이 낯설어지는 현상이다. 사건의 낯섦은 일상성에 대한 배신 같은 것이다. 사건은 불현듯 또 불편하게 전에 없는 두려움을 끌고 등장한다. 낯설 수밖에 없다. 놀라움은 이런 곳에서 시작된다.

예상했던 하루가 방해받는 순간 놀라움의 작은 불씨가 지펴진다. 매일 만지작거리는 마우스가 '아 이렇게 생겼구나'라고 느낄 때, 친숙한 사람들 사이에 낯선 이가 얼굴을 쑥 내밀 때 놀라움은 시작된다. 물론 이런 것을 도드라지게 만드는 일상은 단순한 배경이 아니다. 낯선 것의 의미를 만드는 맥락이 그 바닥에 깔려 있다. 거기 있음은 이런 일상의 배경과 맥락 안으로 들어가 있음을 의미한다.

그러나 생활 세계의 하루는 산만하기 그지없다. 디지털을 등에 업은 온갖 종류의 미디어가 구석구석에 똬리를 틀고 있다. 이것들이 만들어 내는 기술 그림들(technical images)은 건드리지 않는 데가 없다.[9)] AI는 기술 그림을 영상이 아니라 통사론의 영역으로 옮겨 버렸다. 기술 그림은 사람들이 원하지 않아도 끊임없이 제 이야기를 들이민다. 나중엔 생각지도 못한 요구를 제시한다. 사적 정보를 내놓으라 한다. 어딜 갔는지 어디를 돌아다녔는지 가서 뭘 했는지 낱낱이 토해 낼 것을 강제한다. 프라이버시는 산산조각 나고 만다.

유비쿼터스의 생활 세계는 이런 일로 혼란스럽다. 요구가 많아지면서 생활 세계는 헝클어진다. 산만해진다. 산만함은 조용히 거기 있음에 몰입하는 것을 방해한다. 경험은 방해받는다. 감각은 오작동을 일으킨다. 혼란의 주범은 대개 미디어다. 특히 디지털 미디어다. 이것은 가상의 세계에서 생활 세계를 중재한다. 중재는 현상을 추상화하고 만다. 이렇게 되면 직접 경험은 실체도 없이 사라진다. 우리는 거기 있음을 부정당하고, 생활 세계에서의 직접 경험에서 소외된다.

놀라움이 일어나는 일상이란 이런 것이다. 거기란 그저 나만 있는 곳이 아니라 온갖 방해 세력이 준동하는 곳이다. 그런 곳에 있어야 한다. 누구에게나 일상은 공평하게 주어진다. 그러나 누구나 놀라움의 일상을 온전하게 살 수 있는 것은 아니다. 어떻게 이 방해를 뚫고 거기 있을 수 있을까. 쉽지 않으나 길은 있다. 거기 있음에 붙어 있는 두 가지 길을 거쳐야 한다. 하나는 정적(stillness)이고 다른 하나는 거주(dwelling)다.

거기 있되 고요한 가운데 평정심을 가져야 놀라움을 감

지할 수 있다. 거기 있되 살면서 거기 있어야 놀라움을 단편적 충격이 아닌 프로세스로 경험할 수 있다. 그런 가운데 수동적 감각은 충분히 숙성된다. 놀라움은 그 아래에서 푹 익는다. 그렇다. 거기 있음, 수동적 감각, 정적, 거주 등은 놀라움 프로세스의 조건이다. 거기 있음이 방법이라면 정적과 거주는 거기 있음의 목적이다. 놀라움의 내용은 이것이 숙성된 다음에 올라온다.

정적부터 살펴보자. 정적은 몸과 마음 모두가 고요한 상태를 말한다. 산만함, 정신없는 움직임을 줄여야 한다. 특히 소리가 없어야 한다. 대문 밖이든 내 속에서든 소리가 최소화되어야 한다. 평온하다고 말한 적 있나. 그때 평온하다고 느낀 적 있나. 말하지 않고 평온을 느끼는 것, 그게 정적이다. 또 정적은 움직임이 없는 상태다. 일정한 패턴에 익숙해졌을 때가 그런 상태다. 일상적 흐름과 예상된 패턴 속에서나 가능한 고요함이나 멈춤이다. 물리적 움직임의 멈춤뿐 아니라 정신적, 감정적 고요함까지 포함한다.

따라서 정적은 최고 수준의 몰입이다. 정적 가운데 있으면 거기 있음의 순간과 더 깊이 연결된다. 정적은 그런 상태이고 그런 상태의 장소다. 정적은 놀라움을 위한 최고의 배경이다. 정적이 강할수록 거기 있음을 더 강렬하게 느낀다. 고요함 속에 일어나는 모든 움직임은 갑작스럽다. 사건은 더 말할 것도 없다. 사건의 자극은 극대화된다. 물론 이때 놀라움의 징후는 더 뚜렷해진다.

정적은 사건이 일어나는 장소(place)일 뿐만 아니라 놀라움이 터를 잡을 수 있는 공간(space)이기도 하다.[10] 공간이 제공하는 효과는 크다. 공간이 클수록 사물이나 사건들이 서로 연결될 가능성은 커진다. 연결의 의외성도 커진다. 일상의 흐름이 멈추고 변화를 더 쉽게 인식할 수 있다. 그러므로 미스터리를 인지하는 것이 훨씬 수월해진다. 놀라움을 감지할 수 있는 초월적 감각을 가질 수 있게 된다. 놀라움을 얻자면 이런 공간이 필요하다.

정적은 인간 내면의 고요함도 포함한다. 내면의 고요함은 사고와 감정의 멈춤을 의미한다. 이렇게 되면 개방성이 더 커진다. 사건의 자극을 받아들일 수 있는 폭이 더 넓어진다. 인식의 틀이 확장되는 것이다. 일상 속에서 미처 인식하지 못한 잠재적 사건이 구체적인 모습으로 떠오른다. 그렇게 되면 사건을 다양한 방식으로 해석할 수 있다. 정적은 이렇게 해석의 공간을 마련해 준다. 사건은 내면의 고요함 속에서 더 강렬하게 들끓는다. 그리고 그 속에서 놀라움이 분출한다.

정적은 또 감각을 날카롭게 만든다. 정적 속에 있으면 작은 변화에도 민감해진다. 모든 감각을 동원해 집중하게 된다. 날카로워진 감각들은 예민하게 사건을 감지해 낸다. 사건의 독특함과 충격이 더 또렷하게 보인다. 정적 속에서 우리의 존재는 더욱 두드러진다. 현재에 굳건하게 존재하게 됨으로써 사건과 사건의 놀라움에 더 가까이 다가설 수 있다. 사람의 존재까지 더 카랑하게 드러난다. 아무런 방해 없이 존재가 순수한 그대로 드러난다. 이때의 존재는 전혀 다른 깊이를 보여 준다. 놀라움은 그 존재를 따라 등장한다.

사건은 시간의 불연속성에서 일어난다고 했다. 정적은 시간의 흐름을 잠시 멈추는 효과를 발휘한다. 시간 흐름의 틈을 쉽게 만들어 낸다. 정적 속에서는 그 틈이 금방 드러난다. 그게 시간의 불연속성을 극대화한다. 사건은 그 틈으로 끼어든다. 시간의 멈춤은 당연히 사건을 더 깊이 성찰할 수 있게 해 준다. 성찰을 통해 우리는 사건을 더 선명하게 기억할 수 있다. 그만큼 사건의 충격 또는 사건의 놀라움을 생생하게 느낄 수 있다. 동시에 시간을 초월하는 감각을 만들어 내기도 한다. 사건이 경험의 특별한 의미를 확보하는 순간이다. 그게 놀라움의 순간이다.

놀라움이 거쳐야 하는 또 다른 길은 거주다. 거주는 거기 있음이나 정적과 구분된다. 거기 있음은 방해에도 불구하고 현재 순간에 존재함을 추구한다. 시간 지향적이다. 거기 있음은 오로지 지금 이 순간의 실존적 위치를 확정하는 데 매달린다. 공간에 대한 관심은 크지 않다. 정적은 다르다. 소음 부재의 정적은 공간에 대한 감각을 고조시킨다. 정적은 거기 있음이 놓친 공간을 강조하고 공간을 창출하고자 한다. 정적은 공간 지향적이다. 대신 정적은 순간에 그칠 수도 있어 시간성은 약하다.

거주는 거기 있음이나 정적에 비하면 입체적이다. 거기 있음을 방해하는 요소나 정적이 질색하는 소음 등을 괘념치 않는다. 거기 있는 것이라면 관계 맺기를 마다하지 않는다. 정적이 실패한 시간과의 관계도 확보하려고 한다. 오래 머무르고자 하니 시간이 중요하다. 소음에 상관없이 특정한 장소나 상황과 적극적으로 교류하고 관계를 맺으려고 노력한다. 소음도 거주의 조건으로 받아들인다.

거주는 단순히 물리적 공간에서 생활하는 것이 전부가 아니다. 세계에 뿌리를 내리고 일상적 삶의 틀을 형성하는 수준에 이르러야 거주라고 할 만하다. 그래야 공간에 의미를 부여할 수 있고 사건을 이해하는 나름의 방식을 만들 수 있다. 또 자기의식을 확보할 수도 있다. 이렇게 해서 안정된 일상적 패턴이 만들어지고 유지된다.

사건은 이 안정된 패턴을 깨어 버리는 순간이다. 놀라움도 그 순간을 틈타 일어난다. 그러나 놀라움이 그전의 모든 것을 무너뜨리는 것은 아니다. 안정된 패턴에 기대어 사건의 놀라움을 예측 가능한 방식으로 대응할 수 있다. 그러는 동안 놀라움은 점점 익어 간다. 거주 역시 놀라움을 숙성시키는 기능을 수행한다.

거주의 안정된 패턴 덕분에 사람들은 자신의 정체성을 효율적으로 구성할 수 있다. 그 속에서 삶의 의미를 만들어 간다. 거주하는 공간은 거주자의 자아와 정체성을 반영한다. 사건은 이런 거주 공간을 변화시킨다. 익숙한 규범과 제도를 예상과 다르게 작동시키고 바꾸고 도전한다. 그러면 그 공간에 거주하는 모든 것이 정체성의 위기를 맞는다. 정체성을 재구성해야 한다. 이때 놀라움이 일어난다. 놀라움은 정체성은 물론 의식의 지향성마저 무너뜨린다. 지향성의 기준이 되어 온 거주 공간에 대한 인식의 틀이 무너지기 때문이다.

거주는 개인의 일에만 해당하는 것이 아니다. 환경, 배경, 맥락 등과 관계를 맺으면서 공동체를 형성한다. 거주를 통해 외부 존재와 관계를 갖는 것이다. 사실 거주의 본질은 여기에 있다. 그러므로 거주를 통해 얻은 놀라움은 타인과의 관계를 갖기 위한 토대라고 할 수 있다. 거주에 성공하면 이제 타인은 필수적인 존재가 된다. 던져짐의 상태에서 타인은 적은 아닐지 모르지만 적어도 외상을 남기는 존재였다. 그러나 거주는 타인과 공존한다. 그러면서 뭔가 같이 도모해야 하는 관계로 만들어 간다.

타인과 관계를 맺는 순간 익숙했던 일상성은 깨어진다. 타인의 시선은 자신을 둘러싼 많은 것을 되돌아보게 만든다. 타인의 얼굴에서 절대적인 타자성을 확인할 때 이는 불가피해진다. 이것은 또 다른 놀라움이다. 이 놀라움은 타인에 대한 공감대를 넓히는 촉진제가 된다. 나만 알고 있다고 생각했던 것이 사실은 타인과의 조율을 거친 것임을 알게 된다. 타인과의 거주에서 얻은 놀라움은 그러므로 초월적 놀라움이다.

타인과의 관계를 오래도록 유지하고자 한다면 시간을 투입해야 한다. 정적의 공간 지향성과 달리 거주는 시간 지향적이다. 시간이 개입하는 관계는 일상성을 안정시킨다. 시간을 투자한 만큼 안정성도 커진다. 시간의 투자는 거주가 존재를 뿌리내리고 유지하기 위한 조건이다. 시간을 들여야 하는 거주는 장소를 존재의 일부로 만든다. 장소와 맥락을 가진 장기적이고 구조적인 관계를 만든다. 장소에 몰입하는 것이다. 장소에 대한 몰입은 거주의 공간을 확장한다. 이럴 때 타인과의 관계에서 얻는 놀라움은 잘 숙성된다.

그러나 아이러니하게도 거주는 거주의 안락함이 깨어지기를 기다린다. 거주에서 확보하는 일상성이 깨끗이 사라지는 순간에 놀라움을 맞이할 수 있다. 거주의 일상성 그 자체는 들어가거나 나오는 방법을 제대로 알지 못한다. 일상성은 안개에 포박된 숲처럼 입구도 출구도 확실치 않다. 대신 어떤 가능성에도 열려 있다. 그래서 거주가 기대하는 놀라움은 사건에 의해 안개가 걷히고 주변이 또렷하게 드러나기를 기다리는 것과 같다.

놀라움은 이 포박의 상태를 깨뜨리는 순간에 드러난다. 그러므로 관행의 일상성에 포박된 저널리스트는 결코 놀라움을 경험하지 못한다. 놀라지 않는다는 것은 거주의 안락한 일상에 포로가 되었음을 의미한다. 정적이 내 밖의 현상에 대한 초월적 감각을 가지도록 한다면 거주는 이 초월 감각이 인식에 파고들 수 있도록 해 준다.

거기 있음, 정적, 거주 모두 놀라움을 위한 준비다. 이 모든 준비는 놀라움을 위한 직접 경험에 초점을 맞춘다. 뭘 경험한다는 이야기일까. 반 마넨(Max van Manen)은 직접 경험을 관계성, 공간성, 신체성, 시간성, 물질성 등에 대한 실존적 경험이라고 보았다.[11] 하나씩 보자.

관계 경험은 사람들을 겪는 경험을 말한다. 이는 공동체에 관한 경험이다. 공동체가 이 사건을 어떻게 이해하는지를 경험하는 것을 말한다. '사람이나 사물들은 사건과 어떤 관련성을 갖는가', '사건의 공동체적 의미는 어떤 것인가' 등의 질문을 제기할 수 있다. 또 '어떤 방법으로 다른 사람들과 관계를 구성할까', '타인을 어떻게 이해해야 하나'와 같은 물음을 통해 타인과의 관계를 구성하는 지침을 구할 수도 있다. 이를 통해 타인과의 관계가 사건에 어떤 영향을 미치는지 파악할 수 있다.

신체 경험은 감각적 경험을 말한다. 감각을 통해 세상

을 경험하는 방식에 주목한다. 우리는 감각적 경험을 통해 몸을 인식하게 된다. 사건이 몸에 의해 인식되는 방식에 주목해야 한다. 욕망, 두려움, 활기, 분노 등의 감정적 경험들이 일상생활에 있는 그대로 드러날 수 있는 것은 감각 덕분이다. 또 냄새, 소리, 촉감 등 사건 현장에서의 감각을 통해 경험을 재구성할 수 있다. 사물이나 사건에 대한 감각적 경험이 어떻게 일어나는가를 이해해야 한다. 이런 것들이 정체성에 영향을 미친다. 동시에 감각은 자신과 타인의 다름을 신체의 다름을 통해 이해할 수 있게 해 주기도 한다. 디지털 환경에서는 이런 감각적 경험이 위기에 처한다. 대부분의 경험이 데이터가 되면서 직접 경험은 줄어들 수밖에 없기 때문이다.

공간 경험은 사건이 일어난 공간, 즉 장소에 대한 직접 경험을 말한다. 인간이 특정한 공간을 어떻게 경험하고 의미화하는지를 파악해야 한다. 지도상의 위치 정보가 중요한 것이 아니다. 실제 장소를 방문했을 때 느끼는 분위기의 경험이 더 중요하다. '내부와 외부에 대한 경험의 다름은 어떤 것인가', '큰 성당의 공간은 작은 교회의 공간과 어떻게 다른 경험을 제공하는가', '우리는 공간을 어떻게 구성하고 공간은 우리를 어떻게 구성하나', '아플 때와 건강할 때 침대나 침실을 어떻게 다르게 경험하나' 등의 질문을 통해 공간 경험을 분석할 수 있다.

시간 경험은 시간의 연속성을 되살리는 데 초점을 맞춘다. 우주의 시간이라는 객관적 시간과 경험의 시간인 주관적 시간의 차이, 즉 시계의 시간과 현상의 시간의 차이를 정확하게 알아야 한다. 기다리는 시간은 몰두하는 시간과 다르게 경험된다. 시간이 경험되는 방식이 중요한 것이다.

개념화된 과거의 사건은 현재와 단절된 시간의 경험을 제공한다. 그러나 사건의 실체적 시간을 인식할 때는 시간의 연속성을 경험하게 된다. 같은 거리라도 첫 50킬로미터는 마지막 50킬로미터보다 더 길게 경험하는 것을 생각해보라. 경험 공간과 경험 시간이 한데 섞여 있는 것이다. 공간은 시간의 요소고 시간은 공간으로 경험되기도 하는 것이다. 그래서 우리는 뭔가 하고자 할 때 시간의 길이를 이야기한다.

물질 경험은 사물의 물질성에 대한 감각적 경험을 되살리는 것을 말한다. 우리는 자신을 사물 안에서 바라보고 인식한다. 사물은 물질성을 통해 세계를 구성하기 때문이다. 나아가 사물은 육체와 정신의 연장선이기도 하다. 그러므로 사물이나 테크놀로지를 어떻게 경험하는가는 인식에 영향을 미칠 수밖에 없다. '사물은 어떻게 이런 일을 해내나', '우리는 어떻게 사물을 친숙하게 또 낯설게 경험하나'와 같은 질문으로 접근할 수 있다. 사물은 우리를 실망시킬 수도, 실망을 우리에게 되돌릴 수도 있다. 우리에게 책임을 물을 수도 있다.

놀라움으로 가는 길은 이렇게 까다롭다. 거주는 환경과의 관계 속에서 안정감과 익숙함을 느낄 수 있게 해 준다. 놀라움은 이 과정에서 일상적 경험이 뒤흔들리는 순간에 발생한다. 놀라움은 갑작스러운 충격이나 변화가 아니다. 익숙한 세계가 새로운 시각으로 재구성되는 경험인 것이다. 그렇다고 거주가 거기 있음이나 정적을 압도하는 상위 개념은 아니다. 거기 있음은 직접 경험을 가지는 방법이다. 즉각적으로 존재를 인식할 수 있다. 정적은 존재와 직접 경험을 고요를 통해 심화한다. 특히 관계 맺음을 통해 존재와 경험을 확장하고 숙성시키고자 한다. 하는 일이 각기 다르다. 놀라움은 이 모두를 조건으로 요구한다.

당혹 또는 당함

어제 같은 오늘인가. 일상은 늘 그 하루 같은가. 속지 말라. 일상에 길든 인식은 모른다. 자동성의 일상은 언제든 배신할 것이다. 그것은 배신의 잠재성이다. 느닷없고 당혹스럽고 참혹할 수도 있는 결말을 감당해야 한다. 안락한 복점의 끝은 대개 그렇다. 그렇게 당한다. 그렇다고 사건을 탓할 수는 없다. 사건의 저항은 너의 것이 아니다. 너를 향한 것도 아니다. 불현듯 나타나 세상에 저항할 뿐이다. 오랜 악연이 만들어 낸 운명이다. 이름도 없는 공명의 순간에 저항은 눈에 뜨인다. 일상의 세계에 저항하는 것일까. 익숙하던 길이 끊어지고 생각의 끈도 끊어진다. 그러나 단절에 대해 앙심을 품지 말아야 한다. 모든 단절을 받아들일 수밖에 없다. 더하여 저항에 놀라지 말기 바란다. 저항에 놀라는 거울 속 네 모습을 보라. 보이나. 그때 놀라라. 사건에 놀라지 말고 너를 보고 놀라라. 그 순간을 위해 일상에 붙어 있어야 한다. 떠나면 아무 일도 일어나지 않을 것이다. 일상을 떠다니는 놀라움의 프로세스를 그냥 따라가라.

놀라움

놀라움의 진원은 사건이다. 저널리스트가 사건을 말 걸기 소재로 삼는 것은 그만한 이유가 있다. 사건에는 말 걸 만한 가치가 가득하다. 우리는 언제나 세계를 알고 싶어 한다. 그러나 어떤 수를 써도 세계는 알 수 없는 곳이다. 세계는 사실로 가득 차 있으나 사실이 알려 주는 것은 없다. 사실은 사실에서 그치고 만다. 맥락 없는 사실은 파편일 뿐이다. 이야기를 알려 주지 못한다. 그래서 세계를 알고자 할 때 우리는 사실을 넘어선 사건에 기댄다. 사건을 통해서만 세계의 일들을 눈치챌 수 있다.

사건은 이야기를 담고 있다. 그러나 그 이야기는 혼란스럽다. 불확실성으로 가득하다. 알았다고 생각했던 사건은 사실 구성된(constructed) 사건에 불과하다. '구성되다'라는 단어에 주의해야 한다. '구성'에는 많은 요소가 개입한다. 사건은 많은 것에 의해 만들어진다. 바로 이것이 사건이라고 특정할 수 있는 건 없다. 사건이 구성된 것이라면 사건의 진실을 찾아다니는 것은 괜한 고생일 수 있다. 사건을 통해 진실을 보고자 하지만 그건 잘해야 언어적 진실일 뿐이다. 치밀한 분석을 할 수 있다면 명사와 동사가 뒤엉킨 프로세스까지는 확인할 수 있을 것이다. 그러나 그것도 거기까지가 전부다.

그러니 사건의 겉모습만 바라보면 알아낼 수 있는 것은 없다. 프로세스를 따라 유동적으로 흔들리는 사건이 은연중에 드러내는 무엇이 있다. 그걸 주목해야 한다. 바로 사건의 놀라움이다. 사건이 우리에게 보여 주는 것은 사건 그 자체가 아니다. 우리가 볼 수 있는 것은 그걸 사건이라고 인식하게 해 주는 사건의 놀라움이다. 우리는 사건을 놀라움을 통해 접한다. 놀라움이 없다면 사건을 지나치고 말 것이다. 사건과 우리 사이에는 놀라움이 있다. 아니 놀라움만 존재한다. 그러니 사건을 이해하려면 구성된 사건을 맹목적으로 쫓아서는 안 된다. 사건에서 번져 나오는 놀라움을 포착해야 한다.

물론 놀라움은 사건의 실체를 보여 주지 못한다. 놀라움은 사건을 감각한다. 덕분에 놀라움을 접하는 우리도 사건을 감각할 수 있다. 그러나 놀라움은 사건을 감각하는 데서 그치지 않는다. 사건을 감각하는 것은 순간적 충격으로도 가능하다. 그게 놀라움의 전부가 아니다. 충격은 놀라움이 아니다. 놀라움은 충격을 지나 그 감각을 계속 이어 나간다.

이것은 사건의 의미가 드러날 때까지 진행한다. 사건의 실체를 말하지 못하지만, 사건의 의미를 드러내기 위해 긴 여정을 거친다. 놀라움은 그래서 프로세스다. 놀라움의 프로세스는 사건의 의미를 어딘가에 못을 박는 지점까지 이어진다. 이 책은 그 여정에 관한 이야기다. 이제 그 프로세스를 시작하려 한다.

놀라움이 사건을 감각한다는 것은 아주 중요하다. 정확히 말하자면 이는 사건 자체에 대한 감각이 아니다. 놀라움은 사건의 공명(resonance)을 감각한다. 공명은 사건을 겪는 사람의 생각 속에서 일어나는 반향이다. 놀라움은 이 공명을 얻는다. 그래서 사건과 사람들 사이에서 울려 퍼지는 공명을 타고 드러난다. 공명을 타고 한동안 이어진다. 그러므로 놀라움을 얻으려면 사건이 일으키는 공명에 주목해야 한다.

사건의 공명은 탈명명화(ex-nomination)의 속성을 갖고 있다.[12] 탈명명화는 이름을 피하고 이름을 지우는 무명화를 말한다. 무엇이라고 특정하지 않은, 즉 의미 이전의 상태다. 사건은 자신의 의미를 곧바로 드러내기를 거부한다. 일단 겉으로 드러난 혼돈의 모습 그대로 나타난다. 공명은 이런 사건에 대한 특정한 경험을 내면에 새긴다. 사건은 아무것도 말해 주지 않는다. 놀라움이 사건의 의미를 드러내고 의미에 이름을 붙이기 전에는 그렇다. 그저 사람들을 부를 뿐이다.

공명은 널리 퍼지는 것을 목적으로 한다. 더 많은 사람을 모으려 한다. 공명이 탈명명화를 추구하는 것은 이 때문이다. 이름을 붙이는 순간 사건은 그 속에 갇히고 만다.

이름이 붙은 사건 앞에서 사람은 자기 생각에 따라 갈라진다. 이름은 더 많은 사람을 모으려는 공명의 목적을 방해한다. 이름이 붙기 전에 사건의 놀라움이 사람들 사이로 퍼지고 지속할 때 공명은 극대화된다. 그리고 놀라움이 사건의 의미를 본격적으로 파고들기 시작하면 공명은 사그라든다. 탈명명화 전략의 수명이 다한다.

공명은 사건의 핵심에서 나오기 때문에 울림이 크고 색다르고 분명하다. 모르고 지나치기 어렵다. 사건을 제대로 알 길이 없으니 공명에 귀를 기울일 수밖에 없다. 그러니 놀라움을 추적하는 저널리스트는 공명에 예민해야 한다. 공명을 감각할 수 있는 가장 좋은 방법은 사건을 직접 경험하는 것이다. 직접 경험을 할 때 공명의 울림은 더 생생하다. 직접 경험은 공명의 가장 탄탄한 기반이다.

보자. 사건의 직접 경험은 사건을 추상화해서 인식하는 것이 아니다. 정적 속에 거주하면서 신체적 감각과 정서로 공명을 느끼는 것을 말한다. 공명이 사건의 놀라움으로 이어질 때 직접 경험은 그 사이에서 다리 역할을 한다. 공명이 놀라움을 여는 개시(disclosure)의 순간은 직접 경험으로 가능하다. 직접 경험은 순수한 주관적 감각이 아니라 간주관적 감각이다. 개인적 경험을 타인과 공유하면서 얻을 수 있다. 공유할 수 있는 경험이어야 한다.

공명은 놀라움이 시간을 초월할 수 있도록 해 준다. 이 역시 직접 경험에 의지한다. 직접 경험은 현재의 감각이지만 동시에 과거와 미래를 향한 지향성을 갖고 있다. 현재에서 과거, 미래를 향한 지향성을 바탕으로 놀라움이 시간 초월성을 가질 수 있게 된다. 이처럼 직접 경험은 공명을 놀라움과 연결해 주는 역할을 한다.

반대로 직접 경험이 아닌 개념이나 프레임들은 공명의 울림을 없애 버린다. 그 속에 사건의 실체를 모두 가두어 버린다. 사건은 그 속에 고정되고 만다. 그러니 공명을 들으려면 이론, 개념, 프레임을 모두 보이지 않는 곳에 밀어 놓아야 한다. 대신 공명을 만들어 내는 직접 경험들을 가져야 한다. 반 마넨이 제시한 관계, 공간, 신체, 시간, 물질 등의 다섯 가지 직접 경험은 그래서 중요하다. 저널리스트가 가져야 하는 직접 경험은 여기서 얻을 수 있다. 이는 놀라움에 접근할 수 있는 지점이기도 하다. 직접 경험이 놀라움에 접근하는 방식을 보자.

관계 경험은 타인과의 관계 속에서 만들어진다. 다른 사람과 대화하거나 관찰할 때를 생각해 보라. 오랜 친구가 생각지도 않은 결정을 할 때, 친구에 대한 생각은 달라진다. 달라진 생각이 놀라움이다.

신체 경험의 놀라움은 쉽게 찾을 수 있다. 갑작스러운 차가운 바람, 예상치 못한 통증, 새로운 움직임의 가능성과 같은 감각의 발동에 주목해야 한다. 익숙한 길을 걷다가 갑자기 비를 맞는 순간, 차가운 감촉을 느낄 수 있다. 예상치 못한 감각은 경험을 더 깊게 각인시킨다. 이것이 주변 환경을 새롭게 인식하게 해 준다. 그때 놀라움을 느낀다.

공간 경험의 놀라움도 마찬가지다. 익숙한 공간이 뜻밖의 방식으로 변할 때 놀라움을 경험한다. 도서관처럼 조용한 장소에서 갑자기 큰 소리가 난다면 어떨까. 그 순간 공간 자체를 새롭게 느끼게 된다. 주위를 살피면서 경계하게 된다. 공간의 놀라움이다.

시간 경험에서 얻는 놀라움은 과거, 현재, 미래를 경험하는 방식이 정상적이지 않다고 느끼는 데서 비롯된다. 어떤 순간이 기대보다 빠르거나 늦게 다가올 때, 혹은 시간이 멈춘 듯한 느낌을 받을 때 우리는 놀라움을 경험한다. 오랫동안 기다리던 순간이 예상보다 빨리 찾아온다면 감정적 충격과 기쁨을 느낄 것이다. 그게 놀라움이다.

물질 경험의 놀라움은 물질의 속성 때문에 일어난다. 우리는 익숙한 사물로 구성된 환경 속에서 일상생활을 영위한다. 새로운 물질이나 테크놀로지는 이런 일상을 낯설게 만든다. 익숙한 물건이 전과 다르게 작동할 때도 그렇다. 매끄러울 것으로 생각한 유리 표면이 거칠게 느껴질 때는 어떤가. 그때의 느낌이 놀라움이다.

관계 속에서의 예상치 못한 반응, 신체적 감각의 변화, 공간 환경의 급격한 변화, 시간 감각의 변형, 물질적 상호 작용의 예측 불가능성 등은 직접 경험을 통해서만 감각할 수 있다. 이런 경험은 우리의 경험을 더욱 강렬하게 만든다. 살아 있음을 느끼게 만든다. 놀라움은 이런 직접 경험을 통해 생성된다.

직접 경험에서 얻은 놀라움은 많은 덕목을 갖고 있다. 첫째, 사건의 속성을 정확하게 적시해 준다. 혼란스러운 사건을 이해할 수 있는 표지판과 같다. 둘째, 사건의 경고를 전달해 준다. 이는 세계를 이해할 수 있는 신호다. 셋째, 사건을 감각적으로 경험할 수 있다. 놀라움은 감각적 경험이므로 이를 통해 우리는 사건을 경험할 수 있다. 넷째, 사건으로 더 깊이 들어갈 수 있다. 놀라움은 사건의 핵심으로 들어가는 통로다. 다섯째, 사건에 대한 추상적 개념화에서 벗어날 수 있다. 직접 경험이 주는 놀라움은 사건을 구체적으로 보여 준다. 개념화가 끼어들 수 없다. 여섯째, 사건을 포착하기 쉽다. 놀라움은 사건보다 더 쉽게 눈에 뜨인다. 모두 저널리스트가 직접 경험을 통해 얻어 내야 하는 목록이다. 사건을 다루는 저널리스트에게 놀라움의 효용성은 이처럼 크다.

그런데 사람들은 사건의 놀라움을 제대로 알지 못한다. 사람들에게 놀라움은 사건의 감각을 촉발하는 방아쇠다. 그러니 일상적 놀라움과 그 의미가 다르다. 어떤 주제든 변방에 밀어 놓을 때와 중심으로 끌고 들어올 때는 무게가 달라진다. 없어도 문제 될 것 없는 형용사나 부사로 다룰 때와 다르다. 주어나 목적어의 명사가 되어 등장할 때 무게가 훨씬 더해진다. 문제를 정의하는 동사의 역할을 할 때는 특히 긴장해야 한다.

깨우다(awaken), 매혹하다(enchant), 넋을 잃게 만들다(mesmerize), 초월하다(transcend), 놀라게 하다(astonish), 밝히다(illuminate), 성찰하다(reflect), 숙고하다(contemplate), 끌어내다(elicit), 환기하다(evoke), 경탄하게 만들다(marvel), 탐구하다(explore), 인지하다(perceive), 경험하다(experience), 마주치다(encounter), 감지하다(sense), 발견하다(discover), 발굴하다(unearth), 드러내다(reveal), 개입하다(engage) 등이 그런 것들이다. 평범한 동사지만 놀라움이 깃든 단어다. 놀라움을 직접 드러내는 것도, 놀라움을 끌어내는 것도, 놀라움으로 이끄는 것도 모두 놀라움의 어족이다. 이 단어들 주변에 사건이 숨어 있다.

놀라움처럼 보이지만 놀라움이 아닌 것들이 있다. 갑작스러움(surprise)과 두려움(awe) 같은 것이다. 혼동하면 안 된다. 갑작스러움과 두려움의 특징은 즉각적이라는 것이다. 새로운 것을 맞닥뜨릴 때의 순간적인 비정상성을 말한다. 예상하지 못한 것에 대한 감정이다. 낯설게 다가오는 사물이나 세계에 대해 감각들이 들고 일어서는 순간적 반응이다. 그러나 갑작스러움과 두려움은 여기에서 크게 벗어나지 못한다.

말하자면 이것은 충격을 의미한다. 자연이나 우주의 힘을 지각할 때를 생각해 보라. 그 크기, 혹은 무한한 힘 앞에서 충격을 느끼는 것은 피할 수 없다. 순간적으로 충격에 사로잡힌다. 인간이기에 느낄 수밖에 없다. 갑작스러움과 두려움은 그래서 존재론적 충격이다. 그러나 충격에서 그친다. 놀라움은 여기서 더 나아간다. 이 책의 마지막에 등장하는 묘사에 이르기까지 계속 나아간다.

그렇다고 갑작스러움과 두려움이 아무것도 아닌 것은 아니다. 이는 흥분의 소스로서 감정을 흔들어 깨운다. 이때 환기(arousal)가 일어난다. 갑작스러움과 두려움이 환기하는 것이 바로 놀라움이다. 환기는 놀라움의 시동을 거는 중요한 역할을 한다. 환기는 놀라움의 징후다. 놀라움은 이렇게 등장한다. 그러므로 갑작스러움과 두려움을 간과하면 안 된다. 당연히 무시해서도 안 된다.

환기의 방식은 단순하다. 전과 후의 차이를 분명하게 만드는 것이 핵심이다. 새벽 일찍 해변의 돌 밑을 바라볼 때 지난밤에 발을 적셨던 물살의 기억과 전혀 다른 감흥이 인다. 환기의 순간이다. 숨어 다니던 사건의 핵심 인물을 인터뷰하는 것을 생각해 보라. 인터뷰를 성사시켰다는 사실은 큰 흥분을 일으킨다. 실마리를 못 잡아 스트레스받던 그 전과 확실히 다른 기분이다. 환기의 순간이다.

환기를 기점으로 놀라움 프로세스는 본궤도로 들어선다. 다양한 메커니즘이 작동하기 시작한다. 첫째, 놀라움은 확장(expansion)의 노력으로 이어진다. 위에서 말한 인터뷰를 예로 보자. 인터뷰 행위는 놀라움이 시작하는 환기에 해당한다. 그런데 실제 인터뷰가 진행되면 정보를 얻는다. 이것이 확장이다. 놀라움은 인터뷰 행위에서 인터뷰 내용으로 확장된다. 환기를 통해 놀라움의 시동을 건 다음, 외부에 있는 어떤 것의 모습을 드러내기 위해 노력해야 한다. 확장은 노력에 방점이 있다. 미지의 영역을 이해하는 것은 그냥 얻어지지 않는다. 환기된 놀라움만으로 얻을 수 있는 것이 아니다. 노력으로 놀라움은 더 깊어 간다. 그래서 확장되는 것이다.

둘째, 놀라움을 확장하자면 사유, 즉 생각이라는 동력이 필요하다. 놀라움의 생각은 여느 생각들과 다르다. 이는 다르게 생각하기를 말한다. 다르게 생각하기의 바탕에는 놀라움을 초래한 것이 뭔지 찾아 나가는 검색 활동이 있다. 검색은 다르게 생각하기를 밀어붙인다. 확장을 위한 엔진과 같다. 그러다 보면 어느 순간 전혀 다른 장소로 이동하게 된다. 생각은 생각하는 자를 이동시킨다. 생각과 검색을 통한 이동이 놀라움을 확장하는 동력인 것이다.

셋째, 미스터리도 놀라움을 작동하는 메커니즘이다.

이동은 외부 세계로의 확장을 의미한다. 그곳에서 타인을 만나기도 한다. 타인은 우리를 전에 가 보지 않은 곳으로 데려간다. 미스터리의 세계로 떨어질 수도 있다. 그러나 놀라움을 원하는 사람은 미스터리를 피해서는 안 된다. 저항의 저널리스트를 떠올려 보라. 그는 관행 때문에 일어나는 문제를 다룬다. 관행에 저항하고 관행을 무너뜨리는 사건을 뉴스로 만들고자 한다. 미스터리의 사건이다. 생각지도 못한 방법을 내세워 미스터리의 세계로 들어간다. 놀라움의 공간에는 미스터리를 중심으로 얽힌 관계들이 뒤엉켜 있다.

뉴스를 따라 미스터리의 세계에 들어선 독자 역시 생각한다. 독자는 생각을 통해 다른 사람의 삶으로 들어간다. 자기가 사는 세계에 얼마나 다양한 삶이 있는지 발견한다. 사건의 광활한 실체를 발견한다. 이때 놀라움을 느낀다. 또 거기서 새로운 미스터리를 만난다. 세계를 끊임없이 생각하게 된다. 이렇게 놀라움은 자꾸 확장한다.

넷째, 탐구와 몰입이다. 놀라움의 생각은 탐구와 몰입으로 이어진다. 생각은 탐구와 몰입을 위한 에너지다. 탐구와 몰입이 찾아내려는 것은 존재의 본질이다. 존재의 본질을 찾고자 하는 것이 보여 주듯 놀라움은 감정이 아니라 이성적 활동이다. 물론 무지를 자각하는 지점에 이를 수도 있다. 한계를 경험하는 것이다. 탐구와 몰입은 무지를 타파하기 위한 지적 욕구를 더 담금질한다. 지적 욕구를 통해 다시 미스터리로 나아간다.

다섯째, 질문이다. 질문은 이 모든 메커니즘을 결합한다. 미스터리는 지속적인 질문을 요구한다. 존재의 본질을 탐구하고 존재의 미스터리를 마주하게 만드는 것은 질문이다. 질문은 놀라움의 연료다. 놀라움은 질문을 통해 얻어진다는 지적은 잊지 말아야 한다. 질문은 놀라움에 대한 언어적 표현이다. 동시에 놀라움의 언어적 추구다. 놀라움을 표현할 수 있는 언어적 한계에 도달했을 때 질문을 한다. 그러므로 질문은 언어적 한계에 대한 자각이고 이를 해결하고자 하는 의지다.

언어적 한계의 경험 또한 놀라움을 촉발한다. 언어가 표현해 낼 수 없는 지점에 이르렀을 때 놀라움을 경험한다. 철학적 놀라움이 이런 것이다. 한계 너머에 있는 세계를 생각하는 것은 자연스러운 것이다. 한계를 뛰어넘으려는 시도와 노력도 자연스럽다. 이는 표현 불가능성을 탐구하려는 욕구로 연결된다. 놀라움은 세상을 단순히 경험하는 것이 아니다. 미지의 영역을 계속해서 탐구하는 과정에서 발생한다. 세상에 대해 끊임없는 질문을 던지는 과정에서 일어난다.

일상성

놀라움의 탐구는 아무것도 없는 데서 일어나지 않는다. 비비댈 언덕이 있어야 한다. 가장 확실한 언덕은 일상이다. 일상은 익숙하고 투명하다. 투명한 만큼 주의를 끌 만한 것이 없는 것처럼 보인다. 일상은 엉뚱하기도 하고 그냥 지나쳐 버리기도 쉽다. 필요 없이 버려지는 낭비인 것 같기도 하다. 일상은 이런 것이다. 또 이런 곳에 거주하는 것을 말한다. 일상의 경계는 모호하다. 그러므로 일상에 거주한다는 것은 이곳으로 들어가는 방법이나 나오는 방법을 알기 어렵다는 것을 의미한다. 일상에서는 어떤 행위가 일어나는지 감지하기 어렵다.

일상의 여기는 놀랄 만한 일이 없을 것 같다. 그러나 일상은 놀랄 만한 일을 감추고 있다. 일상의 자동성이 그렇게 만든다. 일상적 사고와 행동은 일상적 규범과 기대에서 벗어나지 않는다. 의식의 흐름이 방해받지 않고 흐른다. 특별히 의식하지 않고도 자연스럽게 세계와 상호 작용한다. 세계와의 관계는 끊기지 않고 지속한다. 관계하는 방식도 유지된다.

모든 것이 자동으로 이루어진다. 주의를 분산하거나 깊이 고민해야 하는 일은 자동성을 거스를 가능성이 크다. 자동성에 대한 반기를 드는 것이나 마찬가지다. 그렇게 되면 일상성의 의미가 무너질 수 있다. 일상의 자동성은 이런 문제 상황을 막아 낸다. 일상 안에서 일어나는 일들이 의미를 꼭꼭 감출 수 있는 것은 이 때문이다.

의미 없는 것들로 가득한 것 같지만 일상은 놀라움을 감추고 있다. 놀라움은 일상에 균열을 내면서 등장한다. 당연한 것이 갑자기 낯설게 느껴지는 순간, 익숙함이 깨지면서 새롭게 인식되는 순간, 그간의 형식적 틀과 틀을 통해 익숙해져 있던 것들이 전혀 다르게 보이는 순간, 모두 일상의 균열이 일어나는 순간이다.[13] 놀라움은 일상의 익숙함, 투명함, 자동성을 무너뜨리면서 나타난다.

균열이 일어나면 일상 속에서 투명하게 작동하던 세계, 익숙하던 대상, 관계, 상황이 더는 친숙하지 않게 된다. 의미가 붕괴하고 의미의 공간은 잠시 공백으로 남는다. 주의를 집중해야 하는 순간이다. 놀라움이 일어나는 순간이기 때문이다. 세계는 놀라움에 의해 존재의 비밀 또는 존재의 본질을 드러내기 시작한다.

그러니 일상이란 놀라움이 잠재되어 있음에도 놀라움은 일어나지 않은 상태다. 놀라움은 가능성 안에서 결정되지 않은 채로 있다. 생각할 수 없고 불가능한 것으로 남아 있다. 아무것도 일어날 것 같지 않은 곳이다. 그러므로 저널리스트는 일어나지 않은 놀라움을 기다리며 그런 일상에 상주해야 한다.

사건이 터지는 순간 많은 이야기가 달라진다. 일상이 애써 감추어 둔 의미가 갑자기 나타난다. 세계는 의미 없는 것 같은 일상의 틀을 벗어난다. 사건으로 인해 일상적 이해를 초월할 가능성이 드러난다. 도구를 예로 보자. 손에 익은 도구는 잡았다는 느낌도 없이 사용한다. 그 도구가 고장 났을 때는 어떤가. 도구가 고장 나면 일상도 고장 난다. 여기서 주목해야 한다. 도구는 고장을 빌미로 일상에 저항한다. 일상의 익숙함도 해체한다. 도구의 숨은 의미, 즉 본질이 이때 드러난다. 이것이 놀라움이다.

도구의 의미란 아무 일 없는 것처럼 이용하는 것이다. 동시에 고장 나는 순간에 일어나는 일 또한 도구의 의미다. 도구의 고장은 도구의 의미를 다른 방식으로 보여 준다. 고장의 순간, 즉 사건이 일어나는 순간이 알려 주는 또 다른 의미가 바로 놀라움이다. 일상의 고장을 통해 역으로 일상이 작동하지 않는 사건이 무엇인지 짐작할 수 있다. 일어날 수 있는 것들 속에서 일어나는 어떤 것, 또 일어날 것 같지 않은 어떤 일이 일어나는 것이 사건이다. 사건은 이렇게 거주의 일상을 깨끗하게 청소해 버리고 고장을 일으킨다.

사건이 세계의 질서에 맞서 저항하는 것은 이런 식으로 나타난다. 저항은 무엇보다 일상의 익숙함을 해체하고자 한다. 이를 위해 익숙함 속에서 낯섦을 깊숙이 밀어 넣는다. 우리가 놀라는 지점은 바로 여기다. 중요한 것은 일상의 틀 안에 숨어 있는 저항의 대상을 적시하는 것이다. 이 일은 사건이 해낸다. 사건은 저항의 대상을 집어내는 것을 말한다.

사건은 이런 일을 무작위적으로 하지 않는다. 일상 속에서 갑자기 일을 저지르는 것 같지만 그렇지 않다. 사건은 전략적으로 저항의 대상에 접근한다. 놀라움이 드러나는 방식을 보면 알 수 있다. 전경과 배경의 논리를 알면 쉽게 이해할 수 있다. 놀라움은 일상에 내재해 있지만, 평소엔 드러나지 않는다. 배경으로 물러나 있기 때문이다. 사건 이전의 평상시엔 일상성이 전경으로 무대를 모두 차지한다. 사건은 놀라움을 전경으로 밀어 올린다. 일상성은 놀라움의 배경으로 물러난다.

사건이 전경과 배경을 다룰 때 다른 언어를 동원한다. 일상이 배경으로 물러날 때 일상을 지배해 온 기존의 규범이 전복되거나 변형된다. 전복과 변형은 언어나 이미지로 표시된다. 통상적 단어나 이미지를 동원하면 제대로 드러나지 않는다. 낯선 단어와 이미지가 필요하다. 비일상적 언어는 사건의 낯섦을 극대화한다. 사람들은 이런 언어 자체를 놀라움으로 인식한다. 동시에 언어의 가능성을 새롭게 인식한다. 익숙한 것들을 다른 각도에서 보는 낯섦을 경험하기 때문이다. 낯섦은 대상을 새롭게 바라보고 느끼도록 만든다. 사건은 이런 방식으로 저항의 대상을 지목한다.

그러나 전경에 드러난 것이 놀라움의 전부가 아니다. 놀라움은 결정된 현상이나 눈에 빤히 보이는 실체가 아니다. 고착된 결론이 아니다. 이는 무엇인가 되어 가는(becoming) 가능성이다. 놀라움은 사건의 실재성(actuality)이 아니라 미래 사건을 위한 잠재성(potentiality)이다. 그러므로 희미할 수 있다. 전경에 드러난 것 이상의 무엇이 사건 속에 묻혀 있거나 묻어 있다.

일상은 이것들을 만들어 내는 공간이다. 그래서 일상은 가능성의 공간이다. 일상은 실재적이지만 동시에 잠재적이다. 그렇다고 가능성이 제멋대로 드러나는 것은 아니다. 누구나 경험하는 것도 아니다. 정교하게 덫을 놓거나 프레임을 만들어 놓아야 걸려든다. 의미 있는 공간, 그럴 만한 곳에 던져야 한다. 훈련도 필요하다. 산책하고 사진 찍고 리스트를 작성하고 일기를 써야 한다. 도전해야 한다. 쓰고 있는 안경의 렌즈도 바꾸어야 한다.

일상이 가능성의 공간으로 기능하는 것은, 열려 있음의 속성 때문이다. 일상은 알려진 것은 물론 알려지지 않은 것에도 열려 있다. 특히 일상을 초월한 것에 열려 있다. 미스터리가 그런 것이다. 초월은 일상을 벗어나서도 계속된다. 미스터리는 일상의 세속성을 고스란히 갖고 있다. 동시에 일상을 벗어난 만큼 다르다.

미스터리에 당하고 나면 일상에 젖어 무디어진 감각을 탓할 수 있다. 그러나 무딘 감각이 깨어나는 곳도 일상이다. 일상에서 탈출할 때도, 일상의 바깥에서 안으로 들어올 때도 감각이 깨어남을 경험한다. 놀라움을 겪는 순간이다. 놀라움은 이런 점에서 무작위적이고 전방위적인 침입이나 마찬가지다. 그래서 놀라움은 '두들겨 맞는 것'이다.

당혹

놀라움은 이렇게 일상을 배경으로 그 첫 모습을 드러낸다. 일상을 배경으로 한 덕분에 전경으로 튀어나온 놀라움은 눈에 확 뜨인다. 통상적 상황에서 통상적이지 않은 어떤 것에 의해 충격을 받는 것, 갓난애가 경기하듯 화들짝 소스라치는 감정, 미스터리를 설명할 수 있는 실마리가 드러나는 순간 등이다. 이것들은 일상을 벗어난 이상한 일(odds)이 아니다. 독특한 심리적 상태라는 식으로 안일하게 생각하면 안 된다. 놀라움은 심리적 격동이 아니다. 일상의 어디서나 나타날 수 있다.

놀라움을 이해할 수 있는 꼬투리는 그 발동의 순간에서 찾을 수 있다. 놀라움은 즉각적이라는 데서 이해의 실마리를 잡아야 한다. 멈춘 것 같은 일상을 배경으로 하므로 놀라움은 즉시 눈에 뜨인다. 작은 변화도 금방 포착할 수 있다. 즉각적이고 순간적이므로 강렬하다. 사람들은 자기도 모르게 움찔한다. 놀라움 앞에 갑자기 무방비로 열려 버린다.

다른 한편 이런 즉각성 때문에 놀라움은 사람들의 이해를 얻기 쉽지 않다. 즉각적 놀라움을 이해하자면 무작위적 두들겨 맞음에 대해 다시 생각해야 한다. 이는 일상의 개방성에서 비롯된다. 일상은 열려 있는 가능성의 공간이므로 놀라움은 무작위적으로 침입한다. 가능성의 공간은 사건이 뛰어놀 수 있는 최적의 조건이다. 그런데 이건 사건의 관점에서 볼 때 그렇다는 것이다. 놀라움을 겪는 사람들은 어떨까.

일상의 공간은 제한적이다. 사람들은 시공간적으로 한정된 범위의 일상 안에서 산다. 변수가 많지 않아 보인다. 이런 제한성 때문에 안전하다고 느끼게 된다. 반복, 습관, 관습이 제공하는 것보다 안전한 것은 없다. 이 때문에 일상은 대개 놀라움과 거리가 멀다. 그런데 안전함이 일상을 폐쇄 공간으로 만들기도 한다. 아이러니다. 가능성의 공간이자 초월적 미스터리에도 열려 있는 일상은 폐쇄성 속에 안주하기도 한다. 제한된 가능성, 폐쇄성 덕분에 사람들은 아무 생각 없이 거기 있다. 일상은 많은 것을 감추고 그냥 흐른다.

일상이 아무 일 없이 흐르는 또 다른 이유가 있다. 일상은 자신은 물론 타인들도 감춘다. 생각해 보라. 일상은 나만 존재하는 것이 아니다. 일상은 타인의 세계이기도 하다. 그러니 일상을 다른 사람들과 공유해야 한다. 공존을 위해 사람들은 관습과 규범을 만들고 받아들인다. 관습과 규범은 두말할 것 없이 안전한 폐쇄성을 의미한다. 일탈하는 것을 배제해 버린다.

배제는 타인과 공존하기 위한 고육책이다. 그러므로 일상에서 벗어나지 못하는 사람은 비본래적 존재(inauthenticity)로 머물 수밖에 없다. 이는 자신의 고유한 가능성을 뒤로 미뤄 둔 상태를 말한다. 놀랍게도 열린 가능성, 제한된 개방성, 그리고 폐쇄성 사이의 긴장은 일상 속에서 자연스럽게 유지된다. 그러니 일상은 대부분 아무 일 없는 듯이 지나간다.

여기에 사건이 개입하면 모든 것이 달라진다. 사건은 안정과 균형을 뒤흔든다. 그러니 금방 눈에 들어온다. 이럴 때 놀라움의 즉각성이 나타난다. 일상의 안정과 균형을 건드리면 아무리 작은 사건이라도 즉각적으로 드러난다. 준비가 안 된 상태에서 들이닥치는 놀라움은 분석이나 성찰 이전에 무엇보다 몸과 감각으로 경험하게 된다. 일상의 세계와 몸의 틈 사이로 사건이 들어선다. 과거를 돌아보거나 미래를 생각할 틈이 없다. 놀라움의 현재 순간에 순간적으로 몰입하게 된다. 모든 것을 직접 경험하게 된다. 일상의 맥락에서 예상하지 못한 일이므로 존재론적 충격을 입는 순간이다.

즉각적 놀라움은 일상의 약점을 틈타 삐져나온다. 사건은 그 약점을 쑤신다. 열려 있고 변하며 제한적인 공간, 그래서 불완전한 공간이 감추고 있던 약점을 곧바로 드러낸다. 그렇다. 일상의 약점은 가능성과 폐쇄성 사이의 긴장에 숨어 있다. 일상은 늘 가능성을 갖고 있지만, 가능성을 추구하지는 않는다. 오히려 폐쇄성을 추구한다. 가능성을 막으려 한다.

가능성과 폐쇄성의 긴장이 바로 일상의 가장 약한 고리다. 일상은 평온해 보이지만 사실은 가능성과 폐쇄성 사이의 긴장으로 늘 조마조마한 공간이다. 사건은 이 긴장을 터뜨려 버린다. 이때 가능성과 폐쇄성은 가시적으로 충돌한다. 충돌은 그간 익숙했던 세계를 무너뜨린다. 이렇게 세계와의 익숙한 관계가 중단된다. 그것도 즉각적으로 중단된다.

놀라움의 즉각성은 시간이 지나면 감각적 차원을 넘어 기존의 해석 틀을 위협한다. 이때 인식의 정체가 일어난다. 인식의 와해(disruption)를 불러오는 것이다. 일상 속의 자기 존재에 대한 불안이 일어나기 시작한다. 즉 당혹스러움에 처하게 된다. 당혹스러움은 사건에 대한 태도를 해체하면서 동시에 재구성한다. 해체와 재구성 모두 와해를 추구한다. 해체든 재구성이든 당혹스럽다. 즉각적으로 일어나는 놀라움의 시작은 당혹스러움 그 자체다.

그렇다. 비로소 놀라움이라고 인식하게 되는 그 놀라움은 당혹스러움으로 시작한다. 퍼즐(puzzles), 아포리아(aporia), 퍼플렉시티(perplexity) 등 표현은 많지만 모두 당혹스러움이다. 당혹스러움은 곳곳에서 일어난다. 착시나 낯익은 공간의 변화로 인해 감각적 예측이 깨어질 때 지각적 당혹스러움을 경험한다. 하나의 단어가 여러 의미로 사용될 때 인식의 당혹스러움을 느낀다. 어떤 개념이 다른 언어에서는 전혀 다른 방식으로 표현되는 등의 언어나 개념의 구조가 흔들릴 때 언어의 당혹스러움을 겪는다. 그리고 언어의 혼란은 의미의 당혹스러움을 초래한다.

죽음을 피할 수 없다고 느끼거나 인생의 중대한 변화를 경험하면 정체성이 흔들린다. 삶의 의미도 흔들릴 수밖에 없다. 이때 실존적 당혹스러움을 겪게 된다. 시간이 빨리 흐르거나 멈춘 것처럼 느껴질 때가 있다. 처음 경험하는 일인데도 낯설지 않은 느낌이 들 때도 있다. 시간 흐름이 예상과 다르게 느껴지는 것이다. 시간의 당혹스러움이다. 공간에서 방향 감각이 상실되거나 몸이 뜻대로 움직이지 않는다고 느낄 때가 있다. 이는 신체적 당혹스러움이다. 당혹스러움은 다양하다. 그러니 어디서든 닥칠 수 있다.

당혹스러움의 놀라움들은 공통점이 있다. 낯설고 이해

할 수 없다. 잘 이어지던 흐름이 끊긴다. 그래서 모든 것이 더는 당연하지 않은 상태에 놓인다. 현상과 사건에 의미를 부여하던 체계는 무너진다. 원래는 세상의 일은 알맞게 손에 잡히는(ready-to-hand) 익숙한 상태다. 그러나 놀라움이 일어나면 그냥 눈앞에 보이기만 하는(present-at-hand) 낯선 상태로 전환한다.

당혹스러움이 일어나는 근본적 원인은 지향성(intentionality)의 중단이다. 지향성이란 어떤 대상, 의미, 감정, 세계를 향하고 있다는 것을 말한다. 지향성은 의식의 준거다. 일상 역시 지향성을 갖고 있다. 일상은 지향성을 가진 대상과의 안정된 관계 속에서 의미를 형성한다. 일상이 안전한 것은 자동성 덕분인데 이는 지향성이 탄탄하다는 것과 같은 말이다. 당혹스러움은 이런 지향성이 깨어지는 것을 말한다.

지향성을 깨는 것은 역시 사건이다. 사건이 일어나면 일상적으로 세계를 이해하던 의미 구조가 오작동을 일으키거나 작동을 멈춘다. 일상이 편하게 받아들이던 의미들은 해체될 수밖에 없다. 일상은 파악할 수 있거나 통제할 수 있는 것이 아님이 드러난다. 무언가를 향하던 생각들이 그냥 주저앉는다. 현재의 의미가 사라지면 과거와 미래의 의미도 재구성해야 한다. 이는 기존에 잘 정리되어 있던 시간성까지 위기로 몰아넣는다. 지향성이 사라진 일상은 뒤죽박죽된다. 불투명하다. 당혹스러울 수밖에 없다. 놀라움이 구체적 모습으로 떠오르는 순간이다.

당혹스러움에서 비롯된 놀라움은 일상의 자동성 덕분에 아무 생각 없어도 문제없던 공간을 침범한다. 그런데 아무 생각 없음은 아무것도 없음을 말하는 것이 아니다. 놀라움은 일상이 감추고 있던 어떤 것을 뚫고 등장한다. 일상 속에 은폐되어 있던 것이 수면 위로 나타나는 무엇이다. 사건에 의해 끌려 나온다.

익숙했던 세계가 다르게 느껴지는 것은 세계가 변해서 그런 것이 아니다. 은폐되어 있던 놀라움이 일상의 세계를 밀고 올라오기 때문이다. 세계는 일상과 놀라움 모두를 가진 이중의 공간이다. 그렇다면 놀라움은 세계 안에 존재하기 때문에 겪을 수밖에 없는 일이다. 즉 존재의 사건(Event of Being)이다. 놀라움은 존재 그 자체로 사건인 것이다.

이제 놀라움은 프로세스를 타고 흐른다. 어느 길로 들어설지는 알 수 없다. 길 위에서 많은 것들과 만나게 될 것이고 관계를 맺을 것이다. 그래서 놀라움은 관계적이다. 관계를 창출하는 프로세스는 생태학적이다. 새로 맺어진 많은 관계가 함께 놀라움을 이끌어 갈 것이다. 그러나 관계들은 필연적으로 긴장을 일으킨다. 연속성이 끊어질 때 익숙함 속의 낯섦이 쑥 올라온다. 파열이 일어나는 것이다.

동시에 파열의 낯섦 속에 언뜻언뜻 일상적 구조가 보인

다. 낯섦 속의 익숙함이다. 그러므로 일상을 계속 영위하자면 낯섦과 익숙함을 새로운 방식으로 통합해야 한다. 이때 낯섦이나 익숙함 모두 스스로 부정하게 된다. 그리고 둘 다 사라진다. 당혹스러움만 남는다. 당혹스러움만 받아들일 것을 강요한다. 당혹스러움은 익숙함과 낯섦을 모두 누르고 완전한 독재를 얻어 낸다.

당혹스러움은 어떤 생각으로 이어진다. 당혹스러움을 그냥 바라보고 끝나는 것과 생각으로 이어 나가는 것은 전혀 다르다. 그냥 보는 것으로 끝나면 놀라움에 편입되지 못한다. 이를 호기심이라 부른다. 충격으로 그치는 갑작스러움이나 두려움과 같은 꼴이 되고 만다. 당혹스러움을 생각으로 이어 가는 것은 계속 진행하겠다는 신호다. 놀라움을 더 밀어붙인다는 의사를 밝히는 것이다. 어느 순간 특이점(singularity)이 발생할 것이다. 이 선언으로 삶은 지금껏 누려 온 것들이 모두 사라진 어떤 곳으로 들어서게 된다. 당혹스러움은 놀라움이 가득한 리스본행 야간열차[14]로 나를 밀어 넣는다.

이처럼 불확실성의 입구인 사건은 당혹스러움이라는 독특한 현상을 통해 놀라움을 밀고 나간다. 사건은 단순히 시간의 흐름 속에서 일어나는 돌발적 해프닝이 아니다. 의식과 세계, 그리고 그 둘의 관계에 중대한 변화를 가져오는 특별한 순간이다. 사건은 예측 불가능한 방식으로 놀라움을 생성한다. 사건은 세계를 새로운 방식으로 의식에 나타나게 만드는 전환점이다. 그리고 그 전환점에 우리가 경험하는 것은 사건의 실체가 아니라 놀라움이다.

당함

다시 말하지만 사건은 세계에 대한 저항이다. 기존 질서를 거부하는 저항 때문에 사건의 자격을 얻는다. 사건은 일상을 뒤흔들면서 당혹스러움을 낳는다. 이와 별개로 사건은 세계에 저항함으로써 사건 앞에 선 우리의 인식을 당혹스럽게 만들기도 한다. 인식의 당혹스러움은 수동적 당함(passivity of affectedness)을 강요한다.

수동적 당함이란 사건의 저항에 개입하지 못하는 상태를 말한다. 사건을 이해하려는 시도나 통제하려는 시도를 허락하지 않는다. 사건을 해석하거나 평가하기에 앞서 사건에 압도된다. 모든 이해와 믿음을 중단해야 한다. 사건 앞에 완전히 무방비 상태로 노출되는 것이다. 사건에 대해 아무것도 할 수 없는 상태다.

수동적 당함은 여러 얼굴을 하고 있다. 하나씩 보자. 수동적 당함은 무엇보다 사건이 우리의 의지와 상관없이 쳐들어오기 때문에 겪는다. 사건은 주어짐(givenness)의 방식으로 우리에게 나타난다. 주어지는 것이므로 늘 당할 수밖에 없다. 사건의 낯섦이 드러날 때 우리는 그냥 그것에 노출될 뿐이다. 우리는 사건을 의도하지 않는다. 그러니 사건을 통제할 수도 없다. 예상치 못한 방식으로 등장하는 초월이다. 그러므로 당할 수밖에 없다. 시간성마저 무너뜨린다. 그래서 과거의 익숙함이 갑자기 무너지고 미래 가능성은 예측할 수 없게 된다. 모두 당함이다.

수동적 당함에 이르면 사건의 의미는 잉여를 낳는다. 이를 사건의 존재 자체가 언어로 담아낼 수 없는 수많은 의미를 담고 있다. 말하자면 사건의 초과가 일어난다. 사건이 기존 이해의 틀을 넘어서는 의미들을 쏟아내기 때문이다. 당연히 사건의 의미는 가늠할 수 없이 혼란스러워진다. 의미의 잉여는 완전한 이해를 불가능하게 만들고 이는 또 다른 의미의 잉여를 초래한다. 이런 식으로 사건은 기존의 인식을 초월한다. 인식의 지향성이 무너질 수밖에 없다. 그리고 인식의 지향성과 사건의 초월성은 충돌로 치닫는다. 인식은 늘 사건의 초월성에 순간적으로 당하고 만다.

수동적 당함은 기존 이해 틀의 붕괴와 별개의 또 다른 요인에 의해서 일어난다. 타자성(alterity)이다. 타자성은 다름(otherness)이 아니다. 다름은 차이, 구별, 분리 등의 상태를 의미한다. 개인의 정체성을 보여 줄 때 이용하는 개념이다. 그러나 타자성은 타인으로부터 비롯된다. 일상은 타인의 세계다. 나를 빼고 모두 타인이다. 타자성은 피할 수 없는 존재의 굴레다.

나의 경험과 이해로 완전히 파악할 수 없는 타인의 존재가 타자성이다. 타자는 나와 동화될 수 없는 근본적인 이질성을 갖고 있다. 비교할 수 없는 절대적 다름이 타자성이다. 타인이 완전히 이해할 수 없는 존재로, 이질적이고 독자적인 존재로, 그리고 직접 경험을 통해서도 설명할 수 없는 존재로 내 앞에 나타날 때 타자성을 겪는다.

불현듯 등장하는 타인은 나의 경험과 이해를 넘어설 뿐만 아니라 비대칭의 관계에 있다. 이런 타인을 만나면 타자성의 충격에 사로잡힌다. 타인은 나와 경험 세계를 공유한다. 동시에 나와 다르게 세계를 경험한다. 이게 타자성이다. 타자성은 나의 지향성이 예측하지 못하는 곳에서 출몰하는 충격이다.

사건의 타자성은 타인으로부터의 당함과는 비교가 안 될 정도로 강력하다. 그것도 극적으로 연출한다. 우선 우리는 사건을 통해 예기치 못한 방식으로 느닷없이 타인의 세계에 들어간다. 이것은 피할 수 없다. 그런데 이때 타인에 대한 윤리가 작동한다. 사건이 타인들을 우리 앞에 들이밀 때 우리는 이들을 상대해야만 한다. 상대한다는 것은 도저히 이해할 수 없는 타인을 책임지는 것을 의미한다. 이것이 타인에 대한 윤리다.

타인에 대한 윤리가 필요한 것은 타인과 공존해야 하기 때문이다. 타인은 나의 존재 구조 속에 포함되어 있다. 타인이 나의 존재를 형성하는 필수 요소라는 것이다. 다만 익명의 상태로 있을 뿐이다. 사건은 그 익명의 타인들을 무작위적으로 방출한다. 이때 우리는 꼼짝없이 당한다. 해석을 부여할 틈도 없이 당한다. 해석 이전의 사건의 본질은 여기 어딘가 숨어 있다. 그 본질을 포착할 때 놀라움이 분출된다. 대신 우리는 타자성에 손도 못 쓰고 당한다.

당함을 들이미는 주범은 당연히 사건이다. 정확히 말하면 사건의 저항이 당함을 들이민다. 그러나 이는 쉽게 설명할 수 없다. 반복되지도 않으니 다른 데서 찾을 수도 없다. 낯설 뿐만 아니라 형태도 없이 나타난다. 그래서 당함은 언제나 혼돈 속을 헤맨다. 사건을 맞닥뜨리면 사건의 본질을 이해하지 못한 채, 모호함, 불확실성, 불안과 같은 정서적이고 인지적인 혼돈에 빠진다.

그러나 혼돈을 부정적인 상태라고 보면 안 된다. 혼돈은 세계의 새로운 의미를 탐구하도록 강제한다. 세계를 새로 구성하도록 긴장을 촉구한다. 그러니 우리는 사건의 저항에 순순히 당하는 것을 당당히 받아들여야 한다.

첫발은 일상의 익숙함과 자동화된 사고에서 벗어나는 곳으로 내디뎌야 한다. 고정된 채 제한된 의미만 붙들고 있는 인식은 더는 작동하지 못한다. 당함은 더 나아갈 길이 없음을 의미한다(no passage). 또 출구가 사라져 버리는(no way out) 막다른 길로 들어서는 것이나 마찬가지다. 문제는 자꾸 생기는데 해결책은 보이지 않는다. 사건이 만들어 내는 저항은 독재의 현실과도 같다. 그러므로 당함을 피하지 않는 것은 혁명이다. 동시에 놀라움에 대한 윤리적 의무다.

당함에 당당히 맞서고 놀라움으로 나아가는 통로는 다양하다. 이때 직접 경험이 가장 중요하다. 오로지 직접 경험에 매달려야 한다. 그중에서도 몸의 경험에서 시작해야 한다. 오감이 느끼는 직접 감각은 모든 경험의 바탕이다. 테크놀로지를 비롯한 물질성은 몸의 연장을 경험하게 해준다. 삶은 이것들을 접촉하는 것이나 마찬가지다. 몸과 물질에 대한 경험에서 한발 더 나아가면 시간과 공간을 만난다.

시간은 공간과 겹쳐 있다. 시간은 공간으로 경험되기도 한다. 개인의 삶에 낱낱이 드러나는 시간도 있다. 관계의 경험들이다. 관계의 경험은 자아와 타인 사이의 관계를 말한다. 관계는 연결을 요구한다. 연결할 때 다른 사람의 타자성을 경험하게 된다. 다름도 경험하고 가까움도 경험한다. 이런 경험이 모이면 공동체라는 큰 관계를 경험할 수 있다. 놀라움으로 가는 길에는 생각지도 않은 공간이 나타난다.

공간은 삶의 플랫폼이다. 집, 시장, 광장 모두 플랫폼이다. 우리는 어떻게 공간을 형성하고 공간은 우리를 어떻게 형성할까. 공간과 장소의 차이도 경험할 수 있다. '들어가다', '거주하다'와 같은 동사를 적용하면서 공간을 경험해야 한다. 놀라움은 이런 공간을 개척하는 큰일을 해낸다. 자신과 타인이 자기들의 존재를 구체적으로 드러내는 공간을 일구어 낸다. 놀라움과 그 관련자들만 들어설 수 있는 곳이다.

저널리스트가 던져야 할 질문은 따라서 이러해야 한다. '아무것도 없는 거기에 왜 네가 있느냐.' 질문을 확장할 수도 있다. '왜 놀라움과 함께 어떤 존재들이 거기에 같이 있느냐', '그곳에 같이 있는 너희들은 어떤 관계냐', '어찌하여 너희들이 사건의 범주 안으로 들어왔느냐.' 놀라움은 이런 존재들 사이의 관계를 추정하지 않는다. 실체를 찾아내고자 한다. 호기심은 바라보기만 하나 놀라움은 추궁한다.

놀라움은 분명 내 바깥에서 일어난다. 나 없이 일어나지만 나 없이 발견되지는 않는다. 놀라움은 나를 기다린다. 나의 독특한 감정, 인지, 심미가 가닿기를 기다린다. 쉽게 포착할 수 없으나 그냥 보이기도 한다. 놀라움의 규모 때문이다. 움직임이 큰 경우 놀라움은 그냥 보인다. 디테일도 중요하다. 빤히 보이는 놀라움일지라도 멍청하게 지나갈 수도 있다. 디테일을 제대로 찾아내지 못하기 때문이다.

놀라움의 원소유자는 내가 아니다. 나는 수동적 당함을 통해 놀라움을 수용할 뿐이다. 그러나 놀랄 수 있다면 놀라움의 본질을 대신 얻는 것이나 마찬가지다. 그러므로 저널리스트는 놀라움의 공간에 늘 자신을 위치시켜야 한다. 저널리스트는 놀라움의 야경꾼 같은 사람이다.

의심

가렵다. 오래된 면역 체계가 어긋나고 있다. 낯선데 익숙한 감각. 불편한 동거는 어긋난 인식을 건드린다. 익숙한 걸음으로 주변에 스멀거린다. 아무렇게나 스며든다. 바람 속에서 그 냄새를 맡을 수 있을까. 어느 것 하나 털어 낼 수 없는 오감 중 어느 하나라도 흔들리면 사건은 드러난다. 감각이 사건에 들러붙는다. 기억을 소환한다. 기억은 뼈만 앙상하게 남아 있다. 그 말라 버린 가지를 더듬을 때 의심은 한 발짝씩 성숙해진다. 의심 앞에 대기하고 있는 저 많은 일들. 생각으로 그치면 안 된다. 그것들 하나씩 들어낼 때마다 긴 끈에 달려 올라오는 것이 있다. 놀라움이다. 의심을 먹고 쑥쑥 자란 놀라움이다. 당혹스럽기만 하던 놀라움은 이제 우물쭈물하지 않는다. 당하지 않고 달려든다. 의심은 움츠린 바보가 아니다. 견고하게 닫혀 있는 사건으로 곧바로 돌진하지 않는다. 그게 왜 이렇게 나타나는가를 따지는 것으로 시작한다. 의심은 먼저 나를 상대한다. 의심이 기어이 해낸 일은 이처럼 대단하다.

감각적 의심

놀라움이 처음 나타날 때 모습을 다시 떠올려 보자. 이때의 놀라움은 즉각적이다. 갑작스러움이나 두려움으로 발동이 걸린 놀라움은 즉각적이다. 순간적으로 발생한다. 그 순간, 지금까지 잘 돌아가던 자연적 태도가 제대로 작동하지 못한다. 자연적 태도의 작동 불능 상태로 인해 익숙한 세계가 순간적으로 낯설어진다. 그러므로 사건이 던지는 충격을 고스란히 겪을 수밖에 없다. 4장의 당혹 또는 당함이 이런 순간이다. 시작점에서 겪는 놀라움은 이처럼 즉각적이고 순간적이다. 그다음은 어떤 모습일까.

지금부터 나타나는 놀라움은 진득함이다. 즉각적인 놀라움이 발생하면 의식은 그 대상을 깊이 이해하려는 방향으로 움직인다. 사건의 매몰에서 벗어나려 한다. 그래서 이는 의식적 주목으로 나타난다. 당혹스럽기만 하던 놀라움은 이를 통해 깊어 간다. 물론 즉각성과 의식적 주목은 연결된다. 즉각성은 의식적 주목을 촉발한다. 즉각성이 없다면 의식적 주목이 작동할 기회가 없다. 의식적 주목은 즉각적인 놀라움을 지속시키고 깊은 탐구로 전환한다. 그런가 하면 의식적 주목이 없다면 즉각성은 순간적 감각으로 사라진다. 놀라움은 즉시성과 의식적 주목이 이어지면서 발전한다. 둘이 손잡지 않으면 놀라움은 완성되지 못한다.

의식적 주목이 이루어지면 의심이 작동하기 시작한다. 의심은 정신을 차리고 찬찬히 놀라움의 대상을 바라본다. 사건의 존재론적 깊이를 느끼고자 한다. 사건을 새로운 존재로 받아들이고자 한다. 그렇다. 의심을 바탕으로 사건의 본질을 더 파고들려는 일이 여기서부터 시작한다. 5장 의심에서 6장 상처, 7장 회복에 이르기까지 놀라움이 진득하게 깊어 가는 모습을 다룰 것이다.

본격적인 놀라움 프로세스는 진득한 놀라움이 일어나는 의심에서 시작한다. 당혹스럽기만 하던 즉각적 놀라움을 당한 뒤엔 어떤 일이 일어날까. 왜 이런 일이 일어났을까. 묻지 않을 수 없다. 이런 성찰은 당연한 수순이다. 생각해 보자. 사건은 당혹스러움을 우리 앞에 무도하게 던져 놓는다. 그러나 우리는 이유를 묻지도 못한다. 수동적으로 당할 뿐 꼼짝하지 못한다. 이런 놀라움은 폭력적 억압처럼 느껴진다.

당함은 분명히 피해다. 피해는 구제받기를 원한다. 피해에서 벗어나고자 한다. 피해를 벗어나려는 자구책의 발동은 쉽지 않다. 벗어나려는 의지가 담긴 움직임이 일어난다. 바로 의심이다. 의심은 스스로 일어선다는 점에서 용감한 이전이다. 이런 용감함이 있어 당혹스러움과 당함은 서서히 걷혀 간다. 그러니 의심은 당함의 치유이고 구제다. 피해로부터 회복하기 시작하는 단계다. 그러면서 사건의 놀라움은 점점 더 뚜렷해진다.

처음부터 되짚어 보자. 고독과 죽음의 두려움을 피하려는 인간 커뮤니케이션은 말 걸기가 핵심이다. 말 걸기는 코딩에 주목한다. 그러나 코딩으로 사건의 불확실성을 해결하지는 못한다. 코딩은 오히려 반대의 길로 간다. 실체를 감추고 개념으로 얼버무린다. 지금 필요한 것은 사건의 실체다. 가능하면 사건을 구체화해야 한다.

해법은 장소 만들기에 있다. 사건을 만나기 위해 저널리스트는 거기 있다. 거기 있음은 정적과 거주의 방식으로 세계로 던져짐이다. 세계와 사건이 맞선 긴장의 공간에 당도하는 방법은 내던져짐이다. 그곳은 놀랍게도 일상이다. 일상은 사건의 터전이며 안정과 불안이 만나는 장소다. 사건의 저항을 당혹스럽게 당하는 곳도 일상이다. 사건의 놀라움은 여기에 이르러서야 움트기 시작한다.

이런 긴 여정을 거쳐 시작된 놀라움은 무엇으로 인한, 또는 무엇에 당한 놀라움(wonder AT)이다. 수동적 놀라움이다. 즉각적 놀라움이 이에 해당한다. 그러나 이제 한발 더 나아간다. 의심으로 놀라움은 한발 더 나아간다. 이는 무엇에 관한 놀라움(wonder ABOUT)이다. 의심은 대상을 지향한다. 의심의 존재를 지목한다. 의심은 그에 대한 이해를 얻기 바로 전에 발동한다. 이해를 얻기 위한 능동적 행위다. 그러므로 의심을 대상을 째려보는 것, 즉 '꺼림칙하다'

와 같은 부류의 미심쩍음 정도로 생각하면 안 된다.

의심은 당하던 입장에서 스스로 나선다는 점에서 용감한 이전이지만 그렇다고 자신만만한 용감함은 아니다. 의심은 어떤 것을 믿는 것도 아니고 안 믿는 것도 아니다. 어원 그대로 두 개 사이에서 선택하기를 주저한다. 불확실성과 비결정성의 상태다. 가능한 모든 것을 의심하거나 적어도 어떤 특정한 것을 의심한다.

그래서 의심은 비판적 사고를 요구한다. 의심은 비판적 사고를 만나면서 변하기 시작한다. 엉거주춤하던 모습이 사라진다. 여기서 이해가 시작된다. 물론 제대로 작동하는 의심이라야 여기에 이를 수 있다. 의심에 머물기만 하면 얻을 수 있는 것은 별로 없다. 오히려 모든 정신 활동의 마비만 불러온다.

물론 우리는 비판적 사고를 향해 의심을 끌고 가야 한다. 비판적 사고를 통해 의심은 불확실한 사물을 나누고 분리하고 때로 부수기도 하면서 판단에 이르고자 한다. 의심은 모든 가능성을 열어 둔다. 의심의 능동성은 이런 가능성을 열어 두는 태도에서 비롯된다. 의심은 인간의 생존본능이다. 의심하는 생각의 흐름 속에 존재하는 것이 인간이다. 의심의 흐름은 극단적으로 의심을 의심하는 지경에 이르기도 한다. 이처럼 나약한 상태임에도 불구하고 의심은 앞으로 나아가려는 의지가 강하다. 그 의지가 놀라움을 진득하게 만들어 간다.

의심이 일어나는 상황을 이해해야 한다. 그 전에 일어난 수동적 당함을 생각해 보라. 사건이 세계 질서에 저항하면서 존재를 드러낼 때 겪는 일이다. 그러나 이에 대해 어떤 경고도 받지 못한다. 사건의 저항이 어떤 것인지 이를 어떻게 방어해야 하는지 모른다. 자동적 이해의 안락함은 사건에 형편없이 무너질 뿐이다. 무너진 그곳에 단색의 그림이 피어난다. 혼돈이다. 저항, 도전, 방어, 당혹스러움, 혼란 등의 낯선 일들이 춤추는 곳에 피어나는 것은 혼돈이다. 우리는 그저 당혹스럽기만 하다. 그러므로 혼돈을 벗어나는 데 집중해야 한다.

의심은 가려움처럼 시작된다. 가려움은 피부에 스멀거리는 감각적 불편함이다. 가려움처럼 떠오르는 어떤 불일치나 낯섦을 감지할 때 의심은 인식을 긁기 시작한다. 무시하려 해도 사라지지 않는다. 계속 신경 쓰이는 자극적 경험이다. 한번 시작되면 계속 사고를 자극하며 자연적 태도를 깨뜨린다. '이건 원래 그런 거야'라고 넘어가려 해도 계속해서 '그렇다면 왜 그런 거지'라는 질문을 들이민다. 긁어야 해소되지만 긁을수록 더 가려워진다. 의심은 탐구를 동원해 가면서 더 긁기만 한다. 그러다 가려운 부분이 갑자기 이상하게 느껴진다.

의심은 가려움의 미묘한 감각적 어긋남(misalignment)

과 같다. 건조한 피부, 옷감의 마찰과 같은 몸과 환경 사이의 작은 불일치 같은 것이다. 익숙한 이해와 낯선 경험 사이의 작은 불일치, 즉 경험적 어긋남이 의심을 도발한다. 의심은 단순히 믿음을 부정하는 것이 아니다. 세계와 인식 사이에서 발생하는 어긋남을 감지하고 이를 해결하려는 과정이다. 어긋남은 의심의 발생 방식이다. 감각과 기대의 어긋남에서 감각적 의심이 발생한다. 경험이 믿을 만한 것인가 의심하게 된다.

논리적 모순의 어긋남도 있다. 이는 개념적 의심을 초래한다. 문제없던 개념들 사이의 충돌은 논리적 체계를 의심하게 만든다. 과거-현재-미래는 이어진다는 믿음을 보자. 과거는 사라지지만 미래는 온다고 생각하므로 논리적으로 타당하다. 그러나 과거는 이미 없고 미래는 아직 없다. 그렇다면 중간에 낀 현재란 무엇인가. 논리적으로 과거와 미래가 없는 현재는 존재할 수 없다. 과거-현재-미래가 연결된다는 논리는 의심할 수밖에 없다.

세계와 경험의 어긋남은 존재론적 의심을 초래한다. 당연하게 받아들이던 세계가 낯설어질 때 존재 자체를 의심하기 시작한다. 존재론적 의심은 내가 살아가는 세계 자체가 믿을 만한가 하고 질문을 던진다. 이런 어긋남은 결국 기존의 인식 체계를 의심하고 새로운 가능성을 모색하도록 유도한다. 계속 긁어야 하는 가려움처럼 의심은 끊임없이 진행된다. 비판적 인식과 불확실성을 검토하려는 노력이 계속된다. 의심의 긁기는 이런 노력으로 이어진다.

한편 의심은 기존의 이해 틀과 사건 사이의 간극에서 자란다. 의심은 그 간극을 해소하려는 몸부림이다. 그래서 의심은 문제 해결의 방법이기도 하다. 이렇게 보면 놀라움을 향한 의심은 데카르트의 방법론적 의심과 비슷하다. 그러나 둘의 목적은 전혀 다르다.

방법론적 의심은 절대적으로 확실한 진리를 발견하는 것을 목표로 한다. 감각, 외부 세계, 심지어 논리적 진리까지 모두 의심한다. 이를 통해 외부 세계의 존재를 증명하고 지식을 새로 구축하고자 한다. 존재론적 결론을 얻고자 하는 것이다. 그러나 놀라움의 의심은 절대적 진리를 원하지 않는다. 사건의 본질을 찾아내는 것이 목적이다. 이를 위해 의식이 세계를 경험하는 방식을 분석한다. 경험 자체를 기술하려고 하지만 그게 전부가 아니다. 사건을 경험하는 의식의 구조와 본질을 확인하는 것이 최종 목표다.

방법론적 의심의 애매한 전제도 문제다. 방법론적 의심은 인식의 주체가 사건으로부터 떨어져 있어야 한다고 전제한다. 그래야 독립적으로 이것을 바라볼 수 있다는 것이다. 놀라움의 의심은 이걸 받아들이지 않는다. 사건은 나를 거치지 않을 수 없다. 나는 사건의 인식 주체이지 않은가. 어떻게 내가 나의 사건에서 분리될 수 있는가. 사건은 독립적일 수 없다. 기존의 인식 틀도 마찬가지다. 내가 개입하고 판단하고 선택하지 않는 인식 틀이라는 것이 가능한가. 아무리 사소한 사건이라도 그렇다. 나의 감각을 건드리지 않으면 관심을 기울일 이유가 없다. 털끝만 한 감각 하나라도 흔들릴 때 비로소 사건은 생생한 현실로 내게 다가온다.

무엇보다 큰 차이는 감각에 대한 태도다. 방법론적 의심은 감각조차 의심하라고 한다. 의심은 정반대다. 감각에 최대한 집중하라고 한다. 의심은 나의 감각을 건드린 것에 대한 대응이기 때문이다. 의심의 대응은 두 가지를 겨냥한다. 당연히 감각을 건드린 사건이 의심의 주 대상이다. 그러나 그 전에 흔들린 감각 자체에 대해 의심한다.

보자. 의심은 당혹스러움에 당한 감각부터 두드린다. '왜 사건은 이렇게 드러나는가'에 앞서 '왜 사건은 나의 감각을 이렇게 건드리는가'의 질문으로 시작한다. 이것은 사건에 대한 직접 경험을 묻는다. 사건이 어떻게 나와 처음 만나게 되었는지를 묻는다. 이때 기존의 이해 틀이나 새로운 사건의 내용은 괄호 안에 묶어 버린다. 직접 경험에 집중해야 하기 때문이다. 직접 경험의 근본은 바로 감각이다.

감각적 경험을 강조하는 데는 그만한 이유가 있다. 사건의 저항은 돌발적이다. 눈에 금방 뜨인다. 돌발성 때문에 사건은 감각에 포착된다. 수동적 당함은 사실 돌발성 때문이라고 할 수 있다. 그래서 '나는 왜 이렇게 당했는가' 라는 감각적 경험에 대한 질문을 제기하는 것은 자연스러운 순서다. 그러므로 감각이 살아 있어야 한다. 감각에 집중해야 한다. 그리고 감각에 걸려든 당혹스러움을 정확하게 포착해야 한다.

감각은 사건을 감지할 수 있는 강력한 힘을 갖고 있다.[15] 앞서 이-푸 투안(Yi-Fu Tuan)이 제시한 오감의 특성을 떠올리면서 어디서 그런 힘이 나오는지 살펴보자. 먼저 시각이다. 시각은 가장 분석적인 감각으로 꼽힌다. 대상을 단순한 색과 빛의 자극으로 경험하는 것이 아니다. 시각은 거리 감각이 핵심이다. 거리를 두는 감각 덕분에 대상을 조망하고 구조화해 준다. 대상을 하나의 통합된 형태로 지각한다. 또 방향성을 갖고 움직이면서 대상과 관계를 맺는다. 그래서 시각은 세상을 바라보는 창이고 전체성을 파악할 수 있는 지평과 같다.

청각은 시간에 걸쳐 퍼지는 감각이다. 시각이 즉각적으로 공간을 조망하는 감각이라면, 청각은 시간에 따라 흐르는 경험을 형성한다. 시간을 따라 의미가 형성되는 실타래 같다. 소리가 어디서 오는지, 어떤 분위기를 만들어 내는지를 함께 느낀다. 청각은 감정과 밀접하게 연결되어 있다. 그래서 공간을 넘어선 분위기를 형성하는 감각으로 작동한다. 우리는 소리를 단순히 듣는 데서 그치지 않는다.

소리와 함께 울리는 공명을 얻을 수 있다.

촉각은 즉각적인 감각이다. 재미있는 건 이것이 상호작용적인 감각이라는 점이다. 그래서 세계와의 직접적인 접촉을 형성한다. 우리 몸과 세계를 잇는 다리다. 우리 존재의 경계를 확인시켜 준다. 시각과 청각이 어느 정도 거리를 유지하는 감각이라면, 촉각은 신체와 세계가 직접 맞닿는 감각이다. 그러나 단순한 표면적 감각에서 그치지 않는다. 몸이 세계 속에서 어떻게 움직이고 있는지를 파악한다. 그만큼 즉각적이다.

후각은 감정적이다. 달리 말해 본능적 감각이다. 그래서 후각은 정서적 반응을 유발한다. 의식적으로 조절하기 어려운 감각이라는 것이다. 이런 감정적 특성 때문에 후각은 강력한 기억을 불러일으킨다. 시간과 감정을 연결하는 독특한 기능을 수행한다. 즉 기억의 열쇠다. 그런가 하면 후각은 공간적 방향성을 갖고 있지는 않다. 공간에 퍼지지만 보이지 않는 감각이다. 그래서 주변 환경을 감싸며 몰입하는 경험을 제공한다.

미각은 촉각과 비슷하다. 그러나 신체 내부에서 경험되는 경험이다. 혀에서 발생하는 감각이 전부가 아니다. 음식이 신체 내부로 들어와 변화를 일으키는 현상에 집중하는 감각이다. 그러므로 미각은 내면화된 경험을 제공한다. 문화적, 개인적 경험에 따라 다르게 해석될 수밖에 없다.

단순한 감각이 아니라 세계를 내 몸속으로 받아들이는 방식인 것이다.

감각이 작동하는 방식은 이처럼 복잡하다. 사건이 감각에 걸려드는 것은 감각의 복잡한 장치를 통과했기 때문이다. 사건은 다양한 감각적 경험을 통해 의식으로 들어온다. 그러므로 사건에 대한 경험은 우선 감각적 경험이다. 사건에 대한 의미도 감각적 경험을 바탕으로 만들어진다. 그래서 이런 질문을 하게 된다. '왜 내가 저 사건 때문에 이런 당혹스러움을 겪는가.' 의심의 질문은 이런 것이다. 감각에 대한 의심, 즉 감각적 의심이다. 사건에 대한 질문이 아니다. 사건이 왜 내게 다가왔느냐를 묻는다. 사건을 경험해야 하는 저널리스트가 제기해야 하는 의심이란 이런 것이다.

사건의 의심

그런데 인식이 사건에 대한 감각적 경험을 제대로 처리하지 못할 때가 있다. 그러면 인식은 사건의 저항과 충돌하게 된다. 바로 이때 또 다른 종류의 의심이 일어난다. 의심은 사건을 향한 것이 아님을 알아야 한다. 사건의 감각을 인식하지 못하는 예기치 않은 상황이 왜 일어났는지에 대해 의심하는 것이다.

그러나 이걸 핑계로 인식과 사건을 이원론적으로 분리하면 안 된다. 방법론적 의심은 분리를 주장한다. 그러나 이는 터무니없다. 인식이 사건을 제대로 다루지 못할 뿐이지 인식과 사건이 따로 노는 것은 아니다. 인식과 사건의 출처가 다른 것은 분명하다. 그러나 둘은 놀라움 안에서 만난다. 놀라움 안에 같이 있다. 놀라움의 인식은 사건과 분리될 수 없다.

인식 주체의 감각적 경험을 배제한다면 사건을 어떻게 인식한다는 말인가. 사건은 인식 주체가 겪는 경험과 연결될 때 존재할 수 있다. 저널리스트의 경우는 더욱 그렇다. 저널리스트의 인식과 사건의 관계는 놀라움을 창출하는 핵심 기제다. 놀라움은 의심이 깊어지고 의심을 넘어서는 상황으로 이어지면 분명하게 드러난다. 이건 다음에 올 상처나 회복의 단계에서 확인할 수 있다.

물론 의심하지 않는 인식도 존재한다. 정파성에 빠진 저널리스트가 그런 예다. 이들은 사건을 당혹스러워하지 않는다. 그러니 당혹스러움에 당한 것에 대해 질문을 제기하지도 않는다. 아무런 의심도 없이 받아들인다. 질문은 생략한 채 저만의 이해 틀과 사건을 연결하는 데 매달린다.

마치 당혹스러울 것이 없다는 듯이, 세계를 완전하게 객관적으로 볼 수 있다는 듯이 의심하지 않는다. 정답은 이미 정해져 있는 것처럼 곧바로 사건으로 돌진한다. 의심 하나 없이 그렇게 한다. 의심을 발동시켜야 하는 수동적 감각이 무너져 있는 것이다. 이들은 애초 어떤 것도 의심하지 않는 자들이다. 프로그램된 기계 같은 자들이다. 플루서가 오래전에 알아 버린 코드화된 세계(codified world)에 사는 기능인(functionary)들과 같다.[16)]

아무튼 의심은 두 가지 길로 나아간다. 하나는 사건이 내지른 저항을 찾아가는 길이다. 다른 하나는 사건에 당하면서 발견한 낯섦을 따라가는 길이다. 달리 말해 의심은 사건의 당혹스러운 저항에 대한 의심과 이것을 낯설어하는 인식에 대한 의심으로 구성된다. 의심을 바탕으로 서서히 드러나기 시작하는 놀라움은 이를 요구한다. 그러므로 사건을 표면에 드러나 있는 그대로 받아들이는 것은 말이 안 된다. 기존의 이해 구조를 흔들기 위해 낯선 길을 걸어가야 한다. 놀라움은 갑작스러움이나 두려움처럼 그 자리에서 굳어 버리지 않는다. 노력하고 나아간다. 그때 지금까지의 신념, 지식, 관점을 저울질한다. 이게 의심이다.

의심은 불안과 관련 있다. 불안 역시 이 두 길을 따라 나타난다. 먼저 낯선 사건에 대한 불안이다. 낯선 사건을 무방비로 겪으면 즉각적으로 불안의 감각이 움직인다. 사건에 내던져지면 불안해진다. 불안하다는 것은 알지 못하는 바깥 세계로 내던져짐을 자각하는 것이다. 이 순간 방어

기제가 작동한다. 그게 의심이다. 의심해야 하니 불안해질 수밖에 없다. 의심은 불안의 등에 업혀 정처 없이 떠돈다.

다음은 당혹스러움에 대한 불안이다. 사건에 내던져졌음에도 그게 뭔지 인식하지 못하는 자신의 감각에 대해 불안한 것을 말한다. 사건과 별개로 불충분한 감각, 생전 느껴 보지 못한 낯선 감각이 불안한 것이다. 사건을 제대로 이해하지 못하는 시간이 길어지면 모든 자신감이 바닥에 떨어지고 만다. 불안이 극에 달하는 순간이다. 이렇게 되면 자신 있게 사건에 맞서지 못하는 것은 당연하다. 사건 앞에 자신을 개방하지 못한다. 이 역시 불안을 불러온다. 이것은 자신에 대한 불안이다.

그러나 의심은 대단하다. 불안과 흔들림에도 불구하고 스스로 나선다. 그렇게 놀라움의 시동을 건다. '왜 사건이 이런 방식으로 세계에 저항하는가'라고 질문한다. 사건의 형식에 대한 의심이다. 한발 더 나아가 이런 질문을 한다. '왜 이 사건은 세계를 전에 알던 것과 다르게 만드는가.' 사건을 자신 있게 대응하지 못하는 인식 체계들에 대한 의심이다. 사건과 인식을 둘러싼 두 질문은 갈등하고 충돌할 수 있다. 이때 의심은 더 깊어 간다.

의심은 사건과 인식의 갈등을 피하지도 부정적으로 보지도 않는다. 그대로 받아들이지도 않는다. 독특하게 받아들인다. 기존의 이해가 충분하지 않다는 자각을 과감히 드러낸다. 이런 자각은 낯섦, 모호함, 불투명성을 겪은 경험에서 얻는다. 그걸 의심에 보탠다. 그리고 익숙한 방식을 거두어야 한다는 생각으로 이어진다.

이는 지향성을 포기한다는 것을 의미한다. 사건에 대한 기존의 지향성을 포기하는 것은 의심이 보여 줄 수 있는 최고의 용감함이다. 지향성을 내주는 대신 사건을 탐구하기를 원한다. 의심은 특정 대상이나 개념에 대한 부정적 반응이 아니다. 사건의 혼란을 따지는 것에 그치지도 않는다. 의심은 세계 관계의 단절을 벗어나려 노력한다.

그렇다면 의심은 세 가지로 요약할 수 있다. 첫째, 사건의 불투명성에 대한 깨달음이다. 사건의 의미가 즉각적이고 투명하게 주어지지 않음을 눈치채는 것이다. 이는 사건의 초월적 성격과 이를 인식하지 못하는 자신의 한계를 동시에 드러낸다. 둘째, 지향성의 중단이다. 전에 가지고 있던 세계에 대한 기대, 선입견, 신념 등이 사건의 저항을 이해하고 설명하는 데 충분하지 않음을 깨닫는 것이다. 이때 의심이 제기된다. 따라서 의심은 사건에 대한 것이 아니라 자신에 대한 의심으로 시작한다. 이는 새로운 지향성을 만들려는 명분을 찾으려는 노력이다. 셋째, 의미 탐구다. 사건이 왜 하필이면 나에게 이런 식으로 낯설게 다가왔는가를 따지겠다는 것이다. '왜 이런 방식으로 나타나는가'라는 질문은 의심의 본질이 어디에 있는지 보여 준다.

그렇다. 의심은 독특한 가치를 갖고 있다. 사건에 대한 질문의 방향성을 스스로 정립한다. 지향성을 버리면서까지 사건이 의식에 드러나는 방식을 탐구하고자 한다. 이렇게 의심은 일상적 존재(everyday being)에서 벗어나 본래적 존재(authentic being)로 살아가는 가능성을 짚어 낸다.[17)]

그렇다면 의심을 어떻게 끌고 나가야 하나. 의심의 방법은 어떤 것인가. 의심의 방법은 현상학이 애지중지하는 판단 중지(Epoché)와 비슷하다.[18)] 판단 중지는 사건에 대한 선입견과 판단을 유보하는 것을 말한다. 판단 중지가 노리는 것은 분명하다. 사건에 대한 경험에 집중하는 것이다. 사건과 경험을 주어지는 그대로, 또 그렇게 주어지는 방식을 탐구하기 위함이다. 의심이 사건의 내용이나 해석에 대해 질문을 제기하지 않는 것과 같은 이치다.

다시 보자. 판단 중지는 경험 그 자체로 돌아가는 것을 말한다. 판단 중지가 일어나면 의심은 더 쉽게 전진할 수 있다. 의심을 심화할 수 있다. 의심은 기존 프레임에 대한 믿음을 멈추지만, 판단 중지는 이것을 괄호 속으로 묶어 버리기 때문이다. 사건의 이해에 영향을 미치지 못하도록 기존 프레임을 억류하는 것이다. 이렇게 되면 의심은 아무런 방해도 받지 않고 더 깊이 의심할 수 있게 된다. 판단 중지는 의심의 적극적 후원자인 셈이다. 이때부터 판단 중지와 의심은 동행하기 시작한다.

둘 사이의 동행이 이루어지는 방식은 묘하다. 판단 중지가 사건에 대한 인식을 멈추는 것은 아니다. 말 그대로 판단을 중지할 뿐이다. 사건에 즉각적으로 반응하지 않고 기다린다. 그리고 의심을 조심스럽게 그러나 정확하게 진행하도록 한다. 이때 의심이 어떤 지향성도 갖지 않도록 다독인다. 사건에 대한 소문도 거리를 둔다. 의심이 제 모습을 더 정확하게 드러날 때까지 기다린다. 의심이 사건과 거리를 유지할 수 있는 것은 이 덕분이다.

의심은 충분하게 깊어지고 정확해진 다음에 사건을 직접 상대하고자 한다. 의심이 깊어 간다는 것은 사건의 존재 자체를 파고들 때가 되었다는 신호다. 물론 의심은 불안 때문에 사건에 성큼 다가서지는 못한다. 여전히 사건과 거리를 유지하고자 한다. 자신을 보호하려는 본능적 노력이다. 그러나 이 지점에 이르면 의심은 사건을 정면으로 상대하려 한다. 이때 사건의 놀라움은 구체화되기 시작한다. 의심은 이런 수준에 이르기까지 깊어져야 한다. 의심의 진면목은 놀라움의 구체적 모습과 함께 드러난다.

사건의 놀라움을 향한 지속적 의심은 연구를 위한 의심과 구분하는 중요한 기준이다. 연구자는 의심에서 연구에 돌입한다. 의심은 연구의 촉매제다. 호기심과 합쳐질 때 의심은 체계적으로 파고드는 모든 연구의 기반을 제공한다. 그러나 연구를 위한 의심은 연구 문제를 해결해 버리면 사라진다. 호기심과 함께 사라진다. 알아내야 하는 문제 상황이 종료되기 때문이다. 즉 의심의 종료는 지식의 종말이나 마찬가지다.

사건의 놀라움을 향한 의심은 그렇지 않다. 탐구를 거친 뒤에도 지속하기를 원한다. 의심이 계속되어야 하는 이유는 간단하다. 모든 사건은 절대 반복 불가능하기 때문이다. 우리의 존재, 우리가 거주하는 세계, 우리 주변에서 일어나는 사건, 사건을 둘러싼 모호한 현상들은 반복되는 법이 없다. 모든 사건은 모든 순간 열려 있다. 모호하거나 이상한 것들이다. 반복 불가능성은 모든 사건의 본질이다. 그러니 의심은 계속되어야 한다.

의심의 기술

의심의 실체가 무엇인지 적시할 수는 없다. 그러나 그 윤곽을 그려 보는 것은 어렵지 않다. 의심의 단어를 생각해보라. 주저한다(hesitate), 흔들린다(waver), 동요하다(vacillate), 그게 아니지 않은가(suspect)라는 동사의 느낌은 어떤가. 본질에 다가서지 못한다는 인상을 받았는가. 사건의 본질에 다가서지 못하는 것이 의심이다. 의심은 본질의 형체를 본 적이 없다. 중심이 흔들릴 때 사물의 본질은 모습을 감추고 만다. 그것은 사건의 중심일 수도 있고 인식 주체인 저널리스트의 중심일 수도 있다. 중심의 흔들림은 중심이 붙잡고 있는 틀이 흔들린다는 것을 의미한다. 의심의 시작점에서는 이런 단어를 떠올릴 수 있어야 한다.

시작점을 떠난 의심은 불신으로 이어진다(distrust). 불신이 진행되면 뒤집힌 믿음, 즉 회의(懷疑)에 이른다(be skeptical). 모순을 느낄 때(contradict), 도전하고(challenge), 논쟁하고(contest), 이의를 제기한다(demur). 의심이 깊어질 때 동원하는 동사다. 의심이 깊어질 때는 문제의 해결이나 타협을 거부한다. 의심은 사건의 본질로 직접 돌진하고자 한다. 원래 있던 틀을 부수려 든다. 의심이 깊어지면 인식은 더욱 거세지는 것이다. 대신 의심은 점점 더 구체적인 모습을 드러낸다.

여기서 더 나아가면 의심은 성찰의 사고를 자극한다. 재고하다(second-guess), 캐묻다(query), 질문을 제기하다(question) 등은 의심이 깊은 성찰을 하고 있음을 보여준다. 그 전까지 거칠었던 사건에 대한 접근 태도가 체계가 잡혀 간다는 느낌이다. 이는 의심이 나름의 답을 찾으려 노력하는 것이다. 의심이 문제 해결의 의지를 갖고 있다는 것은 주목할 필요가 있다.

의심이 가장 멀리 나아가면 그 전에 유효했고 멀쩡했던

모든 정신적 행동들이 마비된다. 이때 의심은 적극적 행동으로 나타난다. 논쟁하다(dispute), 심문하다(interrogate), 탐침하다(probe), 면밀하게 조사하다(scrutinize), 폭로하다(debunk) 등이 이 단계에 해당한다. 이것들은 의심이 강력한 지적 탐구임을 증명한다. 의심은 더 파고들어 다양한 가능성을 열어 놓고 분석하고자 한다. 이런 태도는 의심의 확인에서 그치지 않는다. 새로운 지식과 믿음을 얻으려 한다. 의심은 마침내 행동으로 진화하는 것이다.

이처럼 의심은 흔들리고 타협할 수 없는 불신이 팽배하고 생각들이 거칠게 날뛰는 순간이다. 답답한 가슴이 조금 진정되면 성찰로 나아간다. 그러나 성찰로 끝나는 의심은 없다. 성찰은 논쟁, 심문, 폭로의 칼을 숨기고 그 칼을 더 벼르는 감추어진 냉전이기도 하다. 의심이 행동으로 이어질 수 있는 것은 이런 축적을 배경에 깔고 있기 때문이다.

의심은 이처럼 험난한 길을 통해 놀라움으로 달려간다. 놀라움이 의심을 대하는 태도는 재미있다. 때로 의심의 공간을 그냥 떠돈다. 의심에서 마음껏 헤맬 수도 있다. 그러나 의심이 쌓일 대로 쌓이면 놀라움은 단번에 앞으로 밀어붙인다. 의심과 놀라움은 함께 나아가는 것이다. 그러나 모든 의심이 놀라움을 동반하는 것은 아니다. 놀라움을 멈추게 만드는 의심도 있다.

사변적 의심(speculative doubt)을 보라. 기존의 신념에 회의를 느끼는 의심이다. 이때는 특정한 답을 찾기보다 의심을 불러온 상황의 불확실성에 더 주목한다. 특정한 현실과 직접 관련이 없는 의심이다. 의심하는 행위 자체에 집중한다. 이런 의심은 사유로만 작동한다. 의심에 대해 심리적으로 저항하는 것을 말한다. 불편한 진실을 직면하지 않으려는 심리가 작동하는 것이다. 이는 놀라움으로의 진행에 스스로 제동을 건다.

놀라움으로 나아가지 못하는 또 다른 의심이 있다. 의심을 정면으로 받아들이지 않고 피하거나 무시하는 의심이 그렇다. 지나치게 큰 의심도 의심의 진행을 가로막는다. 의심이 너무 심대하면 관련된 지식 체계가 복잡하고 방대해진다. 의심이 너무 간단할 때도 의심은 멈춘다. 의심을 더 진행할 필요가 없기 때문이다.

놀라움으로 나아가지 못하는 의심은 대신 현재의 지식이나 신념에 대한 재검토와 해체에 초점을 맞춘다. 그래서 기존의 것을 비판적으로 바라보는 데서 그친다. 그냥 의심의 상태에 머물고자 하는 의심은 기존 지식에 균열을 내는 데 더 관심이 있다. 균열의 힘에 만족한다. 따라서 답을 찾으려는 시도로 이어질 수 없다.

이런 의심은 사건의 본질을 찾으려는 질문에 관심이 없다. 질문은 의심의 실행 파일이나 마찬가지다. 질문은 의심 때문에 생겨난 불확실성을 해소하고자 한다. 불확실성을 해소한다는 것은 질문하고 그 질문의 답에 대해 열려 있음을 의미한다. 의심에 머무는 의심은 특정한 대답을 기대하는 지향성을 갖고 있다. 폐쇄적이라는 것이다. 이런 의심은 의심을 위한 의심으로 끝난다. 질문을 동원하지 않는 의심은 더 나아가지 못한다.

앞으로 나아가는 의심은 실천적 의심(practical doubt)이다. 행동을 결정해야 할 때 발동하는 의심이다. 의심은 신중하게 결정을 내리게 도와준다. 이를 위해 의심은 질문을 동원한다. 모르는 길에 대한 의심을 보자. 처음엔 '이 길을 따라가도 되는가?'라는 질문을 제기할 것이다. 이는 바로 '이 길은 안전한가?'라는 질문으로 이어진다. 이런 식으로 실천적 의심은 질문과 답을 통해 앞으로 나아간다.

이때 질문과 답의 관계에 주목해야 한다. 질문은 답이 의심을 완전히 해소하면 종료된다. 다른 질문의 여지를 없애 버리기 때문이다. 이를 응답적 답(apocritical answer)이라고 부른다.[19] 답이 다른 의심을 일으켜 질문을 계속하게 만들 수도 있다. 이를 제문적 답(problematological answer)이라고 한다. 이런 답은 질문에 대한 답을 제시하는 것에서 그치지 않는다. 예기치 않은 대답을 제시한다. 그것은 또 다른 의심을 일으키는 문제가 된다. 질문과 답이 차이가 있는 것이다. 그래서 답이면서 질문이다.

질문과 답의 차이를 제문적 차이(problematological

difference)라고 한다. 제문적 차이는 의심이 다른 의심을 낳음으로써 질문의 연쇄를 만들어 낸다. 질문과 답의 차이가 존재함으로써 서로 다른 생각 사이의 의사소통이 가능해진다. 이런 질문 덕분에 학제 간 연구가 가능하다. 새로운 지식은 그렇게 생성된다. 같은 맥락에서 제문적 차이는 놀라움의 소스가 될 수 있다.

이런 질문은 대답을 통해 의심을 해소하는 것 같지만 사실은 반대다. 대답이 질문을 충족하는 것이 아니라 다른 대답을 내놓기 때문이다. 이렇게 되면 대답은 끊임없이 의심을 공급한다. 비판적 사고에 기대 질문을 계속 이어 나간다. 가능한 대답을 제거해 나가면서 질문은 계속 이어진다. 질문으로 얻은 대답에 관해 다른 대답의 가능성이 더 존재하지 않는 상태, 더 질문할 것이 없는 상태에 이를 때까지 질문은 계속된다.

이렇게 질문이 쌓이면서 의심의 수준이 낮아진다. 불확실성도 걷혀 간다. 더 이상의 질문이 필요 없는 지점에 이르면 불확실성은 사라진다. 그 자리에 독단(dogmatism)이 들어선다. 독단은 오류 가능성이 사라진 상황을 말한다. 오류 가능성이 있기에 생성되는 비판적 사고는 독단과 반대다. 독단에 이르면 놀라움의 현상은 더 움직이지 않고 정지한다.

이런 의심은 질문하기 가장 적합하다. 아무것도 모르는

절대적 무지 상태에서는 질문할 수 없다. 의심은 아무것도 모름이 아니다. 적어도 모른다는 것을 아는 상태다. 앎이 충분하지 않거나 앎을 전적으로 믿지 않는 상태다. 그러니 질문하지 않을 수 없다. 불확실성으로 뒤덮인 사건은 바로 여기에 해당한다. 그래서 질문하기 좋은 대상이다. 질문과 의심은 이형동류(異形同類) 같은 것이다.

의심과 질문의 관계는 복잡하다. 절대 질문을 함부로 던지면 안 된다. 전략적으로 접근해야 한다. 정교한 의심의 기술이 필요하다.

첫째, 일상적 태도에서 벗어나기 위한 질문을 만들어야 한다. 의심은 자연스럽게 받아들이던 모든 전제와 신념을 보류할 것을 요구한다. 직접 경험에 집중하기 위해서다. 이때 내밀어야 할 질문은 '이 사건은 어떤 사건인가'가 아니다. 이는 사건이 이미 어떤 모습을 갖고 있다는 전제를 깔고 있다. 어떤 해프닝을 사건이라고 평가할 만한 근거의 기준을 갖고 있는 것이다. 의심하기 전에 사건의 그림이 머릿속에 들어와 있다. 직접 경험과 무관한 기존의 기준을 먼저 생각하기 때문에 그림이 그려지는 것이다. 다만 규정하지 못할 뿐이다.

이는 의심의 질문이 아니다. 이걸 벗어나야 한다. 사건을 있는 그대로 본다는 것은 나조차 삭제한 채로 본다는 것이 아니다. 사건을 받아들이는 나의 직접 경험에만 집중해야 한다는 것을 의미한다. 직접 경험 이외의 모든 것을 괄호 속에 묶어 두어야 한다. 나의 직접 경험은 사건이 나에게 나타나는 방식에 따라 달라진다. 따라서 이 질문은 사건이 나에게 나타나는 방식을 묻는 것이어야 한다. '나는 이 사건을 어떻게 경험하는가'라고 물어야 한다.

둘째, 익숙한 것을 낯설게 볼 수 있어야 한다. 익숙한 것을 새롭게 인식하기 위함이다. 사건 앞에 서면 일상적 태도를 벗어나려고 한다. 물론 완전히 벗어나는 것은 불가능하다. 그렇다면 일상에 태클을 걸어야 한다. 익숙한 것을 벗어나려고 하기보다 오히려 달려들어야 한다. 일부러 낯설게 만들어 새롭게 바라보아야 한다는 것이다.

사건을 둘러싼 일상의 환경을 낯설게 만드는 효과적인 방법이 있다. 낯선 언어를 이용하는 것이다. 익숙한 일상에 낯선 단어를 적용하면 모든 것이 낯설게 보인다. 단어를 반복해서 발음하면 단어의 의미가 사라지고 소리만 남는다. 당연한 의미는 떨어져 나가고 생각지 않은 의미가 떠오른다. 이걸 놓치지 말고 질문으로 연결해야 한다.

셋째, 사건에 대한 경험을 해체하는 것이다. 이를 위해 일단 사건의 객관적 세계를 제거해야 한다. 다양한 형태의 의자는 잊어라. 대신 이에 대한 개별적 경험들을 떠올려 보라. 이것들이 공유하고 있는 의자의 본질은 무엇일까. 수많은 형태에도 불구하고 의자란 앉을 수 있는 구조를 의미한다. 빨간색 사과라는 사건은 사과의 객관적 실체를 분석해서는 알 수 없다. '나는 빨간색 사과를 어떻게 경험하나'를 분석해야 한다. 사건이 의식 속에서 구성되는 방식을 분석하는 것이다. 의심의 질문은 사건의 경험에 대한 것이다.

넷째, 다양한 가능성을 실험해야 한다. 사건을 둘러싼 기존의 개념이나 범주를 변형해 보는 것이다. 사건의 본질에 여러 각도에서 접근하기 위함이다. 의자의 개념을 변형해 보라. 등받이가 없어도 의자인가, 앉을 수 없다면 의자가 아닌가 등을 탐구하는 것이다. 경험 구성 요소를 하나씩 제거해 나가야 한다.

이때 의심의 질문을 적절하게 던져야 한다. 기쁨에서 어떤 요소가 빠지면 더 기쁨이 아닐까. 중력이 없는 세계에서 무거움이라는 개념은 어떻게 형성될까. 가상의 상황을 만들어 특정 경험이 다르게 나타날 가능성을 짚어 나가는 것이다. 당연하게 받아들이는 개념이 특정한 조건에 따라 형성된 것임을 깨달아야 한다.

다섯째, 경험의 심층 구조를 탐색하는 것이다. 경험을 층위로 나누어 분석하면 된다. 사건 경험을 가능하게 하는 지각적 요소와 의미적 요소를 구분해야 한다. 커피를 마시는 경험은 쓴맛과 따뜻함의 감각적 경험 요소를 갖고 있다. 커피로부터 에너지를 얻는다는 의미 요소도 가지고 있다. 경험 속에서 무의식적으로 작용하는 요소도 있다. 이것을 찾아내기 위해 질문을 제기하는 것이다. 경험의 표면적인 현상뿐만 아니라 그 밑에 숨겨진 층위까지 탐구하는 질문이어야 한다. 이를 통해 의식이 경험을 어떻게 구성하는지 이해할 수 있다.

여섯째, 존재론적 의심을 제기해야 한다. 나는 누구인가를 묻는 것이다. 익숙한 자아와 정체성을 해체하고 본질적 존재를 찾아가는 것이다. 질문을 통해 경험은 고정된 자아가 아니라 끊임없이 변하는 자아를 따라 일어난다는 것을 파악해야 한다. 이런 질문들의 끝에 나조차도 나 자신을 당연하게 받아들이지 않아야 한다는 것을 알게 된다. 또 내가 왜 이렇게 경험하는지를 알아낼 수 있다. 자기 존재를 깊이 탐구하는 것이다.

의심은 이처럼 와해적이다. 지금까지의 습관과 선입견을 무너뜨리고자 한다. 자동화된 생각의 패턴으로부터 우리를 빼낸다. 또 의심은 사건에 직접 개입하고자 한다. 기존의 개념이나 기준에 의심을 맡기지 않는다. 의심을 통해 현상과 사건에 직접 개입한다. 직접 개입함으로써 매개되지 않는 경험을 할 수 있다. 매개되지 않은 경험만이 놀라움의 진정성을 드러낼 수 있다.

이런 방식으로 의심은 놀라움의 프로세스를 끌고 나간다. 의심이 두드리는 것은 한순간의 사건이 아니다. 의심을 강화함으로써 인식을 항상 열어 두고자 한다. 그 열린 공간을 통해 의심의 연쇄를 만들어 낼 수 있기 때문이다. 의심조차 의심하는 지경까지 나아가야 한다.

의심은 사건에 대한 최소한의 개입이다. 또 더 적극적 개입을 위한 시작이다. 사고의 자동화에 제동을 걸 수 있는 것은 의심뿐이다. 그렇다고 일방적인 개입은 아니다. 의심은 대화를 촉진한다. 또는 의심 덕분에 대화를 시도한다. 의심을 품은 채 입을 다무는 저널리스트는 없다. 저널리스트는 의심 덕분에 사건에 개입할 수 있다. 저널리스트가 사건을 직접 경험하는 것은 이처럼 의심을 통하지 않으면 안 된다. 소스를 의심하고 소스가 제공한 정보를 의심해야 한다. 그리고 그것에 의존해서 구성된 기존의 서사를 비판적으로 검증해야 한다.

이때 복수의 시각을 탐구하는 것이 중요하다. 자신의 편견과 가정에 대해 성찰해야 한다. 사건의 심층적 구조와 함의에 대해서도 다시 봐야 한다. 이 모두 질문을 통해 접근할 수밖에 없다. 질문은 의심을 명료하게 드러낸다. 의심이 품고 있는 불확실성이나 모호성을 언어로 표현해 주기 때문이다. 질문은 의심을 구체화하고 심화한다.

상처

유장하던 강의 흐름은 멈추고, 기억은 이어지지 못하고, 습관도 움직이지 않는다. 피 끓듯 몸부림치던 생각마저 느닷없이 무너진다. 다리는 단박에 끊어진다. 아직 펄펄 살아 있는 시간은 그 다리를 결국 건너지 못한다. 두고 온 그 자리 그 순간에 상처가 난다. 그 자리 그 순간에 엉뚱한 그림이 다가온다. 알 수 없는 선들이 음을 고르는 듯, 생선 같은 그림을 그리는 듯, 하늘의 구름 알갱이 뭉쳤다 풀렸다 한다. 아직 받아들일 수 없는 의미가 밀려온다. 미끄러져 들어온다. 상처처럼. 어느 자리 어느 순간 어떤 만남일까. 여름 장맛비 속에도 바람이 숨어 있으니 굵은 빗줄기는 사방으로 미끄러지고 흩어진다. 도심에 숨은 숱한 사연처럼 해체되길 기다린다. 비는 바위와 흙과 돌과 아스팔트를 따라 낱낱이 해체되어야 한다. 그래야 한다. 미끄러져 들어온 상처를 보듬으려면 그래야 한다. 그 상처의 무리 속에서 저마다 생생한 모습으로 돌아온다. 놀라움이다.

상처

의심은 판단 중지를 등에 업고 탐구로 나간다. 이로써 의심은 수동적 당함에서 벗어난다. 물론 탐구가 모든 걸 해결하지는 못한다. 의심은 생각지도 않은 방향으로 진행한다. 생각해 보라. 의심은 달리 말하면 인지 부조화다. 기존 프레임으로 낯선 사건을 이해하지 못하는 것은 인지 부조화의 증상이다. 인지 부조화가 일어나면 당연히 심리적 스트레스가 일어난다. 이는 알고 있던 것과 알지 못하는 것 사이의 갈등 때문에 일어난다.

의심을 잘못된 길에 버려두면 문제는 커진다. 스트레스가 된다. 스트레스는 절망으로 들어서게 된다. 이런 이유로 의심을 제거해야 하는 사악한 현상으로 치부하기도 한다. 의심을 멀리하려고 한다. 그러나 의심을 의심으로 묶어 두면 우리를 둘러싼 모든 것을 부정하게 된다. 의심하는 자신마저 부정하게 된다. 극심한 공허감에 사로잡히고 신념이 무너지고 소외감이 밀려온다. 이 지경에 이르면 의심은 지각, 감정, 관계, 시간 감각, 정체성 등 삶의 모든 층위를 불안정하게 만드는 원흉이 되고 만다. 그러므로 의심이 모든 것을 부정하는 공허한 결론으로 내닫도록 버려두면 안 된다.

방법은 하나다. 의심으로 인한 상처(wound)를 각오하는 것이다. 의심이 생기면 내면의 파열은 불가피하다. 파열은 달리 말해 상처다. 놀라움으로 나아가자면 의심으로 인한 스트레스가 상처로 진행하는 것을 각오해야 한다. 오히려 의심은 의심을 넘어 상처로 이전할 수 있어야 한다. 의심은 어떤 모양일지 모르는 상처를 각오하기 때문에 용감함인 것이다. 놀라움을 위해 상처를 감당할 준비가 되어 있는 의심에 더 큰 가치를 두어야 한다. 상처가 날 정도는 돼야 놀라움의 가치를 평가할 수 있다. 상처를 안고 나타날 때 놀라움의 모습도 더 선명해진다.

전에 있던 것들이 모조리 무너져 내릴 때 생겨나는 것이 상처다. 상처는 시간, 존재, 감정 전체가 흔들리는 느낌으로 시작한다. 이는 두려움 때문에 생기는 것이 아니다. 놀라움을 찾아 스스로 길을 나섰을 때 두려움은 괘의치 않는다. 상처는 익숙함, 자동성, 폐쇄성, 안전성을 배반하고 놀라움으로 달려갈 때 얻는 것이다. 그렇게 나섬으로써 얻는 것이 상처다.

놀라움으로 달려갈 때 취하는 태도는 탐구다. 이 탐구가 상처를 만들어 내기도 한다. 탐구는 당함과 의심에서 얻은 작은 놀라움을 잊지 않으려 한다. 그 덕에 놀라움이 시작될 수 있다는 것도 잊지 않는다. 결과를 알 수 없음에도 밀어붙인다. 그때 상처가 생긴다. 상처는 이런 것을 딛고 진득한 놀라움을 찾아낸다. 그 놀라움은 무엇에 관한 놀라움(wonder ABOUT)을 더 밀고 나간다. 이걸 얻어 내는 상처는 의심보다 더 능동적일 수밖에 없다. 뭔지 궁금해 달려들기 때문이다.

상처의 모습은 다양하다. 상처가 나면 당연했던 것이 흔들린다. 흔들림 속에 상처는 여러 모습으로 등장한다. 먼저 분노다. 상처는 분노로 나타난다. 편안했던 가정을 의심으로 벗겨 낼 때 아무 일도 일어나지 않는 것이 아니다. 실존적 두려움을 겪는다. 근거 없음이나 위약함의 감각을 건드린다. 이는 분노를 낳는다. 분노는 상처의 시발점이다.

흔들리면 혼란은 피할 수 없다. 뿌리 깊은 믿음을 의심하고 질문을 제기하는 순간, 그전까지 갖고 있던 의미와 목적이 사라진다. 목적의 상실은 감정적, 정신적 혼란을 초래한다. 혼란은 상처의 또 다른 모습이다.

방향성 상실도 빼놓을 수 없는 상처의 모습이다. 기존의 이해가 뭘 더 할 수 없는 한계에 이를 때 행동은 방향성을 잃어버린다. 특히 사람들이 나의 의심에 동참하지 않는다고 느낄 때가 그렇다. 나만 의심하는가. 그렇다면 나는 잘못된 길에 들어선 것이 아닐까. 방향성 상실은 소외로 이어진다. 당연히 고립된다. 고립은 사람들과 결별하는 상처를 낳는다.

심리적 어긋남도 상처인데 이는 눈치채기 어렵다. 의심

의 프로세스를 완주한 뒤 완전히 다른 새로움, 즉 놀라움을 자각했을 때 심리적 삐걱거림(jarring)을 겪게 된다. 이는 인식적, 감정적 상처다.

자신감 상실 역시 상처 중 하나다. 이는 의심을 통해 우리의 인식과 의지가 마침내 한계에 이르렀음을 실토하는 것이다. 지금까지 갖고 있던 자신감, 확실성, 나아가 삶에 대한 통제감이 쪼그라드는 것을 느낀다. 이를 나르시시스적 상처라고 부르기도 한다.

어떤 모습이든 상처는 처참하다. 분노, 혼란, 방향성 상실, 심리적 어긋남, 자신감 상실은 한마디로 무너져 내림이다. 무너져 내림의 경험은 두 가지 유형으로 묶을 수 있다. 하나는 단절이다. 단절은 기존 세계와 연결이 급작스럽게 끊어지는 경험이다. 사고가 난 뒤 현실감이 사라지고 트라우마에 시달리는 것은 단절 때문이다. 익숙했던 것이 갑자기 낯설게 보인다. 현실과의 감각적, 정신적 거리가 생긴다. 익숙한 의미 구조가 사라진 것이다. 나를 둘러싼 세계는 모두 이질적으로 느껴진다. 이렇게 되면 인식의 붕괴가 일어난다. 단절은 세계가 더는 친숙하지 않게 되는 순간이다.

다른 하나는 상실이다. 상실은 나한테 중요한 의미가 사라지는 경험이다. 특정한 의미가 사라진다는 것이다. 이는 세계와의 연결이 끊어져 일어나는 것이 아니다. 연결이

유지되고 있음에도 불구하고 어떤 의미가 사라진다. 그러니 상실의 상처는 크다. 그게 중요한 것일수록 상실감은 더 크다. 세계 속에 내가 존재하던 방식이 변하는 것도 상실의 하나다. 실직이 그런 상실이다. 실직은 곧 사회적 역할의 상실을 의미한다. 이런 상실을 맞이하면 세상을 어떻게 살아야 할까 하는 존재 방식에 대한 근본적 질문을 하게 된다.

이보다 더한 상실은 아예 세계와의 관계가 송두리째 변해 버리는 것이다. 나의 존재 방식이 문제가 아니라 세계의 존재 방식이 문제가 된다. 세계는 이제 예전과 같은 방식으로 작동하지 않는다. 이렇게 되면 내가 할 수 있는 것이 없어진다. 눈앞에서 벌어지고 있는 일에도 따라가지 못하고 겉돌게 된다.

단절과 상실은 우리를 주저앉힐 정도로 강력하다. 그런 가운데 살아남아야 한다. 살아남는 자는 놀라움의 실체에 다가설 수 있다. 이 상처의 놀라움은 의심에서 살짝 비치기 시작한 놀라움과 다르다. 다만 아직 확실하게 그려지지 않는다. 제대로 표현되지 않는다. 어떤 모습으로든 나타날 수 있다. 허깨비처럼 사방으로 날아다니니 종잡을 수 없기도 하다. 그래서 이 놀라움은 가상(the virtual)이다. 무슨 말인가. 실체인 상처가 드러낸 놀라움은 실체여야 마땅하다. 상처를 입으면서 확보한 놀라움이 가상이라니.

가만히 생각해 보면 가상이 맞다. 단절과 상실의 상처를 딛고 앞으로 나아갈 때 사방은 모조리 낯설다. 낯섦에 둘러싸인다. 피할 수 없는 이 경험은 감각적이다. 실체가 있음에도 아직 감각으로만 느낄 수 있다. 그것이 그곳에 있음을 느끼는 감각적 경험만 있다. 낯섦 가운데 놀라움이 존재하지만 꼬집어 지목하지 못한다. 낯선 곳에 떨어진다는 것은 아직 아무것도 겪지 않음이므로 실체적이지 않다. 겪어도 그게 뭔지 모르니 가상의 상태가 분명하다. 그러니 이 놀라움은 가상일 수밖에 없다.

이는 실체가 드러나기 직전의 예감, 기대, 떨림 같은 것이다. 어두운 방에 누워 있는데, 갑자기 들리는 낯선 소리는 어떤 것이 다가오고 있다는 예감을 실어 나른다. 무대 커튼이 올라가기 직전, 아직 드러난 것은 없지만 곧 무대 전체가 환하게 밝아질 것이라는 기대는 분명하다. 명상 중에 느끼는 감각은 그것이 무엇인지 알 수 없지만, 무언가 다가오고 있다는 느낌으로 떨린다. 이런 예감과 기대와 떨림은 이미 놀라움이다. 다만 가상의 놀라움일 뿐이다. 실체가 있다는 감각에도 불구하고 놀라움은 아직 가상이다.

물론 모든 놀라움이 가상의 놀라움인 것은 아니다. 실체적 놀라움도 있다. 한여름의 우박에 두들겨 맞는 것은 실체적 놀라움이다. 가상의 놀라움도 실체적 놀라움도 모두 존재한다는 점에서 현실(the real)이다. 그런데 가상의 놀라움이 설명되는 순간을 생각해 보라. 구체적으로 또 정확하게 표현할 수 있는 순간을 말한다. 그때 가상의 놀라움은 현실 세계의 질서 속으로 들어선다. 그러면 이는 실재(the actual)가 된다. 저만의 자리를 갖기 때문이다. 실재가 되는 순간 가상의 놀라움은 소멸한다. 실재하므로 더는 가상이 아니다. 낯섦이 사라지기 때문이다.

그렇다면 표현되고 설명된 놀라움, 최종적인 실체적 놀라움은 어떤 모습일까. 그것은 또 다른 상처다. 단절과 상실로 나타나는 의심의 상처와 아주 다르다. 구체적 모습을 드러낸 놀라움엔 상처가 선명하다. 처절한 상처다. 놀라움은 자신의 상처를 내세워 세계 속에서 자리를 꿰찰 수 있다. 상처는 상처 입지 않은 것과 너무 다르다. 상처로서 존재를 얻으니 놀라움의 상처는 존재론적 가치를 갖고 있다. 상처의 존재 자체가 놀라움이다.

놀라움의 존재론적 상처는 끔찍하다. 파슨스(Parsons)가 제시한 상처의 정의를 보자.[20] 상처란 인식의 세포막(membrane of awareness)이 찢기는 것, 조용히 잘 있는 기존 의미 체계를 갑자기 확 열어 버리는 것, 두들겨 맞거나 전기 충격을 받은 것 같은 타격 등을 의미한다. 이런 상처는 현실에 대한 감각의 세포 조직을 끊어 버리고 결정 불가능성(undecidability)의 흔적을 남긴다. 이전의 어떤 기준도 의미를 갖지 못한다. 그전에 가졌던 감각, 의미 체계는 작동 불능에 빠진다. 당연했던 신체와 환경의 통합도 깨어진다. 일상적으로 의식하지도 않던 신체를 문제시한다. 모두 이상한 사건들의 칼에 의해 상처를 입기 때문이다. 놀라움에 의한 상처는 이처럼 무시무시하다.

놀라움의 상처는 두 개의 선명한 방향으로 진행한다. 하나는 갖고 있던 것이 소용없어지는 쪽으로 가는 것이다. 이 길로 들어서면 안정적인 감각이 마비된다. 모두 붕괴된다. 과거가 어떠했다는 주장은 의미가 없다. 그래서 '나는 누구인가'라고 질문한다. 나의 존재를 의심하는 것, 즉 존재론적 와해가 일어난다. 이것은 내가 나에게 도전해야 하는 상황이다. 질문을 통해 존재의 본질에 대한 심오한 자각을 갖기를 원한다. 삶의 불확실성과 죽음의 불가피성에 대한 자각이 그런 것이다.

이럴 때 내 존재는 어떤 토대도 없는 것 같다. 나의 존재는 임시적인 것 같다. 존재에 대한 인식은 큰 상처를 입는다. 실존적 상처를 경험하는 상태다. 실존적 위기에 내몰릴 수밖에 없다. 심오한 분노에 휩싸일 수밖에 없다. 삶은 총체적 불확실성에 빠지고 분노는 걷잡을 수 없이 번진다. 손에 쥔 모든 것이 빠져나간다.

다른 하나는 새로운 세계가 확 열려 버리는 것이다. 갑자기 열려 버린 놀라운 세계는 즉각적으로 영향을 미친다. 받아들일 수밖에 없기 때문이다. 문제는 준비가 되어 있지 않다는 것이다. 그러므로 세계를 바라보는 관점은 무차별적으로 도전을 받는다. 어떻게 해야 긴밀하고 안정된 기준을 만들 수 있는지 알 수 없다. 이런 상태에서 직면하는 현실은 완전히 다른 세상이다. 그래도 이를 직면해야 한다는 데서 상처는 더 깊어진다. 이런 상처는 나를 무한히 약하게 만든다. 방향감을 상실한 상태가 지속한다. 언제든 무너질 수 있다는 절망감이 뒤덮는다. 벗어날 수 있는 길은 하나다. 열려 버린 세계를 받아들이고 이를 위한 프레임을 완전히 재구성하는 것뿐이다.

놀라움은 한쪽으로는 과거 붕괴로 인한 상처를, 다른 한쪽으로는 무차별적 도전을 감당해야 하는 상처를 피할 수 없다. 그러나 피해서도 안 된다. 상처 그 자체가 놀라움이기 때문이다. 문제는 이 놀라움을 어떻게 다루느냐 하는 것이다. 놀라움이 인식을 끊임없이 파열하고 끊어 버리는 것을 감당해야 한다. 즉 심오한 와해(profound disruption)를 겪어 내야 한다. 이런 상처투성이의 놀라움이 남기는 것은 탈영토화(Deterritorialization)다.[21] 탈영토화란 말 그대로 영토를 벗어나는 것을 의미한다. 물리적 공간뿐 아니라 상징적, 문화적, 심리적 질서와 구조에서 벗어나는 과정을 포괄하는 개념이다. 한마디로 과거의 구조와 갈라서는 것을 말한다.

탈영토화의 현실은 간단치 않다. 과거에서 벗어나는 것

에서 그치지 않고 끊임없이 이동하고 변할 것을 요구한다. 그러나 동시에 삶의 에너지가 억압되는 질서에서 벗어나 자유로운 흐름을 회복하는 운동이다. 이를 위해 새로운 언어 체계의 등장을 수용해야 한다. 그동안 써 오던 단어의 의미나 어법은 폐기해야 한다. 언어가 달라지면 당연히 사건에 대한 감각도 달라진다. 감각적 경험은 원래 경로 의존적이어서 쉽사리 변하지 않는다. 완고하게 버티던 감각이 달라질 때는 주변의 모든 것이 엉뚱하게 보인다. 적지 않은 문제가 생긴다.

이렇게 되면 개인이나 집단의 정체성이 송두리째 무너지게 된다. 새로운 흐름을 따라가자면 나는 그 전의 나여서는 안 된다. 놀라움이 요구하는 사람으로 변해야 한다. 이런 숙제는 하나같이 세계를 경험하는 방식의 수정을 요구한다. 자연스럽던 모든 것을 포기하라는 것이다.

그런 다음에 어떤 일이 일어날까. 탈영토화의 놀라움은 정체성을 뒤흔들고 불안과 상실을 가져온다. 자유를 주고 창조적 가능성을 열지만, 연속성 없는 급진적인 변화를 강요한다. 생각하는 법, 사는 방식까지 바꿀 것을 요구한다. 이것은 언어를 사용하는 태도를 바꾸라고 할 때 충분히 예견할 수 있는 일이지만 상처 없이 받아들이기 어려운 놀라움이다. 오랫동안 다져온 상징 체계를 바꾸어야 한다. 이것이 의미하는 바는 분명하다. 상징적 죽음이다. 언어와 자아가 해체되는 것은 죽음과 다르지 않다.

놀라움은 이처럼 큰 대가를 치른다. 놀라움은 그냥 바라보는 호기심이 아니다. 절멸의 상처를 스스로 찾아가는 여행이다. 상처로 인해 놀라움은 이제 그 전으로 돌아갈 수 없다. 상처가 지금까지 걸어온 길을 붕괴시키기 때문이다. 또 상처는 예전의 것을 모두 상처 속에 묻는다. 그 자리에 놀라움이라는 새살이 돋는다. 그러므로 상처는 놀라움의 증거다. 놀라움은 상처로 포장되어 있다.

저널리스트는 사건의 공명을 감각한다고 했다. 그 공명에서 놀라움을 발견할 수 있다고 했다. 이제 하나를 더해야 한다. 놀라움의 상처를 찾는 일이다. 감각이 예민하지 않으면 그 흔적을 찾기 어렵다. 일상을 흔들어 놓는 사건이 뉴스 안으로 들어올 때 상처를 보고 판단해야 한다. 놀라움은 상처의 크기만큼이니 상처를 확실하게 판단해야 한다. 놀라움의 크기가 뉴스의 크기다. 다시 말해 상처의 크기는 뉴스의 크기다. 이걸 뉴스 스토리로 옮겨 놓으면 사회적 의미 체계로 편입된다. 그때 사건은 공식적으로 사회적 놀라움으로 자리 잡는다.

그러나 가상의 놀라움처럼 사건의 현상이 정의되고 파악되고 설명되고 표현되면 사건의 놀라움은 중단된다. 즉 놀라움은 뉴스 사건으로 포장되면서 움직임이 멈춘다. 이 말은 놀라움의 상처가 뉴스 스토리에 포박된다는 것을 의미한다. 그렇게 되면 사건의 실체적 놀라움은 사라진다. 대신 독자는 뉴스를 통해 포박된 상처를 알고 상처 속의 놀라움을 간접 경험한다. 이 놀라움은 사건 초기 낯섦에 휩싸인 가상의 놀라움이 아니다. 뉴스 속에 결박되어 있는 상처다. 저널리스트는 놀라움의 상처가 제공하는 와해, 위약함, 분노, 불확실성 등을 주제로 삼아 사건을 상처로 기록한다.

상처는 많은 일을 겪지만, 그 덕분에 많은 일을 해낸다. 모두 상처를 마다하지 않음으로써 얻어지는 것이다. 상처를 통해 얻을 수 있는 것의 가치를 알고 있어야 가능한 일이다. 그래도 상처는 다루기 쉬운 일은 아니다. 저널리스트는 그 상처를 다루는 사람이다. 상처를 감각하고 경험해야 한다. 또 상처에 적응해야 한다. 뉴스로 기록된 사건은 모두 상처라는 것을 늘 생각해야 한다. 그것은 놀라움을 실체로 드러낸 상처임을 알아야 한다.

상처를 감지하고 경험할 때 저널리스트는 어떨까. 상처 없이 상처를 이해할 수 있을까. 상처를 어떤 식으로 뉴스로 만들어 낼까. 요즘의 뉴스엔 어떤 상처가 있는가. 뉴스에 진정한 놀라움이 없다면 그건 상처가 없기 때문이다.

해체

과거를 붕괴시키고 무차별적 도전으로 입은 놀라움의 상처는 한마디로 의미 구조의 파괴를 불러온다. 그런 상처가 나면 세계는 전에 알던 그 세계가 아니다. 어떤 의미도 이어지지 않는다. 전쟁을 겪은 사람은 평화라는 단어를 어떻게 받아들일까. 이전과 같은 의미로 받아들이지는 않을 것은 분명하다. 전쟁을 새로 이해할 수 있는 의미 체계를 찾으려 할 것이다. 상처가 나 버린 세계관에 머물 수는 없다.

의미 구조를 벗어나는 것이 가장 시급한 일이다. 그런데 그것만으론 부족하다. 벗어남과 동시에 적극적으로 나서야 한다. 기존의 것을 철저하게 부정하고 모순임을 밝혀야 한다. 그것의 불안정성, 불완전성을 고발해야 한다. 왜 그런지 분석해야 한다. 어떻게 이 일을 해낼 수 있을까.

놀라움의 상처에 그 답이 있다. 상처는 고통스럽지만 거기서 끝나지 않는다. 인식은 상처에 고통스러워하지만 그만큼 보상을 받는다. 놀라움의 상처가 가는 두 가지 방향을 떠올려 보라. 하나는 나를 향해 온다. 기존의 인식 체계가 찢어지는 상처다. 오랫동안 인식을 지켜 온 기준이 무너지니 상처를 고스란히 나 혼자 떠안아야 한다. 다른 하나는 밖을 향한다. 세계와 사건을 바라보는 기준이 완전히 바뀌는 상처다. 기준이 무너지니 눈앞의 일에 두 손이

묶이고 만다.

주목할 것은 밖을 향한 상처다. 이는 안으로 향한 상처와 다르다. 밖으로 사건을 상대한다. 낯선 기준이 들이닥치면서 사건을 완전히 무너뜨려야 하는 상처다. 이것은 당하는 것이 아니라 행하는 것이다. 놀라움의 상처는 보복에 나선다. 그것은 사건을 상대로 밖으로 향하는 상처를 헤집고 나선다. 세계를 바라보는 기준을 뒤집겠다는 것이다. 이것은 해체를 의미한다. 낯선 기준을 받아들인다는 것, 이를 적용한다는 것은 앞에 놓인 사건을 전처럼 받아들이지 않겠다는 선언이다. 그러므로 이것을 해체하지 않으면 안 된다. 상처 입은 만큼 해체할 수 있는 힘을 얻는다. 상처가 깊은 만큼 사건을 깊게 해체할 수 있다.

놀라움의 상처는 안으로 찢어지지만 동시에 밖으로 해체하는 칼을 잡는 것이다. 그동안 기준이 되어 온 과거는 하릴없이 무너지지만, 이제부터 밝혀내야 할 사건의 미래를 해체할 수 있다. 그러므로 안으로 들어오는 상처는 해체를 위한 명분이고, 해체로 가는 통로고, 해체를 허락하는 자격이다. 밖으로 향한 상처는 사건을 전혀 다른 방법으로 해체하는 힘이다.

해체의 전술적 가치는 생각보다 크다. 해체는 한마디로 기존의 것을 무너뜨리는 것을 말한다. 기존의 잣대로 이해하던 것을 전복하는 것이다. 해체는 이를 위해 의식적 주목과 협력한다. 원래 놀라움은 사건으로부터 즉각적으로 겪는 순간적 당혹스러움으로 시작한다. 그러나 의심을 넘어 상처로 이어지면 즉각성은 사라지고 의식적 주목이 작동한다. 해체는 의식적 주목의 긴 연장선의 끝에 있다. 해체는 의식적 주목을 가장 강력하게 밀어붙인다.

해체의 적극성은 지향성을 갖고 사건을 이해하려 한다는 것을 의미한다. 해체가 지향하는 것은 사건이 숨겨 온 전혀 다른 모습을 드러내는 것이다. 그러므로 사건의 놀라움은 해체를 통해 더 커지게 된다. 놀라움은 더욱 진득해진다. 해체는 진득한 놀라움의 방법인 셈이다. 해체의 논리를 보면 이런 논리를 쉽게 확인할 수 있다.

데리다(Jacques Derrida)에 의하면 해체는 텍스트가 고정된 의미를 갖고 있지 않다는 데서 출발한다.[22] 해체는 언어와 텍스트가 고정되어 있다는 생각, 이것이 정적인 의미로 고정되어 있다는 생각에 도전한다. 궁극적 의미를 보장해 주는 중심이 되는 것이 있다는 가정은 터무니없다. 신, 이성, 본질 이런 것은 없다. 이 모든 것은 텍스트 내부에서 끊임없이 해체되기 때문이다. 이를 표현하는 언어나 의미는 그래서 늘 불확정적이다.

문학 텍스트는 물론, 정치 텍스트, 법률문제에 이르기까지 해체의 논리를 피할 수 있는 것은 없다. 이런 텍스트는 저자의 의도를 그대로 반영하지 않는다. 저자의 의도가 없다는 것이 아니라 그게 그대로 드러나지 못한다는 것이다. 언어 구조와 수사학의 장치가 의미를 끊임없이 이동시키고 바꾸어 놓기 때문이다. 그러니 언어는 고정된 의미를 가질 수 없다. 언어에 의지하는 의미 역시 항상 미끄러지고(滑走, sliding) 연기되며(deferred), 끝없이 유동적이다.

이는 기표(signifier, 소리 · 글자)와 기의(signified, 개념)의 관계를 보면 알 수 있다. 기표는 하나의 기의를 지시하는 것에서 끝나지 않는다. 관련된 다른 기표로 연결되면서 의미가 미끄러진다. '사과'라는 단어를 생각해 보자. '과일', '빨간', '음식' 등의 개념과 연결된다. 그러나 '과일'은 다시 '식물', '먹을 수 있음', '씨앗' 등으로 연결된다. 이런 연결이 끊임없이 계속된다. '사과'는 궁극적이고 절대적인 의미를 갖지는 못한다. 사과는 이렇게 계속 미끄러진다. 이는 연장의 미끄러짐이다.

또 기표는 하나의 기의만 지시하지 않는다. 전혀 다른 기의를 지시하기도 한다. 이때 의미는 또 미끄러진다. '자유'라는 단어를 생각해 보라. 고대 그리스에서는 '노예 제도가 없는 시민권'을, 18세기에는 '사회 계약에 기반한 민주주의'를, 그리고 지금은 '개인의 자율성과 선택권'으로 해석된다. 자유는 시민권에서, 민주주의로, 그리고 자율성으로 미끄러져 왔다. 이때의 미끄러짐은 확산의 미끄러짐이다.

해체는 이런 의미의 미끄러짐을 만들어 내는 효과적인 방법이다. 이것이 가능한 것은 언어와 사물, 나아가 사건의 내부에 모순과 불안정성이 깃들어 있기 때문이다. 해체는 여기를 비집고 들어간다. 기존의 의미를 끊임없이 불안정하게 만든다. 그럼으로써 의미의 경계를 흔들어 댄다. 고정된 의미, 절대적 진리, 중심적 사유를 해체하는 것이다. 이렇게 해체되고 나면 자연스럽게 새로운 사유가 등장한다.

해체에 대해서는 여기까지만 생각하려 한다. 완전한 불확정적 의미가 존재할 수 있느냐, 실천적 의미에서 해체는 한계가 있는 것이 아니냐는 지적에 굳이 끌려가고 싶지 않다. 해체는 가능성을 열어 놓지만, 대안을 제시하는 데까지는 나가지 않는다는 말로 대답을 대신한다. 중요한 점은 해체는 의미의 중심을 흔드는 데 초점을 맞춘다는 것이다. 그래야 하는 이유는 분명하다. 그래야 새로운 사유의 가능성을 열 수 있다. 왜 해체가 대안을 제시하지 않으려 하는지 알겠는가. 대안의 제시는 반대로 그 가능성을 막아 버리기 때문이다.

해체의 대상은 무엇보다 기존의 언어와 개념이다. 언어와 개념은 불확정적이고 불안정하다. 의미가 사라지거나 무한한 해석이 가능하다. 새로운 해석이 가능하다는 것은 새로운 의미 체계로 들어가 존재를 확보할 수 있음을 말한다. 해체는 상처 이후 사건의 존재를 재구성할 수 있는 효율적인 방법인 것이다.

그래서 해체는 무지막지하게 일을 벌인다. 사상과 개념, 언어와 구조에 숨겨진 모순을 드러내려고 한다. 습관적으로 받아들이던 의미의 고정된 틀을 깨 버린다. 그래서 기존의 모든 전제, 권위, 구조를 겨냥한다. 그 안의 의미가 자기모순을 안고 있음을 폭로하는 데 전력을 기울인다. 이것을 형성하고 유지해 온 방식을 뒤집어 버린다. 그래서 의도치 않던 방식을 동원하기도 한다. 다양한 의미를 포착할 수 있기 때문이다. 이렇게 되면 기존 프레임은 균열을 피할 수 없다. 그 균열 속에서 새로운 의미 구성의 기회를 찾아낸다.

해체는 독특한 방법들을 동원한다는 점에 주목하자. 가장 널리 알려진 방법은 이분법적 반대(binary opposition)다. 이는 기존의 지배적 개념과 틀을 분석한다. 대부분 개념은 중심적 개념과 주변적 개념의 이분법적 구조로 이루어져 있다. 이 둘의 구분을 깨는 것이다. 텍스트나 개념 속에 도사린 이분법적 반대를 찾아낸다. 현존과 부재, 담화와 글쓰기 등과 같은 것이 이분법적 반대다. 흐름과 정체, 지속성과 와해도 마찬가지다. 이분법적 반대를 통해 중심 위치를 차지한 의미가 모순적이며 변경이 가능한 것임을 보여 준다.

예를 들어 인간을 설명하는 중심 개념이었던 이성은 완전하지 않다. 이성을 해체하면 이성 때문에 외면당하고 주변으로 밀려났던 감성을 재조명할 수 있다. 이렇게 다른 것을 주변부로 밀어낸 중심부의 지배적 전통과 권위의 음험한 정체를 파악할 수 있다. 주변부가 어떻게 취급받아 왔는지도 보인다. 부정해야 할 대상의 전체 그림을 한눈에 포착할 수 있다. 또 이분법의 구도가 어떻게 위계를 함의하는지도 파악할 수 있다. 이분법의 반대 요소 중 어느 것이 다른 것에 대해 더 우위에 있는가를 찾아내면 된다.

해체의 또 다른 방법은 차연(差延, Différance)을 찾아내는 것이다. 이는 차이(差異, différence)와 다르다. 차이는 사물의 차별성을 받아들이는 정적 공간의 개념이다. 차연은 차이와 연기(déférer)의 합성어다. 하나의 단어는 다른 단어와의 관계 속에서만 의미를 갖는다.

'고양이'라는 단어를 보자. 이 단어만으로 본질적인 의미를 알 수 있을까. 고양이라는 단어는 혼자 있을 때는 그 의미가 연기된다. 개, 동물, 포유류 등의 다른 단어와의 차이를 통해 비로소 의미가 생성된다. 연기되는 의미가 차이를 통해 드러나는 것이다. 이것이 차연이다. 다시 말해 우리가 포착했다고 생각하는 의미란 늘 유동적이다. 차연은 차이가 산출되는 행동과 움직임에 주목한다. 따라서 차연은 동적이고 시간적인 개념이다.

차연은 최종적 결론을 연기할 것을 요구한다. 사건이나 현상에 대한 정의(definition)도 마찬가지다. 차연을 다룰 때 다른 것, 차별적인 것, 반대되는 것의 위상은 마구 달라진다. 이분법적 반대에서는 우열의 위상이 구분된다. 그러나 차연을 논할 때 모든 개념은 흔들린다. 자체의 의미뿐만 아니라 반대되는 의미의 흔적도 운반한다. 반대는 열위로 밀려나는 것이 아니라 우위와 동반한다. 시간, 공간, 감정 등과 관련된 은유나 개념의 흔적에 실려 여전히 존재한다. 이런 흔적을 찾아가기 위해 해체가 동원된다.

해체는 또 텍스트의 결절점을 찾아내는 방식으로 접근할 수 있다. 이는 텍스트에 내재한 모순과 비결정성의 지점을 찾아내는 것을 말한다. 출구나 통로가 없는 지점, 해결이 어려운 지점을 더듬어 나가는 것이다. 강에 대한 두 가지 은유를 생각해 보자. 하나는 강은 샘에서 바다로 이어지는 선형적 흐름의 진행이라는 은유다. 다른 하나는 강이 건기와 우기의 순환적 패턴으로 존재한다는 은유다. 이것은 겉으로 보기엔 본질적인 것이 아닌 것 같다. 그러나 그 속에 강의 본질과 모순되거나 단절되는 지점이 있다. 직진의 흐름과 패턴의 순환 둘 다 강의 모습이 아니다. 강에 대한 개별적 경험일 뿐이다. 강은 우리의 삶과 독특한 방식으로 연결될 뿐 선형성이나 순환으로 결정된 것은 아니다. 강은 각자의 삶에서 결절점이 만들어진다. 또 반복

가능성이 사라진 지점 역시 결절점이다. 또 원래의 것이 부족해 뭔가 추가되어야 완성이 될 수 있는 지점도 결절점이다. 이런 걸 찾아내야 한다. 그곳이 해체의 칼을 들이대야 하는 지점이다.

그 외에도 해체의 방법은 다양하다. 애매함을 벗겨 내는 것이다. 애매한 것은 무조건 해체의 대상에 올려놓아야 한다. 애매하다는 것은 이중의 의미로 혼란을 초래하는 것을 말한다. 해체는 이런 이중성을 벗겨 낸다. 개념이나 텍스트에 깔린 모순과 숨겨 놓은 전제 또는 언급하지 않고 슬쩍 넘어가는 전제를 폭로하는 것도 해체의 방법이다. 해체를 통해 이 속에 숨어 있는 균열을 발견해 낸다. 그래서 새로운 해석의 층위를 드러낼 수 있다.

해체 방법 중 가장 독특한 것은 글쓰기다. 해체는 언어에 내재한 의미의 불확정성을 폭로하는 것이라 했다. 글쓰기는 그 불확정성을 생각하고 표면에 드러낸다. 그런 점에서 글쓰기는 해체의 실천이다. 글쓰기는 특히 말을 걸고넘어진다. 말은 즉각적으로 의미를 전달한다. 말하는 자가 분명하게 존재하므로 말하기의 의미는 안정성을 보장한다. 말의 안정성은 달리 보면 말의 의미 고정이다. 글쓰기는 말의 의미 고정에 저항한다. 의미란 앞서 보았듯이 미끄러지기 때문이다. 말보다 글쓰기가 의미의 미끄러짐을 더 분명하게 드러낼 수 있다.

글쓰기의 해체적 가치를 좀 더 살펴보자. 말은 상황과 맥락에 의존해 의미를 만들어 낸다. 그러나 글쓰기는 의미를 고정하지 않는다. 의미를 끊임없이 연기(defer)한다. 표면적 명명인 기표에 포박된 고정된 해석을 거부한다. 항상 다른 기표로 연결된다. 그래서 맥락에 따라 의미가 변한다. 물론 글쓰기는 흔적(trace)을 남긴다. 이 때문에 원래의 의미를 완전히 지워 내지는 못한다. 대신 끝없는 해석으로 문을 연다. 이로써 의미의 중심을 붕괴시킨다.

해체한 것을 통합해 글로 씀으로써 의미의 파편들을 새로운 의미로 재구성할 수 있다. 이때 기존의 언어와 표현 방식을 비판적으로 검토하게 된다. 의미의 불확정성을 드러내고, 해석이 얼마나 다양할 수 있는지를 보여 주고, 기존 개념을 전복해 버린다. 이보다 더 강력한 해체는 없다. 그러므로 글쓰기는 해체의 가장 훌륭한 실천이다.

잊지 말아야 할 것이 있다. 해체에 임할 때 해체 방법뿐 아니라 해체 대상도 생각해야 한다. 해체 대상은 모르는 것과 알고 있는 것으로 나눌 수 있다. 둘의 해체는 전혀 다르다. 모르는 것의 해체는 규정되지 않은 개념이나 인식되지 않은 구조를 대상으로 한다. 실체적 사건이나 사물을 완전히 이해하지 못할 때는 이렇게 접근해야 한다.

이때는 존재론적 질문을 제기하는 것이 중요하다. 알고자 하는 것이 분명히 존재하는가에 대한 물음으로 시작해야 한다. 해체해 나가면서 존재 여부와 그것이 어떻게 형성되었는지를 알아낸다. 여기다 그걸 왜 모르는지도 찾아나간다. 그러므로 모르는 것의 해체는 불확실성 자체를 드러내는 데 초점을 맞춘다. 즉 무지(ignorance) 자체가 어떻게 구성되었는지를 탐구하는 것이다.

반대로 아는 것도 해체 대상으로 삼을 수 있다. 이미 틀을 잡은 지식이나 명확한 개념이라고 믿어 온 것을 해체하는 것이다. 이의 해체를 통해 얻을 수 있는 것은 크다. 안다고 생각하는 것이 사실은 불안정한 의미망 속에서 구성된 것임을 폭로할 수 있다. 불완전하고 다층적인 의미가 있음을 드러낼 수도 있다. 바로 그것이라고 알고 있던 것이 사실은 언어적, 문화적, 역사적 맥락 속에서 구성된 것임을 밝힐 수도 있다. 통상적인 지식은 모두 이런 해체의 그물에서 벗어나기 어렵다.

국가(nation)의 개념을 생각해 보자. 국가는 특정한 서사와 담론 속에서 형성된 구성물이다. 국경, 국적, 국민이라는 개념은 자연적인 것이 아니다. 역사적 맥락과 정치적 필요에 따라 형성된 것이다. 해체를 통해 국가를 단일하고 고정된 개념으로 간주하는 것이 허구임을 밝혀낼 수 있다. 해체는 이렇게 개념이나 지식의 내적 모순을 드러내고자 한다.

사건의 해체

해체는 저널리스트의 숙명이다. 저널리스트가 갖추어야 할 역량을 하나만 꼽자면 해체라고 할 수 있다. 알 수 없는 사건을 상대해야 하기 때문이다. 사건은 주어지는 것이지만 그냥 주어지지 않는다. 불확실한 채로 주어진 사건은 이해되기를 기다린다. 그러니 해체하지 않으면 안 된다. 사건의 해체는 두 가지를 대상으로 삼는다. 하나는 사건을 구성하는 사실이고, 다른 하나는 사건을 둘러싼 의미다. 사건을 만난 저널리스트가 노려야 하는 것은 오직 이 둘이다.

저널리스트는 먼저 사실을 수집하고 평가하고 판단해야 한다. 사실을 해체하지 않으면 못해 낸다. 사실을 충분히 수집하면 사건의 외양이 드러난다. 이때부터는 사건의 의미를 추적한다. 저널리스트의 주관이 의미 구성에 영향을 미치기도 할 것이다. 의미 체계를 지배하는 프레임 역시 사건의 의미를 특정한 방향으로 몰아가려 한다. 이런 것을 극복하자면 의미의 해체가 필요하다.

사실의 해체부터 자세히 살펴보자. 사건은 늘 불확실하다. 확정된 것이 없다. 불확정성을 해결하려면 가장 기본적인 것부터 파악해야 한다. 그게 사실이다. 그러나 사실이 자명한 것이라고 오해하면 안 된다. 사실은 다른 사실과 알 수 없는 방식으로 엮여 있다. 사건의 불확정성은 여기서 시작한다.

또 사건은 객관적 사실만으로 구성되는 것은 아니다. 사실은 언어적, 사회적, 문화적 맥락 속에서 구성된다. 사실은 사실 순수하지 않다. 더욱이 사실은 존재하는 그대로 기록되거나 전달되지 않는다. 사실은 언어적 서술과 기록을 거치면서 의미화되어 버린다. 언제나 서술과 해석이 개입한다. 이 때문에 사실의 이해는 늘 방해받는다. 사실을 해체하지 않으면 사건의 불확실성을 걷어 낼 수 없다.

사실을 실체로 고정할 수 없다는 점도 간과하면 안 된다. 뉴스가 사실이라고 보여 주는 것은 실은 사실성(facticity)이다. 사건의 사실성은 고정되거나 확정된 것이 아니다. 사실성은 관찰 가능한 사실에 기반을 두지만 사실 그 자체가 아닌 사실에 내재된 성질을 말한다. 놀랍게도 사실성은 사실의 노출, 특히 노출 빈도가 높은 것을 선택하기도 한다. 그러므로 사실성으로 제시된 사실은 필연적인 것이 아닌 조건적이다. 그럴 수도 아닐 수도 있다. 이 말은 사건을 사실을 통해 확정된 실체로 받아들이는 순간 문제가 생기기 시작한다는 것을 의미한다. 해석과 서사의 길이 열리고, 궁극적으로 이의 포로가 되고 만다.

사건이 계속 변한다는 점도 사실을 해체해야 하는 이유다. 사건이 변하면 사건은 명확하게 정의되지 않는다. 끊임없이 유예되고 미끄러진다. 사건의 차연이 일어나는 것이다. 사건은 객관적인 사실로 굳어 있는 것이 아니다. 언어적 맥락 속에서 구성된다. 해석이 일어난다는 것이다. 사건은 해석에 따라 끊임없이 변형된다. 이런 사건을 구성하는 재료인 사실을 있는 그대로의 순수라고 생각할 수는 없다.

그렇다면 사실의 해체는 어떻게 접근해야 할까. 무엇보다 명확한 지향성을 가져야 한다. 살펴본 대로 사건은 순수하지 않다. 때문에 사건이 단일하고 객관적인 실체로 존재한다는 가정을 의심하는 지향성을 가져야 한다. 이를 위한 방법들을 살펴보자.

첫째, 사실은 구성된다(constructed)는 점을 파헤치는 것이다. 혁명이라는 사건은 누군가에게는 해방의 순간이다. 그러나 다른 누군가에게는 혼란과 붕괴일 뿐이다. 같은 사건이라도 단어와 서술 방식에 따라 의미가 달라진다. 그런가 하면 의미가 다른 사건에 동원될 때 사실은 전혀 다른 방식으로 구성된다. 사건마다 독특한 구조를 가지므로 이는 불가피하다. 사실은 기록되고 서술되는 과정에서 이미 특정한 관점과 서사적 틀이 개입한다. 그런 관점과 틀을 해체해야 한다. 그러므로 사실이 언어적으로 구성되는 과정을 해체하는 것은 사건을 맞이하는 저널리스트의 첫 번째 일이다.

둘째, 사실의 불안정성을 확인하는 것이다. 사실을 드러내는 사실성은 있는 그대로의 사실이 아니다. 가장 개연성이 있는 사실, 가장 빈도가 높은 사실의 틀에 맞춘 사실이다. 사실성에 매달린 사실은 결코 고정된 사실이 아니다. 끊임없이 지연되고 변화한다. 그러므로 해석에 따라 의미가 달라질 수 있다. 프랑스 혁명은 당시엔 민주주의의 시작으로 해석되었다. 그러나 이후엔 왕권 붕괴, 계급 투쟁, 공포 정치 등의 다양한 의미로 해석해 왔다. 그렇다면 지금의 사건은 어떤 사실성으로 포장되어 있는지 알아야 한다.

셋째, 권력과 이데올로기가 사실에 개입한다는 것을 폭로하는 것이다. 사실은 권력과 이데올로기에 의해 구성되고 유지된다. 전쟁에서 이긴 자는 전쟁을 해방전이라고 기록한다. 그러나 패배자는 침략이라고 주장한다. 사건을 구성하는 특정 사실이 사건의 사실로 인정되거나 배제되는 과정에 권력이 개입하기 마련이다. 이를 해체해야 한다. 그러면 사실 뒤에 숨은 권력을 폭로할 수 있다. 공식 기록과 주변적 서사를 해체해 어떤 사실을 강조하고 어떤 사실을 배제했는지 알아내야 한다.

넷째, 기록의 불완전성에 도전하는 것이다. 사실을 있는 그대로 전달하는 것은 불가능하다. 모든 기록은 언어를 통해 이루어지기 때문이다. 사실을 완전한 형태로 전달하는 것이 불가능하다는 것을 드러내야 한다. 언어는 완벽한 재현(representation)이 아니라 해석(interpretation)일 뿐이다. 그러므로 기록은 본래의 사건과 다를 수밖에 없다.

사실을 충분히 해체했으면 이제 의미의 해체로 넘어가야 한다. 사건의 의미를 해체하는 것은 단순히 해석에 대해 문제를 제기하는 것이 아니다. 권력, 이데올로기, 역사적 재현, 언어의 구조적 한계 등을 비판적으로 분석하는 것을 말한다. 의미를 원활하게 해체하려면 사실 해체의 축적을 바탕에 깔고 있어야 한다.

의미를 해체해야 하는 이유는 많다. 먼저 의미의 태생적 한계다. 사건은 하나의 고정된 의미로 못 박을 수 없다. 항상 미끄러지고 이동한다. 의미를 하나의 개념으로 고정하면 다른 가능성과 해석이 배제된다. 담론의 다양한 가능성을 억압하게 된다. 사건을 다양하게 해석할 수 있도록 열어 놓기 위한 작업이 해체다.

의미를 해체해야 하는 무엇보다 큰 이유는 기표와 기의 관계가 불안정하다는 점이다. 둘의 관계는 사건을 설명하는 토대지만 이 관계는 언제나 불안정하다. 이 역시 절대적으로 고정될 수 없기 때문이다. 이 불안정을 해결하기 위해 의미의 해체는 불가피하다.

무엇보다 기표는 기의를 완전히 포착할 수 없다. 사건을 표현하는 기표는 고정된 기의와 일대일로 대응하지 않는다. 기표는 기의를 완벽하게 전달하지 못한다. 항상 부분적으로만 포착한다. 그래서 필연적으로 다른 기표에 의존하게 된다. 정의(justice)가 무엇인지 설명하려면 공정성, 법, 윤리 등의 다른 단어를 동원해야 한다.

또 기의는 단일한 실체로 존재하는 것이 아니다. 여러 기표의 네트워크 속에서만 의미를 가진다. 의미가 항상 연기되는 것은 피할 수 없다. 그래서 기표와 기의의 관계는 늘 차연 속에 있다. 여기다 기의도 결국 또 다른 기표로 기능한다. 정의라는 단어는 기표이면서 동시에 다른 단어에 의해 설명되면서 기의가 된다. 기의는 궁극적 의미가 아니다. 다른 기표 속에서 새롭게 구성되는 하나의 기호가 되고 만다. 의미 해체는 불가피한 것이다.

의미 해체의 또 다른 이유는 사건의 의미가 시간의 흐름 속에서 변한다는 것이다. 대부분 사건은 발생 당시와 이후의 해석이 일치하지 않는다. 시간이 흐름에 따라 의미가 변한다. 사건의 역사적 맥락과 후대의 해석이 어떻게 변하는지를 추적해야 한다. 사건의 의미는 역사적 상황에 따라 변한다. 러시아 혁명은 당시에는 노동자의 승리로 받아들여졌지만, 후대에는 독재 체제의 시작으로 해석한다.

상처에서 시작해 사건의 해체로 이어지는 과정은 말 그대로 처절하다. 처절한 만큼 보상도 크다. 상처 덕분에 놀라움은 그만큼 생생해진다. 가상의 놀라움에서 실재의 놀라움으로 넘어가면서 마침내 우리 앞에 놀라움이 그 실체를 드러낼 수 있는 것은 상처의 힘이다.

인식의 세포막이 찢기고 전기 충격을 받고 결국 칼을 맞은 것처럼 끔찍한 일을 겪으면서 도달하려는 놀라움은 무엇일까. 의미 구조의 파괴다. 그래야 놀라움이 입지를 굳힐 수 있다. 이걸 도와주는 것이 해체다. 사실과 의미를 해체하면서 놀라움이 원하는 걸 가져다준다. 해체는 이를 위해 권력과도 싸우고 기록과도 싸운다.

회복

일은 모든 것을 시각에 고정하고 선형적으로 줄을 세우는 것에서 시작됐다. 셰익스피어가 줄 맨 앞에 서 있었다. 셰익스피어의 소넷은 그렇게 셰익스피어의 것이 되었다. 권위도 헌납했다. 그 후의 역사는 매우 거칠었다. 시간과 장소를 소멸당한 사건의 역사는 말할 것도 없다. 개념에 봉사한 세월일 뿐이다. 개념이 원하는 것은 하나. 실체를 가려 버리는 것뿐. 추상화, 코딩, 기능, 네트워킹, 가상, 자동화, 탈중심화는 비사물화를 논리로 견고하게 붙들어 맸다. 그러나 코딩된 사건은 나의 것이 아니다. 털끝 하나의 감각도 건드리지 못하지 않는가. 이건 아니다. 사건은 마땅히 저항해야 한다. 직접 경험의 감각들을 네트워킹해야 한다. 익숙하지 않을 것. 단절적일 것. 낯선 삶일 것. 해체의 길은 사방으로 열려 있다. 세상을 뒤덮은 개념을 향해 열려 있다. 사건의 저항을 내세워 사물을 회복해야 한다.

개념화

해체가 노리는 것은 기존의 구조와 질서를 헤집고 뒤집는 것이다. 굳건하게 서 있는 틀을 와해시키고자 한다. 상처를 입으면서 해체하고자 한다. 거부하고 저항하고 도전하고 배척하고자 한다. 그래서 얻고자 하는 것은 무엇일까. 지금까지 눈앞에 있던 모습이 사라지는 것, 지금까지 인식을 관장해 온 질서의 결함을 알게 되는 것, 형형하던 실체를 파편화하는 것, 권력이 부여한 의미를 소멸시키는 것. 아마도 이런 것일 것이다.

기다리던 것은 해체 후 홀연히 나타난다. 이 책 첫 쪽에서부터 기다리던 궁극적 놀라움이다. 해체된 파편 더미 위로 우뚝 올라선다. 놀라움이 보여 줄 원래의 모습은 그동안 추상적 단어들에 갇혀 있었다. 그 단어의 더미 위에 의미가 뒤덮였다. 의미는 의미로 연결된 네트워크를 구축했다. 그러니 의미가 무너진 자리는 늘 또 다른 의미로 채워져 왔다.

이제 해체는 새로운 단어를 찾아낼 것이다. 새로운 단어는 의미를 뒤집을 것이고, 의미의 네트워크를 끊어 낼 것이다. 그러자면 무엇보다 추상적 단어를 무너뜨리고 실체적 단어를 건져 올려야 한다. 이 단어는 실체에 교부된 이름표다. 놀라움은 이 단어로 표현될 것이다. 단단하고 구체적인 감각을 갖고 실체를 적시하는 단어이므로 놀라움 역시 단단할 것이다. 이로써 사건은 세계 안의 실체적 존재로 모습을 갖추게 된다. 해체가 원하는 것은 바로 이것, 즉 실체다.

말 걸기에서 당혹, 의심, 상처에 이르기까지 갖고자 했던 것이 무엇인지 생각해 보라. 오로지 직접 경험이 찾아내는 사건의 본질, 그 속에 숨어 있는 실체로부터 삐져나오는 놀라움을 기대했다. 결론부터 말하자. 실체적 놀라움을 얻기 위해 해체는 개념을 무너뜨려야 한다. 무엇이 개념을 내세워 실체적 놀라움을 감추려 했는지도 밝혀내야 한다.

개념화가 얼마나 문제가 많은지 사람들은 잘 모른다. 개념화는 놀라움을 추상적 아이디어와 그 아이디어의 가면인 단어 속에 묻어 버린다. 객관적 사실을 있는 그대로 반영하지도 않는다. 개별 사물이나 사건의 특정한 속성을 선택적으로 추출하기 때문이다. 그마저도 일반화하고 범주화하고 만다. 어떤 것은 강조되고 어떤 것은 버려진다. 특정한 방식을 동원해 사물을 개념으로 만들어 버린다.

개념화는 결코 중립적이지 않다. 특정한 관점과 의도를 반영한다. 세계를 경험하는 이상한 방식을 만들어 낸다. 이렇게 얻은 개념을 앞세워 군림하는 것이 지배 질서다. 근대 사회는 합리성이나 객관성의 개념을 제일 앞에 내세운다. 그렇게 사고하고 판단하는 것이 자연스러운 것이라고 주지시킨다. 인식을 속이면서 실체를 가려 버린다. 특정한 권력 구조를 정당화한다. 이렇게 지배 질서가 만들어진다. 그러면서 저들의 지배 구조를 무대 뒤로 은폐한다.

개념화는 언어적 수준에서만 작동하는 것이 아니다. 언어를 통해 우리의 몸과 감각적 경험까지 영향을 미치고 통제하려 든다. 개념을 사회적으로 규정함으로써 개인의 경험에 관여한다. 개념으로 몸이 겪는 경험까지 해석하려 든다. 특정한 경험을 주목하고 다른 경험은 배제한다. 질서 내에서 정당화되지 않는 경험을 개념을 내세워 억압한다. 이런 식으로 우리의 인식은 개념의 지배를 받아 왔다. 개념이 이처럼 폭력적이라는 것을 누가 알까.

개념의 폭력을 이겨 내는 길은 개념이 감추어 버린 실체를 드러내는 것이다. 이것은 지배 질서에 저항하는 것이다. 지배란 개념을 동원해 세계를 인식하는 방식을 통제하는 것이니 말이다. 그러자면 개념의 기원과 한계를 비판적으로 해체해야 한다. 개념의 작동 방식과 그 이면에 있는 권력 구조가 어떤 문제를 숨기고 있는지 해체해야 한다. 대신 사물의 직접 경험을 그 자리에 앉혀야 한다. 사물을 제자리로 돌려놓는 것, 즉 사물의 회복을 노려야 한다.

개념화의 본질을 정확하게 알자. 개념화는 글쓰기를 무기로 삼아 왔다. 글쓰기의 도구는 문자다. 그러니 문자나 글쓰기만큼 개념화의 뿌리는 깊다. 이집트의 상형 문자나 수메르의 설형 문자는 초기에는 그림 문자로 시작했다. 그러나 점차 추상적인 의미를 나타내는 기호로 발전했다. 이런 추상화는 인간의 비판적 사고 능력이 작용한 결과다. 사물의 구체적인 형태를 넘어 그 본질적인 속성이나 상징적인 의미를 파악하고, 이를 새로운 기호로 표현하는 것은 고도의 추상화 능력을 요구한다.

고대 그리스 철학의 등장에서부터 문자는 추상적 개념의 탐구에 동원되었다. 플라톤의 이데아나 아리스토텔레스의 형이상학적 실체와 같은 개념은 직접적인 경험으로 포착하기 어려운 추상적인 사고의 결과물이다. 이를 글로 기록하고 논증하면서 더 정교한 개념으로 만들었다. 글쓰기가 개념화의 전략적 무기로 이용된 것이다. 여기다 과학적 탐구, 법률이나 정치 사회 이론의 발전, 나아가 문학의 발전에 이르기까지 글쓰기는 개념화와 추상화를 위한 첨병 역할을 해 왔다.

글쓰기의 텍스트가 만들어 온 개념화는 오늘날 상징 질서를 지배한다. 토마스 페티트(Thomas Pettitt)가 말한 것처럼 활자의 발명에서 디지털에 이르는 500년 동안의 짧은 구텐베르크 휴지기(Gutenberg Parenthesis) 동안 글쓰기는 생각을 시각적 문자로 못을 박아 버렸다.[23] 중요하다 싶은 실체는 모두 문자로 묶어 버렸다. 여기에 글쓰기가 갖고 있는 핵심이 숨어 있다. 글쓰기는 의미를 고정한다.

잠깐, 이는 앞서 살펴본 해체의 글쓰기와 배치된다. 해체의 글쓰기는 의미의 고정에 저항하고 연장과 확산의 미끄러짐을 만들어 낸다고 했다. 여기서 의미와 개념의 차이를 이해해야 한다.

의미는 의식의 지향성 속에서 형성된다. 즉 어떤 대상을 어떻게 의식하느냐에 따라 의미가 정해진다. 의미는 사물 자체로부터 비롯되는 것이 아니다. 사물에 지향적 의식이 부여되어 생성된다. 따라서 의미는 지향성에 따라 달라진다. 일상적으로 병원은 치유의 공간으로 의미화된다. 그러나 전쟁을 겪는 사람은 병원을 공포의 장소로 의미화할 수 있다. 이렇게 의미는 열려 있고 미끄러진다.

의미와 반대로 개념은 닫혀 있다. 개념은 의미를 일반화해 고정된 형태로 만들어진 것을 말한다. 개별적인 의미 경험들을 추상화하여 공통된 속성을 추출해 구성한다. 특히 경험을 유형화한다. 유형화 덕분에 개념은 특정 지식 체계나 언어 체계 안에서 통일성과 보편성을 가진다. '정의', '국가', '의자'라는 개념은 다양한 경험에서 공통 속성을 추출하여 구조화한 것이다. 그래서 개념은 의미의 반복된 패턴으로부터 생성된 추상적 구조다. 의미의 응고된 형식이라고 할 수 있다. 즉 개념은 의미의 사후적 구성인 것이다.

미끄러지고 연기되는 의미와 달리 문자로 고정된 개념

은 특정한 프레임으로 확립하고 유지된다. 의미가 더는 미끄러지거나 연기되지 못하게 만든다. 유동적인 것을 하나의 개념으로 고착시키는 개념화의 글쓰기는 그래서 의미 고정에 저항하는 해체의 글쓰기와 대척 관계에 있다. 법적, 과학적, 철학적 개념은 글쓰기를 통해 구체화되고 정형화된다. 책이나 문서 등 물리적으로 고정된 형태로 남는 것도 글쓰기의 고정성 덕분이다.

이런 메커니즘 덕분에 개념은 시간과 공간을 초월하여 변하지 않는 것이라는 인식을 만들어 낸다. 개념을 객관적인 것으로 받아들이는 것은 이런 어처구니없는 인식의 논리 때문이다. 이런 식으로 개념은 사물을 인식하는 도구로 이용된다. 개념을 지배 질서의 진리로 받아들이는 것은 그 연장선이다.

글쓰기는 선형성을 추구한다. 철저하게 순서에 의해 진행된다. 건너뛰는 글쓰기는 없다. 자연스러운 것 같지만 음험한 선형성의 속내를 읽어야 한다. 순서를 따르는 선형성은 정보를 체계적으로 조직하는 메커니즘이다. 논리적 구조를 가질 수 있는 근거이기도 하다. 과학적, 철학적 사고의 발전은 이 덕분이라고 할 수 있다. 그러나 이는 만들어진 인식일 뿐이다. 그건 결코 실체가 아니다.

선형성은 줄 세우기라는 전제적 억압을 정당화한다. 이에 힘입어 글쓰기는 사건들을 순서로 줄 세운다. 일렬로 줄 세우기 위해 사건으로부터 맥락을 무자비하게 도려낸다. 여기에 숫자가 거들고 나선다. 셈을 위한 숫자는 줄 세우기의 가장 효과적인 수단이다. 하나 다음엔 둘, 둘 다음에 셋이지 셋 다음에 하나는 아니다. 줄 세우기는 그것만을 위한 기준을 적용하기 위해 다른 맥락을 허용할 생각이 전혀 없다.

글쓰기의 선형성은 묘하게 진화했다. 이분법적 사고와 위계적 구조를 강조하는 쪽으로 진화했다. 근대 서구 사상의 주된 틀인 주체/객체, 이성/감성 같은 대립적 개념은 모두 글쓰기의 문자 중심 사고를 통해 발전해 왔다. 이런 방식으로 글쓰기는 모든 것을 개념화한다. 이렇게 되면 지식과 정보가 끊임없이 순서가 바뀌면서 다양한 이야기를 만들어 낼 가능성은 완전히 사라진다.

프레임에 의해 틀이 잡힌 고정된 개념화나, 선형적으로 조직된 논리로서의 글쓰기는 저자의 위상을 정립한다. 이는 저작권과 저자 권위를 통해 구축된다. 개념의 저작권을 개념화의 수고를 한 저자 개인에게 귀속시킨다. 지식 생산에 대한 소유권을 부여하는 것이다. 그래서 저작권을 바탕으로 지배적인 사상과 이념이 정통성을 갖고 유지될 수 있었다. 종교 경전이나 법률 문서처럼 텍스트화된 지식은 수도승과 법률가에게 정통성과 권위를 부여한다. 이는 질서의 기초를 형성하는 기능을 한다. 이렇게 해서 지배 질서와 지배 계층이 만들어진다.

글쓰기는 제일 먼저 극복해야 할 대상으로 이미지를 꼽았다. 이미지를 우상으로 격하하고 이를 파괴하는 데 골몰했다. 이미지를 지운 곳에 글쓰기의 선형적 인식 체계를 심었다. 시각으로만 접근할 수 있는 문자가 모든 순서를 결정했다. 그리고 문자의 시대를 열었다. 지금 그 끄트머리에 살고 있는 문자의 시대 바닥에는 이런 힘이 깔려 있다.

사물의 소멸

플루서에 의하면 글쓰기의 등장으로 역사 시대가 시작된 것은 우연이 아니다. 이는 문자의 기록성 때문이 아니다. 사건을 줄 세우는 글쓰기가 가진 독특한 속성 때문이다. 사건을 시간적 순서에 따라 배열하는 선형적 구조는 사람들을 설득하는 아주 효과적 장치다. 선형성은 인과 관계와 시간의 연속성을 새롭게 인식할 수 있게 해 주었다. 인위적으로 구성된 선형성은 사건 사이의 관계가 원래 그렇지 않음에도 불구하고 오히려 더 믿을 만한 것으로 받아들여지게 만든다. 선형성의 글쓰기 자체가 역사적 사건인 것이다. 이는 코드가 고독과 죽음의 실체를 감추는 인간 커뮤니케이션의 메커니즘과 유사하다.

이런 식의 글쓰기에 나타나는 역사성은 사건을 비판적 사고로 재단하는 것을 의미한다. 비판적 사고란 나누고 분리하고 파괴하고 판단하고 결정하는 것을 말한다.[24] 하나의 사건은 글쓰기를 거치면서 파편화한 뒤 재구성된다. 그런 뒤에 남는 것은 개념뿐이다. 그리고 개념으로 설명된 사건은 단순히 일어나고 사라지는 것이 아니라고 주장한다. 본래 낱낱이었던 복수의 사건은 비판적 사고로 만들어진 선형적 흐름 속에 편입되면서 의미를 갖게 된다고 생각하게 만든다.

플루서는 이걸 역사의식이라고 불렀다. 그렇다면 역사의식을 담은 개념화의 글쓰기는 비판적 사고의 글쓰기다. 설명하고 해석하고 주장하기 위한 글쓰기다. 이런 글쓰기는 사건을 있는 그대로 두지 않는다. 앞에서 말했듯이 특정한 방식으로 줄을 세워 틀 속으로 구겨 넣는다. 사건은 이런 식으로 처리되어 개념이 된다. 그리고 역사는 이 개념을 줄 세운다.

사건의 맥락을 탈락시키고 추상화하는 글쓰기는 역사의식을 위한 최적의 방법이다. 사건을 구체적인 이미지에서 추상적인 개념으로 이동시켜 버리기 때문이다. 자연스러운 실체를 인위적 구조물로 재구성하는 전제적 위세를 발휘한다. 실체의 입장에서 보면 글쓰기는 본질의 파괴나 마찬가지다. 그 파괴적 능력으로 글쓰기는 역사 시대를 연

것이다. 요컨대 역사 시대 또는 역사의식은 개념화와 다르지 않다.

개념화는 테크놀로지를 등에 업고 진화한다. 디지털 테크놀로지를 보자. 이의 핵심은 속도다. 속도는 시간을 파괴한다. 거기서 그치지 않는다. 시간의 붕괴는 장소도 붕괴시킨다. 마차보다 훨씬 빠른 기차는 마차가 정차하던 모든 장소에 정차하지 않았다. 속도가 높아진 기차는 더 멀리 더 빨리 갈 수 있으니 더 적은 장소에만 섰다. KTX 열차는 비둘기호, 통일호, 무궁화호, 새마을호 열차보다 훨씬 적은 수의 역에서만 선다. 기차가 서는 동네는 번성하고 지나치는 동네는 쇠퇴했다.

시간에 의해 공간은 축소되고 어떤 장소는 소멸한다. 디지털이 지배하는 세상에는 장소가 설 땅이 점점 없어진다. 장소는 의미를 잃고 만다. 장소가 무엇인가. 사건이 구체성을 가질 수 있는 바탕이다. 공동체의 근거다. 장소는 그만큼 절실한 가치의 중심이다. 그게 사라진다.

사건은 시간과 공간의 함수다. 장소와 시간의 붕괴는 사건의 실체적 존재가 소멸한다는 것을 의미한다. 그런데 테크놀로지 때문에 실체가 소멸한 자리를 곧바로 개념화가 꿰찬다. 이 경우의 개념화는 비사물화(de-objectification)의 탈을 쓰고 나타난다. 실체 또는 사물(thing)을 비사물(non-thing)로 만드는 것이다.

비사물화는 사건과 사건에 대한 경험이 가진 감각적, 물질적 요소를 박탈하고 사건을 추상적 언어로 개념화한다. 사진, 영상, 텍스트, 데이터의 형식으로 정보화된 사건은 개념만 남는다. 이로써 사건의 감각적, 시간적 특성은 완전히 사라진다. 이미지, 서사, 설명을 앞세운다. 나아가 이것으로 재구성한 결과를 더 실체적인 것으로 우기기까지 한다. 사건과 사건의 경험이 갖는 중요성을 피상적인 것으로 격하시키고 만다.

사건도 그렇지만 사건에 대한 직접 경험 역시 복잡하고 혼란스럽다. 혼란스러움은 힘들지만 거부해야 할 일은 아니다. 이걸 줄 세우기로 무시해 버린 것이 개념화다. 이제 개념화는 테크놀로지를 등에 업고 비사물화로 변신해 다시 실체의 소멸에 박차를 가하고 있다. 거기에 시간과 장소의 소멸을 더한다. 간판을 비사물화로 바꿔 달았을 뿐, 이는 개념화다. 지금은 사물이 사라지고 사건도 사라지는 비사물화의 시대다. 그러니 해체해야 하는 대상은 자명하다.

비사물화의 이론을 주의해서 살펴보아야 한다. 사물이 어떻게 오해되는지 주시해야 한다. 블랑쇼(Blanchot)의 비사물화 논리를 보자. 이에 따르면 사물은 사물의 본질적 의미인 타자성(alterity)[25]과의 관계 속에서 의미를 형성한다. 타자성이란 나와 절대적 차이를 가지고 있는 낯섦을 말한다. 이 불가해하고 낯선 존재가 비사물이다. 사물에 내재해 있지만, 사물을 통해서는 알 수 없는 낯선 존재다. 이 말인즉슨 사물의 본질은 일상적이고 고정된 것이 아니라는 것이다. 그런데 타자성은 외부와의 관계를 바탕으로 한 비사물화를 통해 얻어진다고 했다. 사물에서 빠져나와야 한다는 것이다. 타자성을 얻기 위해 사물의 외형이나 일상성을 해체하고 사물 외부에 있는 어떤 것과 연결한다.

사물의 본질이 비사물이고 그것은 사물 자체에 있지 않다는 말은 사물을 부정하는 것이다. 사물의 멀쩡한 실체적 외형과 생생한 일상성을 부수어야 얻을 수 있으므로 실체적 사물은 의미가 없다는 말이다. 이 주장을 어떻게 이해해야 할까. 사물의 본질이 사물 자체가 아니라 외부 관계에 있다는 말을 어떻게 받아들여야 할까. 사물의 본질은 외부와의 관계에 따라 결정되고 심지어 그것에 좌우된다니 무슨 말일까. 질문이 마구 생긴다.

본질이 왜 안에 있지 않고 밖에 있는가. 아니 그 전에 먼저, 사물은 이런 관계가 형성되기 이전부터 그 자체로 존재하지 않는가. 설령 관계가 그런 힘을 가진다 해도 어떤 관계가 그런 힘을 가지고 있다고 주장할 수 있나. 관계는 바람처럼 늘 흔들리고 왔다 갔다 하지 않은가. 그렇다면 사물의 본질도 바람 같다는 말인가. 백번 미뤄 보더라도 관계가 사물의 본질을 결정한다고 보는 것은 인식론적 오류다.

비사물화 논리의 또 다른 곤란은 언어와 개념을 통해

사물의 존재를 설명하려고 한다는 것이다. 모든 사물이 개념적으로 또 언어적으로 환원될 수 있다고 가정하는 것이다. 이 역시 경험적 현실과 부합하지 않는다. 사물의 본질은 개념적 해석 이전에 감각적으로 파악된다. 사물은 정보화되거나 비사물적 차원에서 다뤄질 수는 있다. 사물이 점점 정보로 전환되고 있다고 하더라도 정보가 사물의 본질을 구성하는 것은 아니다. 정보화가 진행되더라도 결국 그것을 지탱하는 하드웨어, 저장 장치, 에너지 등의 물리적 기반 위에서 작동한다. 사물의 물리적 본질은 사라지지 않는다. 사물의 본질이 단순히 비물질적 정보로 환원될 수는 없다.

디지털 테크놀로지가 아무리 발전해도 정보는 여전히 개념일 뿐이다. 정보에 가려진 실체는 그럼에도 불구하고 실체로 존재한다. 보이지 않고 숨어 있을 뿐이다. 그러나 숨은 장소는 사물의 외부가 아니라 사물 그 자체다. 정보가 일상의 생활 세계를 움직인다고 한다. 그러나 실제 움직이는 것은 실체적 사물이다. 무엇보다 정보를 이용하는 직접 경험에 주목해야 한다. 정보 자체에 함몰되면 정보에 얽힌 실제 삶은 무시된다. 정보가 만들어 낸 사건을 제대로 알아야 한다. 비사물화한 정보가 우리의 삶과 경험에 미치는 영향은 실체적인 사건이다. 이것을 찾아내야 한다.

저널리스트는 비사물화를 막아야 하는 책임을 갖고 있

다. 저널리스트가 다루어야 하는 것은 사건의 실체다. 개념이나 비사물이 아니다. 그것도 과거의 사건이 아니라 지금의 살아 있는 사건을 상대한다. 살아 있는 사건은 실체로 채워져 있다. 이런 직접성이 사라진 사건을 어떻게 뉴스의 사건이라고 내밀 수 있겠는가. 이건 저널리스트 전문직의 사활이 걸린 문제다.

비사물화의 논리

우습게도 지금까지 우리는 비사물화의 숭배에 매달려 왔다. 비사물화의 방법으로 해체를 이용하기도 했다. 개념화를 추구하는 글쓰기로 이미지를 해체해 비사물의 텍스트를 구성해 온 것이다. 비사물화는 이렇게 또 다른 지배 질서를 구축해 왔다. 그러니 저널리스트의 해체가 해야 할 일은 분명하다. 비사물화가 가려 버린 실체, 즉 사물성을 찾아내야 한다. 이는 긴 싸움이다.

먼저 사물과 비사물의 관계를 정확히 이해하자. 책상, 의자, 도구, 건물이 있다. 물질로 구성된 실체가 그 자리에 존재하고 있다. 이런 구체적 객체가 사물이다. 사물은 물질적인 객체이므로 만질 수 있다. 만져지는 것이므로 안정된 형식을 갖고 있다. 그러니 포착할 수 있다. 또 조작도 가능하다. 공간과 시간을 점유하고 있으니 좌표를 제공할 수 있다. 물리적 공간에 저만의 위상을 갖고 있으므로 변화에 저항적이다. 변화에 저항하기 위한 방해물로 작동하기도 한다.

비사물은 정반대다. 컴퓨터 소프트웨어, 데이터, 가상 현실 같은 것들을 떠올려 보라. 정보로 구성되어 있다. 그러니 물질적 현존재를 갖고 있지 않다. 그래서 만질 수 없다. 물리적 공간을 차지하지 않고 직접 접촉하거나 가리킬 수 없다. 눈으로 보아도 알기 어렵다. 변하기 쉽고 유동적이기까지 하다. 더욱이 변화에 전혀 저항하지 않는다. 비사물은 한마디로 추상적 정보를 말한다. 비사물의 실체를 논하는 것은 쓸데없는 일이다.

인간 역사는 본래 사물에 의해 지배되었다. 산업 혁명 이전 시대는 도구와 같은 인공물, 즉 사물이 지배한 시기다. 도구를 통해 사물이 대량 생산되었던 시기다. 그러나 지금은 비사물의 시대다. 우리가 지나고 있는 후기 산업 혁명 시대는 정보나 데이터와 같은 비사물이 폭증하고 있다. 그만큼 비사물화를 위한 논리는 단단하게 구축되어 있다. 보자.

첫째, 추상화(abstraction)다. e북이 종이책을 대체하는 것을 생각해 보라. 사물에서 비사물로 이동하는 메커니즘의 본질은 추상화다. 물질적 객체를 이에 내재한 정보적 본질로 환원하는 탈물질화(dematerialization), 아날로그 정보를 디지털로 바꾸는 디지털화(digitization), 물질적 명시성보다 개념, 기능을 더 강조하는 개념화(conceptualization) 모두 추상화의 결과다. 클라우드 컴퓨팅이 물리적 서버를 대체하는 것은 추상화의 단적인 예다.

둘째, 코딩(codification)이다. HTTP, TCP/IP 등과 같은 프로토콜을 구축하는 것을 말한다. 코딩은 사물을 비사물로 바꾸는 비밀 무기다. 모든 실체는 코드로 사라져 버린다. QR 코드를 생각하면 쉽게 이해할 수 있다. 물리적 객체를 상징적으로 재현하는 것이 코딩이다. 사물을 구성하는 복잡한 정보조차 간단하게 코딩으로 대체한다. 프로그래밍도 코딩으로 한다. 사물은 물론 비사물도 묘사하고 조작하기 위해 언어를 프로그래밍한다. 정보 교환 역시 코딩에 의존한다. 1장에서 고독과 죽음을 흑막 속으로 감추는 코드의 역기능을 문제 삼았는데 왜 문제인지 알 수 있다. 코드는 실체를 감추기 때문이다.

셋째, 기능화(functionalization)다. 비사물로의 이동은 기능에 초점을 맞춘다. 형식이나 내용은 모두 기능에 봉사할 수 있어야 존재할 수 있다. 사물의 목적, 역할, 기능이 사물의 핵심이라고 본다. 비물질적 형식에 내재한 기능을 활성화하는 것을 목표로 한다. 그래서 사물의 본질이 아니라 사물의 유용성을 더 강조한다.

넷째, 네트워킹(networking)이다. 비사물화의 핵심은 정보다. 그런데 정보는 저 혼자서는 큰 의미가 없다. 다른 정보와 연결되어야 한다. 그래서 네트워킹해야 한다. 네트워킹을 통해 정보는 다른 정보와 상호 작용한다. 네트워킹은 시스템이 필요하다. 생활에 이미 깊숙이 들어온 사물인터넷(IoT)이 대표적이다. 정보를 공유하고 조작할 수 있는 플랫폼은 네트워킹의 허브다. 플랫폼은 네트워킹을 통해 비사물화를 지배하는 최종 승자다.

다섯째, 가상화(virtualization)다. 대부분 비사물화는 물질적 실체를 비물질적으로 재현하는 것인데 가상화는 반대다. 가상 환경과 가상 경험을 생성한다. 증강 현실을 만들어 비사물에 물질적 실체를 입힌다. 비물질적 요소를 물질로 인식하도록 한다. 비물질의 환경을 구축하는 것을 말한다. 이렇게 되면 비사물이 사물의 위상을 갖게 된다. 사물이 비사물의 하수인으로 전락하는 것이다. 또 다른 형태의 비사물화다.

여섯째, 자동화(automation) 역시 비사물화의 한 방법이다. 자동화란 의사 결정과 프로세스를 기계가 한다는 뜻이다. AI도 이용한다. 자동화는 인간을 의사 결정에서 배제한다. 인간은 사물을 대변하기만 할 뿐이다. 비사물의 알고리듬으로 의사 결정권이 이동하는 것이다.

일곱째, 탈중심화(decentralization)다. 탈중심화는 중

앙을 없애 버리는 것을 말한다. 이는 물리적 구조로부터 이탈하는 것을 의미한다. 대신 분산된 정보 시스템으로 이동한다. 블록체인을 동원할 수 있다. 동료 그룹 네트워크를 통해 정보를 교환할 수도 있다. 가상 조직을 만드는 것도 탈중심화를 가속한다.

이 메커니즘들이 추구하는 바는 오로지 하나다. 정보화다. 정보화의 본질은 사물을 탈물질화하는 것, 즉 비사물화하는 것이다. 사물은 디지털 코드와 정보로 재구성되고 재현된다. 사물은 더는 물리적 실체로 존재하지 못한다. 정보화 메커니즘이 쳐 놓은 의미의 네트워크 안으로 함몰된다. 픽셀과 코드로 이루어진 정보로 존재할 뿐이다.

이렇게 되면 인간이 사물과 상호 작용하는 방식이 근본적으로 변한다. 타자기에서 컴퓨터의 등장에 이르기까지 글쓰기 도구의 변화가 불러온 변화는 문자의 등장 때와 비슷하지만 다른 결과를 초래했다. 글쓰기가 사물의 표현이 아니라 기술적 조건에 얽매인 제스처로 전락해 버린 것이다. 특히 글쓰기가 문자뿐만 아니라 이미지, 소리, 영상 등 다양한 기호 체계를 포괄하는 복합적인 의미로 확장되면서 문제는 더 심각해졌다.

디지털 이전의 글쓰기는 비판적 성찰의 도구가 되어 역사의식을 주도해 왔다. 인간의 소통 행위를 역사적, 문화적 발전 과정에서 이해하고 설명하고 해석하려고 했다. 그렇게 사물과 사건을 개념화한 것이다. 이제 디지털 테크놀로지를 도구로 채용한 글쓰기가 다시 한번 사물을 지워 버리고 있다. 사물은 더는 인간에 의해 소비되고 통제되는 객체가 아니다. 정보로 존재하는 사물은 인간의 상상력과 창의력을 자극하는 매개물로만 존재하게 된다. 그러나 사물에서 비사물로의 이동은 거스를 수 없는 대세다. 사람들은 대세를 따른다. 비사물화가 초래하는 결과엔 별로 관심을 주지 않는다. 비사물화가 어떤 변화를 만들어 내는지 관심 없다. 그게 얼마나 많은 문제를 낳는지 관심 없다.

비사물화는 무엇보다 우리가 세상을 인식하는 방식을 바꿔 버린다. 사물의 세계를 볼 때 우리는 사물인 객체를 수집하고 사물을 통해 세계를 이해한다. 그러므로 세계의 이해는 사물에 대한 직접 경험에 의존한다. 그런데 비사물의 세계에서는 세계를 정보 네트워크로 받아들인다. 여기서는 경험보다 정보 사이의 관계를 더 중요하게 여긴다. 직접 보는 것이 아니라 보이지 않는 개념의 네트워크로 세상을 이해하려 한다.

세계를 이해하는 방식이 이렇게 변하면 인식과 실체의 관계는 엉뚱한 곳으로 가 버리고 만다. 비사물의 환경에서 물질적 객체와의 직접 관계는 큰 의미가 없다. 그러니 실체와의 관계는 줄어들 수밖에 없다. 대신 재현과 모방에 의존하는 간접적 관계가 증가한다. 현상을 직접 경험하는 일은 갈수록 사라진다. 모두 테크놀로지가 개입하면서 일어나며 또 테크놀로지로 인해 이런 경향은 더 심해진다.

비사물화는 결국 가치를 바꿔 버린다. 가치의 형식도 달라진다. 사물 시대는 물질적 소유에 가치를 둔다. 비사물 시대는 정보와 정보 접근에 가치를 둔다. 가치를 확보하는 방법과 형식, 행위의 성격도 당연히 달라진다. 사물 세계의 행위란 사물을 생성하는 것, 즉 만듦의 행위다. 그러나 비사물 세계의 행위는 추상적 데이터와 개념을 조작하는 것을 말한다. 조작이 만듦의 자리를 대체해 버리는 것이다.

이런 비사물화가 의미하는 바는 명확하다. 사물에 대한 직접 접촉과 직접 경험이 사라진다는 것이다. 실체적 경험은 데이터와 기호가 지배하는 세계 속으로 함몰된다. 개념이 이것을 대신한다. 우리가 경험하는 것은 기호와 개념이 전부다. 세계는 정보가 흐르는 대로 흘러가고 정보의 흐름이 의미가 된다. 직접 경험의 근거인 사물의 가치를 평가할 방법도 사라진다. 사물과 사물의 직접 경험, 그리고 사물의 가치가 사라지면 결국 생생한 실체는 사라지게 된다.

일상생활의 소비는 이제 물질적 상품에서 일어나지 않는다. 정보를 소비한다. 정보가 실체적 상품을 대체해 버린다. 디자인이 이를 부추긴다. 디자인은 사물의 세계에서 비사물의 세계로 건너갈 수 있는 다리를 만들어 준다. 좋은 디자인이란 이 다리를 더 쉽고 더 빠르게 건널 수 있게 해 주는 것을 말한다. 리모컨이나 컴퓨터의 메뉴 바와 같은 인터페이스가 그런 것이다. 우리는 인터페이스가 조종하는 시대, 디자인이 지배하는 시대를 산다. 말하자면 디지털 테크놀로지가 치밀하게 짜 놓은 비사물화의 하부 구조 위에 얹혀살고 있다.

뉴스의 사건

비사물화의 시대에 저널리스트는 어떻게 일을 할까. 짐작한 것처럼 저널리스트는 사물과 비사물 사이에서 줄다리기를 한다. 사물의 세계인 사건과 사건을 구성하는 사실에서 모든 일을 시작한다.[26] 동시에 사실을 해체해 아이디어를 추출하고 개념화해 이야기를 만든다. 저널리스트의 일은 사물의 세계와 비사물의 세계에 양다리를 걸치고 있다. 그런데 궁극적으로 저널리즘은 비사물화를 추구한다.

어찌 보면 저널리스트의 일은 디자이너와 비슷하다. 저널리스트는 독자가 없는 곳에서 일어난 사건을 마치 독자 앞에서 일어나고 있는 것처럼 재현하고자 한다. 부재와 현존 사이에서 디자이너처럼 다리를 놓는 것이다. 디자인처럼 뉴스는 사건의 인터페이스 역할을 한다. 디자인 대신 이야기를 만든다. 이야기가 될 만한 부분을 사건에서 추출한다. 독자들이 선뜻 눈을 돌릴 수 있는 요소들을 모으는 것이다. 이것들을 사람들이 쉽게 받아들일 수 있는 담론 구조에 맞추어 뉴스로 구성한다. 사건은 이렇게 설득의 담론인 뉴스 스토리로 편입된다. 부재와 현존 사이에, 사건과 설득의 담론 사이에 있는 것이 저널리스트다.

사실에 대한 저널리스트의 태도도 마찬가지다. 뉴스 스토리에 적합한 사실들만 선택한다. 언어, 서사, 편집의 선택에 의해 사실을 선별한다. 그렇게 골라낸 사실을 이야기의 흐름과 구조에 맞게 관계를 부여한다. 사실은 저널리스트의 관점, 취재 과정, 편집 방침, 사용된 단어에 의해 특정한 맥락에서 선택되고 구성된다. 맥락은 선악, 원인과 결과, 피해자와 가해자와 같은 이분법적 틀로 나뉘기도 한다. 이 틀 안으로 들어서는 순간 사실은 있는 그대로의 사실이 아니다. 설득의 담론은 설득을 위해 사실을 버리고 비사물을 취한다. 사건을 비사물의 담론으로 변환하는 것이 저널리스트의 일이다.

테크놀로지는 이런 일을 더 강화한다. 비사물화한 뉴스 스토리는 테크놀로지에 업혀 순식간에 전달되고 퍼져 간다. 해석할 때는 문제가 더 심각해진다. 사건 이외의 다른 것들을 함께 끌어들이기 때문이다. 엉뚱한 것들이 사건을 매개로 같이 뒤섞인다. 매개와 추상화의 메커니즘이 같이 작동한다.

설득의 담론 안에 언어, 사진, 영상, 기사, 데이터 등의 개념의 덩어리들이 한데 엉켜 움직인다. 이건 이미 실체적 사건이 아니다. 뉴스를 사건의 제시(presentation)가 아니라 재현(representation)이라고 한발 물러서더라도 이는 결코 있는 그대로의 사건이 아니다. 그렇다. 재현은 사건의 실체는 물론 본질과 거리가 멀다. 사건은 유동적인 데이터로 변질하기 때문이다.

이런 식으로 사건은 상징적이고 추상적인 층위로 이동해 버린다. 사건이 단일한 이미지나 상투적 서사로 축소될 때 이를 감지해야 한다. 폭동이라는 물질적 현상이 '자유를 위한 투쟁'이라는 서사로 포장되는 경우를 생각해 보라. 폭동의 구체적 행위와 물리적 결과는 추상화된다. 전쟁의 참상은 미디어의 프레임 속에서 숫자(사망자 통계)나 상징(국가 간의 대립)으로 돌변한다.

여기에 해석이 더해지면서 사건은 다층적으로 재구성된다. 당연히 사건의 본질은 지연된다. 그리고 고정된 실체가 아닌 끝없이 재해석되는 텍스트가 되고 만다. 9·11 테러는 물리적 사건을 넘어 문명 간의 충돌이라는 문화적 서사로 변해 버렸다. 모두 개념화고 비사물화다.

비사물화는 저널리스트에 의해서만 일어나는 것이 아니다. 놀랍게도 사건도 비사물화를 지향한다. 사건은 시간과 공간의 특정한 좌표에서 발생한다. 구체적 맥락과 물질적 조건 속에 실재한다. 지진 같은 자연재해나 혁명이라는 정치적 사건은 분명히 물리적으로 실체를 갖고 있다. 그래서 우리는 그것들을 몸으로 경험할 수 있다. 물리적 현실과 감각적 경험이라는 구체적 사물성에 기반을 두고 있다. 명확한 인과 관계를 갖고 있다.

그러나 뉴스로 편입될 때 모든 것이 달라진다. 사건의 유동성 때문이다. 사건은 고정되지 않는다. 사건에 개입한 주체들은 늘 다양하다. 이들 때문에 사건의 맥락은 끊임없이 재구성된다. 사건 주체들이 사건을 그냥 두지 않는다. 자신들에게 유리한 방향으로 사건을 의미화하려고 애를 쓴다.

이 과정에서 사건은 늘 사건 자신을 초월해 버린다. 그러니 사건은 언제든 달라질 수 있다. 이런 일이 계속 일어나면 사건은 실체를 잃어버리고 만다. 사건은 또 모두 코드화된다. 사건이 데이터로 바뀐다. 그렇지 않으면 사건은 뉴스로 편입되지 못한다. 사건은 비사물화로 치닫는다. 이것이 사건의 감추어진 본질이다.

저널리스트와 사건의 비사물화 의도를 현실화하는 장치가 있다. 뉴스 상품으로 구현해 주는 메커니즘이 그 역할을 한다. 코딩과 확산이다. 사건 현장을 배회하는 저널리스트는 널려 있는 사실과 사건을 스캐닝하고 수집해 자신만의 코드를 부여한다. 뉴스 조직은 이를 독자적 상품으로 만들기 위해 조직적 코딩을 한다. 조직적 코딩의 목표는 뉴스의 확산이다. 더 널리 확산할 수 있도록 코딩한다.

확산이 노리는 것은 시장 지배다. 뉴스가 시장을 지배하면 뉴스는 시간이 흐르면서 상식이 된다. 상식이 되면 확산은 정점에 이른다. 이 정점에 도달하기 위해 저널리즘은 뉴스 텍스트의 코딩 명확도를 가장 높은 수준으로 끌어올려야 한다. 누가 봐도 알 수 있도록 텍스트를 구성하는 것을 말한다. 쉽게, 쉽게, 재미있게, 재미있게. 그러나 이 와중에 사건의 실체는 물론 사건의 외형마저 사라지고 만다. 쉽고 재미있다는 느낌만 뉴스에 남는다. 비사물화 가운데서도 최악이다.

모든 사건이 모든 사람을 상대할 수 있는 것은 아니다. 대부분 사건은 제한된 범위의 사람들과 관계된다. 그러나 모든 사건은 더 많은 관심을 얻기 위해 노력한다. 사건의 범위를 벗어나서라도 이를 추구한다. 코딩 명확도를 높이는 것은 이 범위를 벗어나기 위함이다. 관계없는 사람도 끌어들이기 위해서다.

결과는 뻔하다. 실체적 사건과 뉴스의 관련성은 점점 떨어진다. 이렇게 되면 사건의 실체를 지켜 낼 수 없다. 사건의 본질적 의미와 독자의 뉴스 이해 사이에 괴리가 생길 확률이 높아진다. 의미 일치도가 떨어지는 것이다. 사건은 온데간데없고 이상한 개념과 추상화된 이야기만 남는다. 대신 더 넓은 시장을 얻을 수 있을지 모른다. 사회 담론을 더 강력하게 지배할 수도 있다. 코딩은 지배력을 확대하려는 비사물화의 전략적 전술이다.

이는 인간 커뮤니케이션의 코딩을 떠올리게 한다. 인간 커뮤니케이션은 죽음과 고독이라는 실체적 사건들을 코드를 통해 묻어 버린다고 했다. 사람들은 코드의 개입을 눈치채지 못한다. 인간 커뮤니케이션은 코드가 인위적임을 눈치채지 못하게 인간의 눈을 가려 버린다.

저널리즘의 코딩도 크게 다르지 않다. 코딩을 통해 사물의 세계, 사건의 실체를 묻어 버린다. 지난 200여 년 동안 저널리즘이 구축해 온 방식이다. 그러나 코드 특히 글쓰기를 위한 알파벳 코드에 의존한 문화는 서양이든 동양이든 위기를 맞이하고 있다. 비판적 사고를 개발해 사물을 추상화하는 근대의 선형적 글쓰기는 기술 그림에 의해 형편없이 무너지고 있다. 사진의 발명 이후, 비디오, 컴퓨터 이미지, 그리고 AI 이미지에 이르기까지 그림은 코드와 코드를 등에 업은 비판적 글쓰기의 존재를 없애 버리고 있다.

코딩의 글쓰기로 큰 수혜를 입었지만 저널리스트의 입지는 갈수록 좁아지고 있다. 이미지를 앞세운 프로그램과 프로그래머들의 진군에 속수무책이다. 겨우 살길로 택한 것이 스스로 정파성의 프로그래머가 되고 만 정도다. 이것은 비극의 정점이다. 저널리스트의 살길은 따로 있다. 코드와 선형적 글쓰기가 만들어 낸 개념화와 비사물화를 해체하는 것이 유일한 살길이다. 비사물화의 지배에 저항해야 한다.

비사물화는 실체적 현실과 단절된다. 비사물화를 위한 정보 처리가 강해질수록 그렇다. 비사물화한 지식은 사물에 대한 직접 경험에서 멀어진다. 몸의 감각을 통한 인식은 갈수록 약해진다. 감각은 점점 흐릿해진다. 비사물화의 늪에 빠지면 세계와의 관계는 불안할 수밖에 없다. 그뿐만 아니다. 자기 존재에 대해서도 불확실성을 경험한다. 사물을 탈물질화하는 디지털 테크놀로지는 최악이다. 인간이 사물과 직접적인 관계를 맺지 못하게 만들기 때문이다. 이 때문에 물질적 세계의 모든 관계가 뒤틀린다. 그리고 인간은 소외되고 만다. 이른바 기술적 소외가 초래된다.

비사물화가 저지른 일은 누가 책임지나. 물리적으로 포착할 수 없는 실체에 대해 어떤 가치를 어떻게 부여하고 어떻게 책임질 것인가. 비사물의 세계엔 책임 소재가 없다. AI의 아킬레스건은 책임성이다. 익숙하던 사물의 세계를 밀어낸 비사물의 세계는 그만큼 낯설다. 낯선 만큼 설명할 만한 단어도 부족하다. 그러니 비사물화가 내세우는 의미의 확장은 설명하기 쉽지 않다. 설명하기도 설득하기도 어려운 세계는 누구의 세계인가.

그러므로 우리는 이제 비사물화에 저항해야 한다. 사물성을 되찾아야 한다. 사물의 가치를 회복해야 한다. 그러자면 먼저 비사물화의 무지막지함을 깨달아야 한다.

사물은 우리가 지각할 수 있는 대상이다. 시각, 청각, 촉각 등 직접적 감각 경험을 통해 인식할 수 있다. 사물은 공간과 시간 속에서 객관적으로 자리를 갖고 있다. 사물은 고지식하다. 화석처럼 딱딱하지는 않으나 변화에 저항한다. 사물의 의미는 그렇게 지켜진다. 그래서 사물을 변화시키고 그 의미를 바꿔 놓고자 할 때 많은 부하가 걸린다. 뒤집어 말하면 사물은 혼란을 견디게 해 주는 탄탄한 발판이고 방어막이다. 사물의 저항은 혼란을 이해하는 피드백이나 마찬가지다.

그러나 비사물화는 언어와 코드를 동원해 사물의 소멸을 꾀한다. 변화를 통해 자유를 추구한다. 비사물화의 변화 욕망에 대한 사물의 저항이 크다는 것은 비사물화의 공작이 그만큼 크다는 것을 의미한다. 또 지켜야 하는 사물의 가치가 크다는 것을 의미한다.

그런데 아이러니하게도 개념으로 존재하는 비사물의 근거는 사물이다. 감각이 아니라 의미와 해석을 통해 인식되는 비사물은 개인의 의식이나 사회적 관계 속에서 형성된다. 이것은 사물이 비사물의 존재 근거라는 증거다. '여기 테이블이 있다'처럼 감각을 통해 사물을 즉각적으로 직접 경험할 수 있다.

그러나 '정의는 어디 갔나'라고 했을 때 정의라는 비사물은 사유를 통해 접근할 수밖에 없다. 사유는 실체가 아니다. 따라서 정의와 관련된 실체적 사건을 중재자로 끌어들여야 한다. 그래야 인식이 가능하다. 사물을 통해 비사물을 이해할 수밖에 없는 것이다. 국가라는 개념도 국기, 헌법, 법률, 국경선과 같은 물리적 실체가 있어야 구체화된다. 시간도 시계, 해의 움직임, 달력과 같은 물리적 사물이 시간 경과를 보여 줌으로써 경험할 수 있다.

또 보자. 자유라는 추상적 개념은 감옥이라는 구체적 사물이 존재할 때 제대로 인식할 수 있다. 자유는 자유의 부재를 경험할 때 정확하게 인식된다. 정의는 법과 판결이라는 사물적 현상 없이는 실현될 수 없다. 비사물은 독립적으로 존재하는 것이 아니다. 사물과의 관계 속에서 존재한다. 국가, 화폐, 법과 같은 개념은 물리적 실체가 없지만, 사람들의 믿음으로 작동한다고 반론을 제기할 수 있다. 그러나 그런 개념조차도 사물을 통해서만 경험될 수 있다.

요컨대 비사물의 시대지만 세계 이해의 중심엔 여전히 사물이 있다. 비사물은 사물의 매개 없이 인식하기 어렵다. 비사물은 사물 위에 구축되는 개념적 구조물이다. 사물이 없다면 비사물은 성립하기 어렵다. 사물은 비사물의 존재를 위한 필수 조건이다. 그러므로 사물은 비사물에 대해 존재론적 우위에 있다. 개념화와 비사물화의 글쓰기는 사물이 없다면 아버지 없는 고아와 같아 저 자신을 변호할 수 없는 것이다.

앞서 사건은 비사물화를 지향한다고 이야기했다. 그런데 그게 전부가 아니다. 사건은 분명히 사물성을 갖고 있다. 사건이 물리적 현실에서 일어나는 것이 분명하다면 사건은 사물이다. 특정한 공간과 시간의 위치를 점유하고 있기 때문이다. 이는 객관적으로 관찰하고 측정할 수 있다. 감각적으로 확인할 수 있으며, 사진, 영상, 기록 등을 통해 입증할 수도 있다. 시공성은 가장 확실한 물리적 실체, 즉 사물성이다.

태풍, 지진, 화산 폭발 등의 자연재해는 인간의 개입과 관계없이 물리적으로 발생한다. 강도나 살인과 같은 범죄 사건은 흔적, 도구, 피해자 등의 분명한 물리적 증거를 남긴다. 계약 체결, 재산 소유권 이전 등의 법적 사건도 법적으로 확인할 수 있는 기록과 물리적 증거를 동반한다. 또 이런 근거들은 물리적 변화를 수반하기도 한다. 사건이 발생하면 환경이나 사람, 사물 등의 객체에 물리적 변화가 생긴다.

사물성을 가진 사건이 비사물화되면 많은 일이 벌어질 수밖에 없다. 무엇보다 사건은 구체성을 상실한다. 사건은 본래의 물리적, 구체적 맥락에서 멀어진다. 상징과 정보의 형태로 소비되는 사건은 이미 구체적 사건이 아니다. 다층적 해석의 가변성에 휩싸인다. 그러면 사건의 실체적 경험은 사라진다. 한 국가의 독립 운동은 자유 투쟁과 반란이라는 상반된 해석 사이에서 비사물로 떠돌 때 구체적 맥락을 잃어버린다. 의미도 사라진다. 사건이 물리적 현실을 벗어나면 엉뚱하게 정의될 수 있는 것이다.

비사물의 사건이라도 사물의 사건을 통해 존재할 수밖에 없다. '법원이 기업 부패 사건에 대해 무죄 판결을 내렸다. 이에 대해 시민들은 정의가 아니라고 항의했다'라는 기사를 보자. 여기서 정의라는 개념은 판결, 시위라는 실체적 사건의 맥락 속에서 해석됨으로써 의미를 갖는다. 저널리스트는 비사물의 개념만 따로 보도하지 않는다. 그건 철학자가 하는 일이다. 저널리스트는 사물의 사건을 바탕으로 개념의 논의로 이동한다.

사건의 비사물성을 주장할 수도 있다. 그러나 이는 순전히 개념적이거나 해석적인 수준에서만 사건을 논의하고자 할 때나 가능하다. 사건이 실재하는 것이 아니라 인간의 인식과 해석을 통해서만 정의되는 이슈라면 비사물성의 뉴스는 성립할 수 있다. 그렇다 해도 해석은 이런 개념과 관련된 과거의 실체적 사건을 끌어와야 설득력이 생긴다. 이 경우도 사건의 사물성은 필수적이다.

뉴스 사건의 라이프 사이클을 보자. 발생 기사-분석 기사-의견 기사로 이어지는 과정은 사건이 비사물화를 지향한다는 증거다. 그러나 다시 보자. 발생 기사는 사실 중심으로 사건의 물리적 발생을 보도한다. 새로운 사실이 더 나올 것이 없을 때 수집한 사실을 바탕으로 분석하고 해석한다. 분석과 해석이 충분히 여물면 의견 기사를 내놓을 수 있다. 비사물화를 지향하는 분석, 해석, 의견 모두 사물의 사건을 전제로 하는 것이다. 그러므로 뉴스 사건에서도 사물이 비사물에 우선한다. 저널리스트가 사건의 사물성 회복에 진력해야 하는 이유는 명확하다.

비사물화의 해체

저널리스트가 사건의 사물성 회복에 나서기 전에 먼저 알아야 할 것이 있다. 일반적 사물과 사건의 사물성을 구분하는 것이다. 일반적 사물의 가장 큰 특징은 익숙함이다. 사물에 익숙해 사물을 인식할 때 특별한 주의를 기울이지 않는 것은 익숙함 때문이다. 사물은 생활 세계의 배경으로서, 조건으로서, 맥락으로서 일상의 환경을 이루고 있다. 익숙한 것들이다.

사건은 이 익숙한 지각을 깨뜨리는 돌발적 현상이다. 사건은 익숙함이 아니라 낯섦이다. 엘리베이터가 고장 났을 때 갑자기 이 사물을 낯설게 경험한다. 사건은 또 우리와 사물 사이의 익숙한 관계를 무너뜨린다. '문이 갑자기 고장 나서 열리지 않는다.' 평소 신경 쓰지 않던 문이라는 사물의 구조와 문을 여는 행위 사이의 익숙한 관계가 고장으로 인해 낯설어진다. '자동차가 도로 한복판에서 멈춰 버린다.' 달리는 것에 익숙한 자동차를 새롭게 경험하게 된다. 이렇게 사건은 사물의 존재 방식을 단절시킨다. 그 때문에 낯섦을 경험한다.

사건의 낯섦은 사건이 만들어 내는 시간의 단절 때문이기도 하다. 사물은 시간의 연속성 속에서 경험된다. 매일 출근하는 도로(사물)는 큰 변화 없이 늘 거기에 있다. 특별한 의미를 부여할 필요가 없다. 과거부터 있던 그대로 계속되는 것이므로 익숙하다. 그러나 사건은 이런 시간의 연속성을 끊어 버린다. 같은 도로에서 갑자기 큰 교통사고(사건)가 발생할 때를 생각해 보라. 그 순간 도로를 이전과 전혀 다르게 인식하게 된다. 사물은 지속적인 존재로서 익숙하게 경험되지만, 사건은 사물의 지속적 존재로서의 흐름을 단절한다. 사건을 경험한다는 것은 시간의 단절을 경험하는 것이다.

이처럼 사건은 단순히 사물의 일부가 아니다. 사건은 어딘가 숨어 있다가 사물의 형상을 하고 세계로 뛰어드는 것이다. 사물을 다르게 경험하게 만드는 계기를 제공하는 것이 사건이다. 사건의 낯섦은 이렇게 등장한다. 사건은 그 자체로 낯섦이다. 이미 타자성이다. 그러므로 사건에 대해서 비사물화의 논리는 적용할 필요가 없다. 낯섦과 타자성을 내세워 사물을 비사물화하는 논리는 말이 안 된다는 것이다. 오히려 사건을 덮어 버린 비사물화를 걷어 냄으로써 사건 본래의 낯섦과 타자성을 회복할 수 있다.

그렇다고 사건이 사물과 별개의 영역에 속하는 것은 아니다. 사건은 사물과 분리된 상태로 경험하는 것이 아니다. '지진'(사건)이 있으려면, '땅'(사물)이 있어야 한다. '자동차'는 사물이다. '자동차 사고'는 사건이다. 우리는 사물인 자동차를 평소 일상의 한 부분처럼 다룬다. 사건인 교통사고는 그 일상 속에서 일어난다. 사물이 없으면 사건도 없다. 사건은 사물의 일부이며 사물의 환경 속에서 발생한다. 다만 일상을 갑작스럽게 깨뜨린다.

사건은 불확실성과 이해관계들이 뒤섞인 군산 복합체 같다. 사건은 사실의 덩어리라고 보기도 하지만 여기엔 복잡한 이해관계들이 뒤엉켜 있다. 그러니 사실이 사건을 다 이야기해 줄 수는 없다. 제대로 이야기해 줄 수도 없다. 사건의 사물성을 회복하는 것이 무엇보다 중요하다. 사건에 가까이 다가가야 한다는 것이다.

저널리스트가 사건에 되도록 가까이 다가간다는 것은 사건에 대한 직접 경험을 한다는 말이다. 그런데 이 말은 어폐가 있다. 어찌 저널리스트가 늘 사건을 직접 경험할 수 있다는 말인가. 저널리스트의 직접 경험이 뭔지 설명이 필요하다. 이 말은 사건에 대한 물리적 직접성, 다시 말해 사건의 목격만 의미하는 것이 아니다. 저널리스트가 몸과 의식을 통해 사건을 구체적으로 또 감각적으로 경험하는 것을 포함한다. 저널리스트가 사건과 접촉하는 최초의 감각적, 정서적, 존재론적 만남이 직접 경험이다. 사건 자체에 대한 물리적 접근을 포함해, 사건 현장 또는 사건 이슈에 직접 다가설 때의 경험, 즉 직접 취재의 경험을 말하는 것이다.

그래서 직접 경험의 방점은 '무엇', 즉 사건 자체에 있지 않다. 사건의 사실을 나열하는 것보다 더 중요한 것이 있다. 직접 경험은 사건의 판단이나 개념화가 이루어지기 전의 경험을 말한다. 개념화로 인해 사건의 존재 방식을 왜곡하거나 은폐하기 전의 저널리스트의 경험이다. 저널리스트가 사건을 '어떻게' 느꼈는가에 방점이 있다. 바로 직접 취재가 핵심이다. 즉 저널리스트의 직접 경험은 직접 취재를 통해 얻을 수 있다.

직접 경험은 사건의 사물성을 만날 수 있는 통로다. 이것은 사건의 사물성을 회복하기 위한 전제다. 저널리스트는 자신의 지각을 바탕으로 직접 사건에 접근한다. 사건의 피해자, 목격자, 관련자들의 반응을 세밀하게 관찰하는 것

모두 직접 경험에 해당한다. 이들로부터 사건 현장의 공간, 사건 당시의 시간 감각, 관련자들 사이의 관계에 대한 이해를 확보해야 한다. 여기서 사건의 맥락을 짚어 낼 수 있다. 또 사건과 관련된 구체적이고 감각적인 언어를 확보해 사건을 묘사할 수 있어야 한다.

저널리스트의 직접 경험은 단순한 감각적 지각 이상의 것이다. 개념이 사건에 끼어들어 분석하기 이전에 직접 경험을 하는 것이 핵심이다. 그러나 직접 경험은 한계가 있다. 저널리스트의 지향성이 개입하기 때문이다. 판단을 중지하지만, 지향성을 없앨 수는 없다. 저널리스트의 의미와 감각이 포함될 수밖에 없기 때문이다. 그래서 저널리스트의 직접 경험은 사건의 완전한 사물성에 도달하지 못한다. 이런 한계에도 불구하고 직접 경험은 사건에 비사물이 매개자로 나서는 것을 막아낸다. 직접 경험의 가치는 여기에 있다.

저널리스트가 어떻게 직접 경험에 집중할 수 있을까. 반 마넨의 다섯 가지 직접 경험에 집중하는 것이 효과적이다. 관계, 공간, 신체, 시간, 물질 등에 대한 직접 경험을 말한다. 사건과 관련된 사람들, 즉 취재 대상이 사건을 통해 타인과 어떤 관계를 맺었는지 확인해야 한다. 그 관계들이 어떻게 흔들리거나 변화했는지도 탐색해야 한다. 이들이 사건에 대해 어떤 감각적 영향을 받았는지도 살펴볼 수 있다. 사건이 발생한 장소의 분위기, 질감, 구조 역시도 직접 경험의 대상이다. 익숙한 장소가 낯설게 변하는 순간의 정서를 포착하는 것이 중요하다.

멈춘 시간, 느린 시간, 반복되는 시간 등 시간의 흐름을 주관적으로 느끼는 방식에 대한 이해도 중요하다. 사물, 도구, 주변 환경과 맺는 물리적, 정서적 관계를 이해하는 것 역시 직접 경험의 한 부분이다. 저널리스트는 또 이런 다양한 직접 경험들이 어떻게 상호 작용하는지를 파악해야 한다. 여기서 사건의 사물성 회복의 토대를 마련할 수 있다.

직접 경험이 겨냥해야 하는 것이 무엇인지는 분명하다. 익숙하지 않음, 낯선 관계의 등장, 시간의 단절 등 사건의 사물성에 주목해야 한다. 그러자면 사건의 본래 모습과 관련된 모든 실체를 손실이나 단절 없이 연결해야 한다. 사건이 얼마나 자주 일어나는지는 중요하지 않다. 사건 발생이 다른 조건이나 다른 사건들과 관련 있는지도 중요치 않다. 실재하는 특정한 개별 사건의 본질에 관심이 있지 사건의 일반적 속성, 비교, 미래 예측에 관심이 있는 것은 아니다.

사건의 사물성은 사건 그 자체에 내재해 있다. 과거나 미래는 사건을 비사물화하는 해석에서나 필요하다. 그러자면 사건을 유동적이고 추상적인 상태로 만드는 담론을 해체해야 한다. 그래야 사건의 본래 맥락을 회복할 수 있다.

이렇게 회복한 사건의 사물성은 어떤 모습을 하고 있을까. 사건의 사물성을 회복한다는 것은 실제로 발생한 사건의 그 무엇을 다시 조명하는 것을 말한다. 사건을 해석, 상징, 개념, 그리고 이야기의 일부에서 빼내 독립적 실체로 자리를 되찾아 주는 것이다. 그러므로 사건의 사물성 회복은 사건의 경험 가능성, 물질적 기반, 구성 요소들의 연합을 복원하는 작업이다. 사건의 실체는 이를 거쳐 드러나게 된다. 그때 지금껏 진득하게 기다려 온 최종적 놀라움의 모습을 확인할 수 있다.

사건의 사물성이 회복될 때, 가장 먼저 드러나는 것은 사건이 발생한 장소의 구체성이다. 사건이 뭔지 이야기할 때 그렇게 강조했던 장소가 제일 먼저 모습을 드러낸다. 장소는 추상적 기억을 현실적 체험으로 전환한다. 장소의 물리적 흔적을 통해 사건의 사물성은 서서히 제 모습을 찾아간다. 이렇게 장소는 함의하고 있던 사건의 공간적 진실을 드러낸다.

또 사건의 사물성이 회복될 때 우리는 신체적 경험과 감각, 생리적 반응을 마주치게 된다. 육체적 흔적을 동반하는 실존적 충격으로서의 사건을 만나는 것이다. 이때 우리는 그것을 단지 알게 되는 것이 아니라 당하게 되는 것으로 경험한다. 고통, 공포, 체온의 변화, 피로감, 떨림 등은 사건을 해석이 아닌 신체화된 경험으로 전환된다.

사건의 사물성이 회복되면 사건이 어떤 구체적 사물들에 의해 구성되었는지가 드러난다. 이 사물들은 단순한 배경이 아니다. 사건을 구성하는 일부로서 때로 도구적 요소로 기능한다. 또 사건의 물리적 현실의 인과 관계를 입증하는 증거의 역할을 한다. 이렇게 사물성 회복은 사건을 구성하는 사물들의 체계를 복원할 수 있다.

사건의 사물성 회복은 사건의 진행을 순차적, 시간적 흐름 속에서 시간적 층위를 통해 재구성한다. 이 시간적 층위는 사건이 하나의 사물적 구조를 가진다는 점을 가장 구체적으로 보여 준다. 비사물화에 의해 그동안 하나의 이미지에 머물던 사건은 이를 통해 시간 속에서 작동한 원인-과정-결과의 체계로 드러나게 된다.

사건의 사물성을 회복하면 사건 이후의 물리적 변화와 사회적 관계도 함께 드러난다. 사건이 촉발한 관계와 물질적 흔적을 찾아낼 수 있는 것이다. 사건은 고립된 한 점이 아니라, 연쇄된 사물-관계망 속에서 구성된다는 것을 확인할 수 있다. 즉 사건의 관계가 사물적으로 구성된다는 것을 드러낼 수 있다.

그리고 사건을 사물로 회복하는 것은 기억과 감정이 머릿속에만 머무르지 않는다. 기념비, 기록물, 장소성으로 구체화한다. 감정은 기념되고 반복될 수 있는 사물의 형태로 저장될 수 있다. 사건은 개인적 기억을 넘어 공적 기억이자 사물로 남게 된다. 즉 사건이 사물의 형태로 사회적 진실의 기능을 하게 된다.

말하자면 사건의 사물성 회복은 사건을 개념에서 빼내는 것이다. 사건이 물리적이고 실존적인 현실임을 인식하게 해 준다. 이 과정을 통해 사건을 더 깊이 이해하고, 다시 느끼고, 더 정확히 기록할 수 있다. 이렇게 해서 사건은 실재할 수 있게 된다. 그 실재는 구체적이며, 감각적이며, 사물적인 것이다. 이것이 사건을 진실로 마주하는 유일한 길이다. 그때 마주하는 것이 바로 놀라움이다. 저널리스트가 비사물화를 해체하려는 궁극적 목적은 회복된 사물성이 보여 주는 놀라움이다.

비사물화의 해체에는 다음과 같은 방법들을 이용할 수 있다. 첫째, 언어의 한계를 드러내는 것이다. 언어 과잉을 해체해야 한다. 전쟁은 '정치적 대립'이나 '자유를 위한 투쟁'이라는 추상적 표현에 가려지기 일쑤다. 이것이 아니라 전쟁으로 인한 구체적 피해를 더 부각해야 한다. 그래야 사건의 현실적이고 구체적인 맥락을 회복할 수 있다. 언어가 사건을 추상화하는 방식도 분석해야 한다. 추상화하는 과정에서 구체적 사실과 맥락이 왜곡될 수 있기 때문이다. 언어의 해체를 통해 사건의 본질을 추상적 틀에서 해방시키는 것이다.

둘째, 미디어의 중재를 거부해야 한다. 특히 디지털 미디어가 사건을 희석하는 데 동원한 데이터, 이미지, 서사를 해체해야 한다. 이런 요소들이 어떻게 선택되고 가공되었는지 분석해야 한다. 또 데이터화 과정에서 제거된 물리적 요소들과 이것들이 위치한 구체적 맥락을 되살려야 한다. 이를 통해 미디어가 사건의 물질성을 어떻게 축소했는지 또 왜곡했는지 밝혀낼 수 있다. 이미지나 데이터로 환원된 사건을 회복함으로써 사건을 구성하는 물리적 실체들을 재구성할 수 있다.

셋째, 시간성에 주목해야 한다. 사건은 시간이 흐르면서 새로운 의미를 생성한다. 사건의 유동성 때문에 이는 피할 수 없다. 이런 의미들이 사건의 비사물화를 초래하기도 한다. 따라서 사건의 사물성 회복은 사건 발생 당시의 구체적 맥락과 의미를 찾아내는 데 초점을 맞추어야 한다. 물리적이고 구체적인 시간성을 바로잡아야 한다. 시간의 흐름에 따라 형성되는 사건의 추상화 과정을 해체해야 하는 이유다.

넷째, 사건 주체의 목소리를 복원해야 한다. 사건의 구체성은 이들의 목소리를 통해 더 분명하게 드러난다. 비사물화한 사건은 대부분 사건 주체를 개념의 들러리로 격하시킨다. 이들의 목소리를 회복함으로써 사건의 사물성도 회복된다. 나아가 사건이 비사물화하면 주변부의 목소리는 쉽게 배제된다. 주변부로 밀려난 목소리를 되찾아야 한다. 이렇게 함으로써 이들이 겪은 직접 경험을 회복할 수 있다.

다섯째, 사건의 물리적 흔적과 증거를 재조명해야 한다. 사건의 사물성은 당연히 물리적 증거가 바탕이 되어야 회복된다. 사건이 비사물화할 때 사건의 물리적 흔적과 증거들 대부분은 추상적 담론이나 디지털 데이터로 대체된다. 이를 회복하기 위해 사진, 기록, 유적, 물리적 흔적 등 사건이 남긴 구체적인 자료를 조사해야 한다. 사건의 재구성은 이것들을 중심으로 이루어져야 한다.

여섯째, 윤리적 접근도 중요하다. 비사물화한 사건은 때로 현실적 책임을 흐려 버린다. 사건의 구체적 현실과 이에 대한 책임을 강조하는 것은 사건에 대한 윤리적 접근이다. 사건에 대한 직접적 영향을 받은 사람들의 고통과 상황을 기록해야 한다. 그럼으로써 이로부터 발생하는 책임과 의무의 소재를 분명하게 적시할 수 있다. 이렇게 함으로써 사건을 추상적 논의로 빠지지 않도록 할 수도 있다.

이처럼 비사물화의 해체는 사건이 가진 물리적, 시간적, 윤리적 특성을 회복하려는 시도다. 사건이 특정한 의미를 가진 대상으로 존재하도록 해 주는 그 무엇을 회복하려는 것이다. 그래야 실체적 근거에 기반한 사건의 존재를 인식할 수 있다. 이때 사건은 놀라움으로 다가온다. 추상적이거나 개념적이었던 것이 구체적인 사물, 대상, 또는 물리적 현상으로 드러날 때 놀라움은 구체적으로 드러난다. 사건의 사물성 회복은 인간과 세계의 관계를 회복해 주는 것이다.

이는 사물의 구체적이고 물리적인 실재를 강조하며, 인간이 그것을 '있음'으로서 마주하도록 만드는 놀라움이다. 의자나 책처럼 일상적으로 사용하던 도구가 갑자기 낯설고 물리적인 객체로 느껴질 때, 우리는 그 사물의 본질에 대해 새롭게 놀란다. 사물의 실체적 본질을 인식함으로써 경험하는 놀라움이다. 사물이 있음에 대한 경이감을 느끼는 것이다. 사건을 사건으로 존재시킴으로써 우리는 전혀 다른 사건을 바라볼 수 있게 된다.

묘사

사건을 뒤덮었던 개념과 추상을 걷어 냈다. 낯섦이 가득하다. 번쩍인다. 팔을 뻗어 손에 잡히는 것, 놀라움이다. 맨눈으로 봐야 보이는 것. 그래, 놀라움은 지극히 나의 것이다. 그러나 공유해야 한다. 질식할 것 같은 데이터 세트를 벗어나려면 그 길뿐이다. 네트워크를 탈출하려면 그 길로 가야 한다. 길에서 사람을 만나야 한다. 길 위의 놀라움이라야 타당하다. 글을 써야 하는 이유다. 그건 묘사의 글쓰기라야 한다. 다시 설명이나 해석의 유혹에 넘어갈 수는 없다. 흐려지는 감각을 놓치면 안 된다. 직접 경험을 낱낱이 드러내야 한다. 묘사해야 한다. 에세이의 빛깔을 담아 묘사해야 한다. 사건을 정의하고 이슈와 결론을 찾아내자. 이름을 붙이고 오감의 단어도 찾아내자. 주인이 분명한 명사와 동사를 가려내자. 사건은 공명을 타고 놀라움으로 날아간다. 뉴스는 놀라움의 에세이다.

상처를 입으면서 비사물화를 해체해 낸 노력은 헛되지 않다. 사건의 낯섦과 타자성을 마침내 끄집어낼 수 있다. 직접 경험이 일궈 낸 성과다. 생활 세계의 일상성, 정적과 거주의 기다림, 당혹과 당함의 어처구니없음, 의심으로 나아가는 용기, 상처를 올라탄 해체는 어느 것 하나 나의 투사가 아닌 것이 없다. 사건의 낯섦과 타자성은 그렇게 등장한다. 어떤 전제로 허용하지 않은 낯섦과 타자성은 바로 우리가 기다리던 놀라움이다.

이제 이것이 내게 어떻게 다가왔는지 사람들에게 알려야 한다. 놀라움은 내적 인식 프로세스다. 이걸 제대로 보여 주자면 이 프로세스를 겉으로 드러내야 한다. 어떤 놀라움도 표현되지 않으면 의미 없다. 이 경험은 글쓰기를 통해 이야기할 수밖에 없다. 글쓰기보다 더 효과적인 방법은 없다.

글쓰기는 무엇보다도 다른 사람과 공유할 수 있는 문장을 생산한다. 글쓰기를 통해 다른 사람과 교감하고 비교하고 공감을 얻어 내면서 간주관적 타당성을 확보할 수 있다. 글쓰기는 생각의 속도를 자연스럽게 늦추어 준다. 사건이든 놀라움이든 세밀하게 분석할 수 있다. 이는 놀라움의 본질을 보다 객관적으로 바라볼 수 있는 좋은 조건이다. 글쓰기는 읽고 다시 쓰기를 반복할 수 있다. 놀라움의 경험을 반복적으로 성찰할 수 있다. 성찰이 쌓이면 놀라움에 대한 더 명쾌한 통찰과 영감을 얻을 수 있다.

글 쓰는 동안 글 쓰는 자가 변화를 겪는다. 글 쓰는 자는 놀라움에 대한 자신의 경험을 기억하고 전달하고 의미화한다. 글쓰기란 결국 글 쓰는 자의 경험을 설명이 가능한 형태로 구성하는 것이다. 그런 점에서 글쓰기는 글 쓰는 자의 경험의 재현이다. 때로는 여기서 그치지 않고 경험을 능동적으로 구성하는 데까지 나아간다. 이런 과정을 거치면서 글 쓰는 자는 사건과 관련된 자신의 정체성을 드러내게 된다. 서사적 정체성(narrative identity)이 만들어지는 것이다.[27)]

우리가 필요로 하는 것은 놀라움의 글쓰기다. 이는 7장에서 살펴본 역사의식을 만들어 내는 개념화의 글쓰기와 완전히 다르다. 있는 그대로의 사건을 역사의 틀 속에 욱여넣는 개념화의 글쓰기가 아니다. 선형적으로 줄 세우지도, 맥락을 탈락시키지도 않는다. 놀라움의 글쓰기는 의미 고정을 거부하고 의미의 미끄러짐을 추구하는 해체의 글쓰기를 완성하는 글쓰기다.

해체의 글쓰기는 논리적 중심이나 결론을 의도적으로 유예한다. 대신 모호성, 반전, 이중성 등을 통해 다양한 가능성을 열어 두고자 한다. 특히 낯선 것에 열려 있으려 한다. 의미를 낯설게 하기는 놀라움의 글쓰기와 공유하는 연결 고리다. 해체의 글쓰기는 이를 중심으로 놀라움의 글쓰기와 연결된다. 이는 해체가 놀라움을 위한 준비이기 때문이다. 의미가 미끄러지고 중심이 붕괴하면, 독자는 그 붕괴 사이에서 새로운 감각을 경험하게 된다. 이 경험이 놀라움이다. 해체는 놀라움을 가능하게 만드는 놀라움의 조건이다. 그리고 놀라움은 해체를 존재론적으로 체험하게 해 준다.

놀라움의 글쓰기는 또 직접 경험이 찾아낸 놀라움을 있는 그대로 표현한다는 점에서 현상학적 글쓰기다. 현상학적 글쓰기는 의미화의 글쓰기다. 의미화란 어떤 경험이 의식 안에 특정한 방식으로 등장하는 과정을 있는 그대로 기술하려는 시도를 말한다. 그래서 의미화는 존재의 다양한 층위를 다룬다. 개념이 포착하지 못하는 감각, 정서, 시간성, 공간성 등을 기록한다.

현상학적 글쓰기는 이때 공포, 침묵, 흔들림과 같은 감각, 정서, 지각된 장면을 기초 단위로 삼는다. 이를 내재적 체험으로 인식한다. 지금-여기에 나타나는 직접 경험이 어떤 방식으로 작동하는지 분석한다. 이를 표현하기 위해 직관적이고 감각적인 표현, 은유, 상황적 언어를 동원한다. 직접 경험의 본질을 통찰하려는 시도다. 이런 식으로 사건을 개념화하기 전에 살아 있는 경험의 의미를 찾아내려 한다.

이처럼 놀라움의 글쓰기는 해체의 글쓰기를 바탕으로 또 현상학적 글쓰기의 태도로 놀라움의 내적 프로세스를 표현한다. 익숙한 세계가 낯설게 느껴질 때 발생하는 의식의 각성 순간에 집중한다. 각성은 다양한 방식으로 일어난다. 익숙한 방식으로 지향하고 있던 대상이 의식 속에서 중단되거나 이탈할 때가 그런 때다. 예를 들어 매일 지나던 골목의 담장이 어느 날 갑자기 눈에 들어오는 때다. 이는 주어진 것의 방식을 새로 각성하는 것을 말한다. 또 익숙함이 무너질 때 그 익숙함이 구성된 것이었음을 자각하는 것도 각성의 순간이다. 이에 대한 글쓰기는 이미 알고 있던 것인데 처음처럼 다가오는 순간을 추적한다.

또 놀라움의 글쓰기는 지금-여기에 강하게 매달린다. 시간의 흐름보다 현재의 밀도를 더 중요하게 여기기 때문이다. 그래서 시간의 직선적 진행보다 경험의 깊이와 층위를 묘사하려 한다. 연대기가 아니라 감각된 시간성이 드러나게 쓴다. 놀라움은 때로 설명이 어려운 감각적이고 정서적인 충격으로 나타난다. 이를 은유, 이미지, 중첩적 감각으로 표현할 수도 있다. 말로 표현되지 않는 것에 언어를 입히려는 언어의 긴장 상태를 드러내는 것이다.

이런 놀라움의 글쓰기는 세계가 그냥 주어진 것이 아니라, 열리는 것임을 보여 준다. 그래서 세계의 구성이 무너지고 다시 구성되어 새로운 무엇으로 떠오르는 것임을 포착하는 데 집중한다. 당연했던 세계가 다시 태어나는 순간을 붙잡으려는 글쓰기다. 그래서 놀라움의 글쓰기는 사물 자체로 돌아가자는 요청에 대한 응답이라고 할 수 있다. 살아 있는 의식의 움직임을 생생하게 드러내는 것으로 이에 대답한다.

놀라움의 글쓰기는 직접 경험을 있는 그대로 전달해야 한다. 그러나 직접 경험을 언어적으로 표현해 내는 것은 쉬운 일이 아니다. 놀라움의 복잡한 경험을 실체적으로 표현하자면 일상적 언어로 충분하지 않다. 늘 다르고 또 달라지는 놀라움을 제대로 드러낼 수 있는 단어를 많이 갖고 있어야 한다. 사건의 본질을 직관적으로 알아챌 수 있는 단어도 필요하다. 놀라움의 글쓰기는 또 기존의 지식 체계나 담론에 대해 문제를 제기한다. 이는 놀라움이 낯선 경험임을 드러낼 수 있는 배경의 역할을 한다. 감각적이고 무형의 경험을 해석하고 구조화하기도 한다. 직접 경험을 이해할 수 있는 프레임을 만드는 것이다.

단어, 배경, 프레임을 구성했다면 이제 이야기로 나아가야 한다. 놀라움의 경험은 비선형적이고 비결정적이며 복잡하고 산발적이다. 체계도 없고 즉흥적이다. 이것을 의미 있는 구조로 통합하지 않으면 놀라움은 전달하기 어렵다. 이야기가 이를 해결하는 데 가장 효과적이다. 이야기를 구성할 때 직접 경험이 어떻게 변하는지 시간과 흐름을 반영해야 한다. 이야기의 선형성을 구축해야 한다는 말이다. 산발적인 놀라움을 일관된 서사로 조직하는 데 핵심은 이야기의 선형적 흐름에 있다.

이처럼 놀라움의 글쓰기는 글 쓰는 자의 직접 경험과 놀라움의 본질이 하나로 결합하는 과정이다. 이런 글을 효과적으로 쓸 수 있는 스타일이 에세이다. 에세이는 프랑스어 essai에서 유래한 것으로, '시도하다(to try)'라는 뜻이다. 정해진 답을 제시하는 것이 아니라는 말이다. 경험을 탐구하고 그 의미를 구성하는 글쓰기다. 즉 에세이는 알려지지 않은 것에 대한 접근과 탐구인 것이다. 직접 경험을 가지고 정체성을 발견하고자 하는 놀라움의 글쓰기에 딱 맞는 스타일이다. 에세이에 대해 좀 더 알아보자.

첫째, 에세이는 경험을 통해 사유한다. 이론이나 널리 알려진 개념에 기대지 않는다. 이런 것을 추구하지도 않는다. 경험이 어떻게 나에게 다가왔는지가 가장 중요하다. 그것이 어떤 모습을 하고 있는지 보여 준다. 어떻게 의미를 얻게 되는지도 탐색한다. 구체적인 경험에 근거하지 않으면 쓸 수 없는 글이다.

둘째, 에세이는 개방적이고 과정 중심적이다. 정답을 찾거나 제시하려고 하지 않는다. 답을 열어 둔다. 경험에 집중하기 위해 경험의 흐름을 이해하려고 노력한다. 에세이는 열린 과정 그 자체라고 할 수 있다. 에세이의 열린 자세는 판단 중지의 태도와 같은 맥락을 갖고 있다. 어떤 정답도 받아들이지 않고 어떤 판단도 유보함으로써 경험 자체를 탐구하고자 한다.

셋째, 에세이는 의식과 지각의 흐름을 반영한다. 의식이 경험을 어떻게 받아들이고 이의 의미를 어떻게 구성하는지를 드러내고자 한다. 의식의 흐름을 따라간다. 이때 감각적 경험의 특이성에 집중한다. 반대로 논리적 결론을 내리는 것에 관심이 없다.

넷째, 에세이는 언어를 통해 경험을 재구성하고자 한다. 에세이는 단순한 보고(reporting)가 아니다. 경험을 새롭게 조직하고 재구성하는 과정이다. 언어를 통해 경험을 다시 체험할 수 있도록 하고자 한다.

사건의 놀라움을 다루는 저널리스트의 글쓰기는 에세이의 태도와 동일하다. 뉴스는 알려지지 않은(unknown) 사건, 즉 새로운 사건을 다룬다.[28] 이런 사건의 가치는 놀라움에 있다. 사람들이 시간과 돈을 들여 뉴스를 소비하는 것은 놀라운 정보를 얻기 위함이다. 놀라움은 뉴스의 본질적 가치다. 뉴스는 동시에 저자에 의해 구성된 텍스트(authored text)다. 저널리스트의 정체성은 저자다. 저자는 자신의 경험을 세계, 사건, 현상에 투사한다. 저널리스트의 임무는 저자로서 독립적이고 독자적인 경험을 통해 놀라움을 포착해 내는 것이다.

그래서 뉴스는 저널리스트 개인의 경험, 스타일, 관점이 드러날 수밖에 없다. 논리적 흐름을 갖고 있지만 정해진 형식을 따르지 않아도 된다. 무제한의 주제를 다룰 수 있다. 당연히 문제를 구성하는 데 유연하고 자유롭다. 뉴스는 저널리스트의 정직한 성찰의 결과인 것이다. 이를 통해 독자의 공감을 끌어낼 수 있다. 이런 글쓰기의 속성은 에세이의 정의와 정확히 일치한다. 그러므로 저널리스트의 글쓰기는 '놀라움의 에세이'인 것이다.

묘사

결론부터 이야기하자. 놀라움의 글쓰기는 묘사의 글쓰기여야 한다. 여느 글쓰기와 같고 또 전혀 다른 글쓰기다. 그러나 사건의 낯섦을 드러내는 데 가장 적합한 글쓰기다. 주관적 낯섦이 사건을 이해하는 방식과 놀라움에 얽힌 복잡한 경험을 간결하고 명확하게 표현할 수 있다. 놀라움의 구조를 파악해 낼 수도 있다. 그러므로 묘사를 기반으로 한 놀라움의 글쓰기는 놀라움 프로세스의 한 부분이다. 그것도 클라이맥스다.

놀라움의 글쓰기가 묘사여야 하는 이유는 놀라움이 사건의 사물성 회복을 통해 창출되기 때문이다. 사건의 사물성 회복은 사건이 단순히 정보로만 소비되는 것을 막는 중요한 역할을 한다. 사건의 본질은 비사물화된 정보가 아니라 구체적 사물성에 있다. 누누이 말했듯이 우리는 사건의 본질을 알 수 없다. 놀라움이 전해 주는 사건의 공명을 통해 가까이 다가갈 수 있을 뿐이다. 그러니 놀라움에 이르는 직접 경험에 기댈 수밖에 없다. 이를 통해 사건의 사물성을 회복할 근거를 마련할 수 있다. 사건의 사물성을 회복함으로써 개념을 걷어 내고, 감각을 강조하고, 시간과 공간을 되살릴 수 있다.

이걸 성공적으로 표현할 수 있는 글쓰기가 묘사다. 묘사만이 이런 놀라움의 경험을 제대로 드러낼 수 있다. 또 놀라움의 이야기를 정교하게 조직할 수 있다. 사건에 대한 인식, 감정, 의미 등이 어떻게 형성되는지도 보여 줄 수 있다. 그래서 묘사를 통해 더 생생한 이야기를 전할 수 있다.

놀라움의 글쓰기는 설명이나 해석이 되면 안 된다. 설명과 해석은 무엇보다 사건의 사물성 회복을 가로막는다. 설명은 인과 관계를 분석해 사물이나 사건을 논리적으로 정리한다. 그러나 경험은 단순한 인과 관계로 환원될 수 없으며 본질은 경험이 발생하는 과정에서 드러난다. 설명은 경험을 개념적 틀로 환원해 버린다. 이렇게 되면 사물의 본질적 경험을 충분히 전달할 수 없다.

그런가 하면 해석은 특정한 관점에서 의미를 부여한다. 문화적, 언어적, 심리적 맥락을 고려하여 경험에 의미를 부여한다. 관점을 전제하므로 이 역시 경험의 순수한 본질을 흐려 버린다. 특히 보편적 개념 속에 묻어 버린다. 개별적 경험의 질감은 물론 본질을 손상한다. 그뿐만 아니라 이를 아예 없애 버린다.

설명이나 해석과 달리 묘사는 경험을 있는 그대로 드러낸다. 가치 판단이나 개념적 해석을 괄호 속에 묶어 둔다. 경험의 질감, 감각, 정서를 직접 전달한다. 경험하는 방식을 충실히 재현하려고 한다. 경험을 기술하는 과정에서 본질적 요소가 반복적으로 나타나면서 두드러지게 된다. 이를 통해 보편적 구조를 탐구한다.

설명, 해석, 묘사를 비교해 보자. '비가 오면 공기가 습해지고, 사람들은 우산을 사용한다'는 설명이다. '비는 정화와 슬픔을 동시에 상징하는 자연 현상이다'는 해석이다. 그러나 묘사는 '촉촉한 공기가 피부에 와닿는다. 빗방울이 천천히 흙길을 적시며, 공기 속엔 풀 냄새가 번진다'라고 한다. 묘사는 직접 경험의 핵심인 감각적 경험에 집중한다. '슬픔은 신경 전달 물질의 변화로 인해 발생하는 감정 상태다'라는 것은 설명이다. 해석은 이에 대해 '슬픔은 우리가 상실을 어떻게 인식하고 내면화하는지에 따라 다르게 경험된다'고 표현한다. 그러나 묘사는 '슬픔은 가슴이 먹먹해지고, 시간의 흐름이 느려지며, 모든 것이 회색빛처럼 보이는 느낌이다'라고 표현한다. 감각적 경험에 무게를 두고, 있는 그대로를 표현하고자 한다. 묘사는 개념적 분석을 배제하고 경험이 직접 드러나는 방식을 포착하려 한다.

놀라움의 글쓰기가 묘사를 필요로 하는 이유는 많다. 무엇보다 놀라움의 글쓰기는 에세이기 때문이다. 에세이의 핵심은 묘사에 있다. 묘사를 통해 에세이는 경험을 생생하게 전달할 수 있다. 묘사는 글 쓰는 자의 경험을 독자가 직접 느낄 수 있도록 전달한다. 글 쓰는 자의 경험을 더 깊이 이해하고 몰입할 수 있도록 돕는다. 놀라움의 묘사는 당연히 이러해야 한다. 단순한 묘사라면 '그 도시를 잊을 수 없다. 많은 감정을 불러일으키는 곳이다'라고 쓸 것이다. 그러나 놀라움의 묘사는 '여전히 그 거리를 떠올린다. 오후 네 시 햇살이 오래된 골목길 위에 넓게 퍼져 나간다. 희미한 기타 소리가 들려오는 쪽에서 갓 구운 빵 냄새가 난다. 거리의 빵집은 발걸음을 세운다'라고 쓴다. 독자는 글 쓰는 자의 거리에 대한 놀라움의 경험을 더 생생하게 읽어 낼 수 있다.

좋은 에세이는 이야기처럼 전개된다. 프로세스를 따라 흐르는 놀라움은 한 편의 이야기다. 묘사는 이야기를 만드는 데 효과적이다. 중요한 순간을 포착하고 강조한다. 추상적 개념을 구체적 장면으로 표현해 낸다. 그래서 독자는 그 순간을 순순히 따라갈 수 있다. 독자가 깊이 공감하고 몰입할 수 있는 풍부한 글을 만들 수 있다. 묘사가 없는 글을 상상해 보라. 그건 건조하고 논리적인 주장일 뿐이다. 묘사는 놀라움의 에세이를 서사적 흐름으로 구성한다.

묘사를 원하는 또 다른 이유가 있다. 놀라움을 정확하게 제시할 수 있기 때문이다. 묘사는 사건을 정의한다. 그것도 할 수 있는 한 정확하게 정의하려고 한다. 묘사는 이를 위한 분명한 전략을 갖고 있다. 우선 묘사는 사건을 구체적으로 전달하는 데 집중한다. 이는 간단한 일이 아니다. 묘사는 이를 위해 사건의 이슈와 결론에 초점을 맞춘다.

이슈란 사건의 궁금증을 불러일으키는 요소다. 즉 주제다. 반대로 결론은 사건에 대한 최종적 인식을 말한다. 이슈와 결론은 사건 이야기의 처음과 끝인 것이다. 그러므로 묘사가 이슈와 결론을 제공한다는 것은 사건에 관해 사람들이 궁금해하는 것과 이 궁금증을 해소하는 것을 동시에 제공해 주는 것을 말한다. 이슈와 결론이 명확해지면 사건의 정의가 확실히 드러난다.

묘사는 나아가 이슈와 결론의 배경까지 세밀하게 접근한다. 이로써 이슈와 결론은 맥락까지 갖출 수 있게 된다. 이를 위해 묘사는 먼저 사건의 위치를 파악하고자 노력한다. 위치를 파악함으로써 사건의 알려지지 않은 부분의 윤곽을 그려 낼 수 있다. 윤곽이 그려지면 사건의 경계를 확정할 수 있다. 이를 위해 과거 지식을 돌이키고 그게 어떤 의미인지 정의하고 그에 합당한 표식을 달아 준다.

사건의 환경과 조건을 파악하는 것도 이슈와 결론의 맥락을 제공하는 역할을 한다. 환경과 조건은 사건 메시지의 맥락과 의미를 지지해 준다. 여기서 사건의 특징이 드러난다. 이슈와 결론을 파악하면 사건 본질에 대한 이해는 거의 완성된다. 그러면 사건의 정체성이 드러나기 시작한다. 사건의 정체성은 사건의 특징을 발판으로 삼아 모습을 드러낸다. 묘사는 사건의 핵심이 무엇인지 이 특징을 통해 짚어 나간다. 묘사는 이런 과정을 거치면서 사건의 불확실성을 해소해 나간다.

간단히 말해 묘사는 독자가 특정 장면, 인물, 사물, 감정, 또는 경험을 생생하게 이해할 수 있게 해 주는 글쓰기다. 그러나 묘사가 장식적 글쓰기가 아니라는 점을 기억해야 한다. 이는 이야기의 분위기를 조성하는 묘사의 특성을 오해한 것이다. 이야기에 등장하는 인물은 묘사를 통해 발전해 나간다. 이런 식으로 묘사는 이야기의 주제를 강화하는 서사적 도구의 역할도 한다.

그렇다면 묘사는 어떤 기법들을 동원할까. 묘사의 기본은 무엇보다 보여 주기다. 말하기보다 보여 주는 것(Show, don't tell)이 묘사다. 있는 그대로의 것을 드러내는 것이다. 묘사는 그래서 단어로 그림 그리기(word painting)다.[29] 눈에 보이는 것을 보여 주는 것으로 끝나지 않는다. 인물 묘사, 공간과 배경의 묘사, 시간 묘사, 행동 묘사, 감정 묘사 등 사건을 둘러싼 모든 요소에 접근한다. 그래서 텍스트에 깊이와 현실감을 더해 준다.

묘사의 기법은 묘사의 원칙을 보면 쉽게 알 수 있다. 묘사는 역사가 긴 만큼 오래된 원칙을 갖고 있다. 아리스토텔레스는 이름을 붙이고, 감각적이어야 하고, 움직임이 있어야 하고, 다양한 비유를 동원할 것 등의 원칙을 제시했다. 이 원칙들은 지금도 유효하다.

그중에서도 이름 붙이기가 가장 중요하다. 구체적이고 명확해야 하는 묘사의 제1 원칙은 이름 붙이기라고 할 수 있다. 이름 붙이기란 일반적인 표현보다 더 구체적인 단어를 선택하는 것이다. 대상을 특정할 수 있어야 한다. 그것도 정확해야 한다. 그래야 대상의 이미지를 정밀하게 제시할 수 있다. 당연히 추상적인 표현은 금물이다.

감각적 언어는 독자가 사물을 직접 보는 것처럼 생생하게 감지할 수 있도록 해 준다. 다양한 감각을 활용하면 생생함이 더 커진다. 입체적인 경험을 제공하는 단어를 선택하는 것이 중요하다. 동시에 오감을 자극하는 단어를 예민하게 이용할 수 있어야 한다.

또 동적인 묘사를 통해 사건의 움직임을 드러낼 수 있

어야 한다. 정적인 장면도 움직임과 변화를 통해 생동감 있게 표현해야 한다. 물론 모든 것을 묘사하려고 해서는 안 된다. 중요하고 의미 있는 것을 가려내고 강조해야 한다. 세부 사항을 적절하게 선택해야 움직임의 사실성이 높아진다. 이는 사건을 인식하는 데도 효과적이다.

때로 비유법과 이미지를 이용할 수도 있다. 대조와 대비의 방법을 동원하는 것도 중요하다. 대비되는 요소를 함께 묘사하여 각각의 특성을 부각할 수 있다. 은유는 생명이 없는 대상에 은유적 생명을 불어넣는다. 독자의 상상력을 자극하는 것이다. 묘사의 폭이 넓어지는 효과를 얻을 수 있다.

이런 묘사를 수행할 때 가장 필요한 조건이 지금껏 그렇게 강조한 직접 경험이다. 묘사는 직접 경험에 근거해 현상이나 사건을 그려 나간다. 묘사는 직접 경험의 언어적 포착이다. 가장 생생한 직접 경험은 일상생활에 나타나는 비일상적 경험이다. 묘사는 이를 찾아내야 한다.

이는 일상과 비일상의 경계를 허무는 작업을 요구한다. 또 일상적으로 지나치던 사물이나 상황을 새롭게 인식할 것도 요구한다. 익숙한 풍경이나 물건, 사람에 대해 정밀하게 묘사하는 것은 거기에 담긴 비일상적인 것을 드러내기 위함이다. 빛, 색, 소리, 냄새, 촉감 등의 일상에 대한 감각적 경험도 마찬가지다. 이것을 생생하게 묘사함으로써 이 감각에 숨어 있는 독특한 성질을 드러낼 수 있다.

묘사는 세밀하게 분석하지만 느리게 탐구하기도 한다. 이때 비일상적 경험을 포착할 수 있다. 특히 기존 언어의 한계를 넘어 새로운 표현 방식을 탐구할 때 그렇다. 일상적인 언어로는 설명할 수 없는 순간의 본질은 이렇게 접근해야 한다. 물론 이에 적합한 독창적이고 창의적인 언어가 필요하다. 이를 통해 비일상적인 감각적 경험을 제대로 표현할 수 있다. 메타포를 동원하는 것도 이 때문이다. 메타포와 새로운 언어를 결합해 전혀 다른 영역을 통해 접근할 수도 있다.

저널리스트의 일은 묘사와 매우 닮았다. 무엇보다 뉴스 스토리의 기본은 묘사다. 저널리스트 일의 최소한은 사건을 독자에게 있는 그대로 전달하는 것이다. 모든 취재가 사실에서 출발하는 것은 이 때문이다. 인과 관계의 설명을 추구하지만, 그 전에 사실에 대한 묘사를 먼저 해야 한다. 이를 통해 사건이 어떻게 자신에게 다가왔는지 보여 줄 수 있다. 저널리스트의 글쓰기는 묘사의 토대가 없으면 무너진다.

묘사의 기법을 좀 더 구체적으로 살펴보자. 첫째, 자연적 태도의 중지다. 대개 사람들은 일상적인 상황에서조차 과학적 가정이나 이론과 같은 기존 지식은 물론 그렇게 만들어진 선입견에 의존해 현상을 이해하려고 한다. 이렇게 하면 현상을 이해하는 데 무리가 없다. 자연스럽다는 것이다. 이를 자연적 태도라고 한다. 묘사하려면 이런 태도는 멈추어야 한다. 즉 판단 중지해야 한다. 대상을 있는 그대로 경험하려면 일상에서 적용하던 기존의 프레임을 모두 괄호 속에 집어넣어야 한다.

그러자면 '이 사건은 무엇인가'라고 물어서는 안 된다. 대신 '이 사건은 어떻게 내게 다가왔는가'라고 물어야 한다. 사건 자체가 아니라 사건이 의식에 나타나는 현상에 집중해야 한다. 미리 정해진 틀 없이 자신의 직접 경험에 집중하는 것이다. '이 컵은 세라믹으로 만들어졌고 커피를 담을 용기다'고 한다면 일반적 묘사다. 그러나 커피 컵이라는 기존의 개념을 보류해 보라. '이 컵에서 부드럽고 차가운 감촉을 느낀다. 손에 쥘 때 약간의 무게감을 느끼기도 한다'라고 묘사할 수 있다. 어떤가. 둘은 전혀 다른 경험이다.

둘째, 본질을 직관하는 것이다. 복수의 개별 사례를 분석하면서 그중 어떤 요소가 본질적인가를 탐색하는 것을 말한다. 이때 우연적 특성과 본질적 특성을 구분하는 것이 중요하다. 다양한 상상적 변형을 통해 현상의 필수적인 요소, 즉 그것이 그것이게 하는 본질을 파악하는 것이 목표다.

의자라는 개념을 생각해 보라. '네 개의 다리를 갖고 있다', '나무로 만들어졌다', '등받이가 있다', '팔걸이가 있다' 등의 개별 경험은 의자의 본질이 아니다. 어떤 의자는 다리가 세 개이고, 플라스틱 재질이고, 팔걸이가 없을 수도 있다. 이것은 우연적 특성이다. 앉을 수 있다는 것이 의자의 본질이다. 많은 의자를 살피면서 필수적인 것이 아닌 특정한 재료에 집중하지 말고, 앉을 수 있어야 한다는 본질을 찾아내는 것이다. 본질적 특성을 찾아내면서 사건의 핵심을 포착할 수 있다. 이러한 본질 직관의 과정을 언어로 드러냄으로써 사건과 현상의 핵심적인 의미를 깨닫는 것이다.

셋째, 지향성을 분석하는 것이다. 의식은 항상 무엇에 관한 것이다. 지향성의 분석은 이를 드러내는 것이다. '바람이 분다'는 단순한 묘사다. 지향성 분석을 위해 묘사는 '바람은 살갗에 차갑게 닿는데, 그것은 신선함과 약간의 긴장감을 일으킨다'라는 식으로 접근한다. 바람을 살갗, 차가움, 신선함 등과 연결하면서 긴장감으로 나아가게 만든다. 사건의 물리적 특성뿐만 아니라 사건이 일으키는 감각, 정서, 의미까지 분석해야 한다.

특히 사건에 대한 다양한 지향성을 탐구하고 기술함으로써, 하나의 사건에 다양한 해석과 관점이 존재할 수 있음을 보여 주어야 한다. 그러므로 묘사는 대상(noema)인 바람만 지향하는 것이 아니다. 살갗의 촉감, 긴장감 등 대상을 경험하는 행동과 방식(noesis)도 중요하다. 둘 사이의 상호 관계를 통해 의미가 어떻게 구성되는지 보여 주어야 한다. 경험하는 대상과 그것이 내게 어떻게 나타나는지를 찾아내는 것이다. 이를 통해 주어진 대상 너머의 함축된 의미의 지평을 드러낼 수 있다. 이는 사건에 내재한 가능성의 공간을 탐색해 사건이 어떤 가능성을 열고 또 닫는지를 보여 준다.

넷째, 시간과 공간을 살려내야 한다. 모든 사건은 시간과 공간의 특정 좌표를 갖고 있다. 사건에 대한 경험도 마찬가지다. 경험이 어떻게 공간 속으로 다가오는지를 묘사해야 한다. 이때 경험의 특정한 순간뿐 아니라 시간 흐름 속에서 인식이 변화하는 순간까지 포착해야 한다. 이는 단순히 객관적인 사실을 나열하는 것이 아니라, 개인의 주관적인 체험을 생생하고 심층적으로 파고들기 위함이다.

'나는 계단을 내려간다'가 아니다. '나는 한 걸음을 내디디며, 발이 계단 표면과 닿는 감각을 경험하고, 점차 아래로 이동하면서 주변 시야가 변하는 것을 느낀다'라고 묘사해야 한다. 시간과 공간을 살려 냄으로써 사건을 분절된 순간이 아닌, 의미 있는 하나의 이야기로 통합할 수 있다. 그래야 서사의 일관성을 가질 수 있게 된다. 이를 통해 경험의 질감, 감정, 의미 등을 모두 살릴 수 있다.

다섯째, 전경과 배경(figure-ground)을 구분하는 것이다. 경험에서 어떤 것은 주된 초점인 전경이 되고, 어떤 것은 배경(ground)이 된다. 이 관계를 분석하면 경험이 어떻게 만들어지는지 알 수 있다. 초점이 이동하면 그에 따라 사건의 의미가 변한다. 전경과 배경의 구분을 통해 의미의 변화 과정을 묘사할 수 있다.

일반적 묘사라면 '나는 피아노 소리를 듣는다'로 충분하다. 그러나 전경과 배경의 분석을 통한 묘사는 '나는 조용한 방 안에서 점점 또렷해지는 피아노 소리를 듣는다. 그 소리는 침묵의 배경과 대조되면서 더욱 선명하게 다가온다'라고 기술한다.

여섯째, 감각적 지각을 분해하는 것이다. 감각적 요소를 세분화하여 분석하는 것을 말한다. 이는 지극히 당연하다. 사건은 특정한 감각으로만 감지되는 것이 아니다. 오감이 모두 연결된다. 그러므로 촉각, 시각, 청각, 후각, 미각 등 각각의 감각이 어떻게 결합하는지를 탐구해야 한다. 대상을 한 가지 감각이 아니라 여러 감각을 통해 묘사하는 것이 중요하다.

다른 감각들끼리 어떻게 상호 작용하는지를 기술해야 한다. '나는 커피를 마셨다'보다 '나는 커피 잔을 손에 쥘 때 따뜻함을 느끼고, 입에 머금을 때 쓴맛과 동시에 신맛을 감지한다. 향은 고소하고 깊게 퍼진다'라고 묘사해 보라. 다양한 감각을 통한 지각이 각기 생생하게 드러난다.

묘사의 기법이 정해져 있는 것은 아니다. 위의 기법 외에도 얼마든지 창의적으로 접근할 수 있다. 그러나 어떤 묘사든 묘사의 대상에 대한 직접 경험에 집중해야 한다. 직접 경험은 철저히 개인의 주관적인 경험에 기반한다. 그 경험의 심층적인 기술과 분석을 통해 사건에 대한 보편적 이해를 가질 수 있다.

직접 경험을 두껍게도 또 얇게도 묘사할 수 있다. 물론 두꺼운 묘사가 좋다. 직접 경험에서 얻은 맥락과 잠재적 의미를 다양한 층위를 따라 두텁게 묘사할 수 있다. 개인에게 초점을 맞추어 그 실존적 정체성을 찾아가는 층위, 상징과 가치와 관련된 문화적 의미의 층위, 타인과의 관계 속에 형성되는 관계적 의미의 층위만 하더라도 묘사는 두터워진다.

어떤 두께의 묘사든 존재를 있는 그대로 이해하는 것이 핵심이다. 그러자면 실체든 허구든 물리적이든 개념적이든 인간적이든 비인간적이든 모든 존재를 동등하게 대해야 한다. 사물이나 사건을 반드시 인간과의 관계로만 볼 필요는 없다. 존재 사이의 위계를 없애야 한다. 그래야 모든 존재에 관심을 기울일 수 있다.

단순한 관계보다 네트워크를 살피는 것도 좋은 방법이다. 인간과 비인간 행위 요소의 네트워크를 자세하게 묘사할 수도 있다. 비인간적 실체를 포함한 물질까지 묘사할 때 묘사는 예기치 않을 정도로 풍부해진다. 미술 작품, 특정 이미지나 장면에 대해 이것이 살아 있는 것처럼 생각해 보라. 동사 중심의 묘사를 하면 전혀 다른 모습을 드러낼 수도 있다.

이런 접근이 노리는 것은 사건의 변화와 초월의 순간이다. 직접 경험이 어떻게 사건에 대한 인식을 바꿔 놓는지 파악하는 것이다. 이때 우리는 사건의 전환점을 포착할 수 있다. 일상적 경험과 비일상적 경험 사이의 경계를 넘어서는 이전이 그런 전환점의 하나다. 일상적 자아를 넘어서는 경험의 순간을 초월적 순간, 즉 놀라움의 순간으로 창출한다. 그러므로 묘사는 놀라움의 경험을 표현하는 데 가장 적합한 방법이다.

묘사는 단순한 글쓰기를 넘어선다. 묘사는 독립적 표현이고 독자적인 인식 방법이다. 무엇보다 사건의 결정적 순간을 포착할 수 있다는 점은 큰 가치를 갖는다. 단순히 무엇이 일어났다는 설명으로 포착할 수 없는 것을 찾아낸다. 그것을 어떻게 경험했고 그게 어떤 의미인지 답을 알려 준다. 주관적 이해를 동원하지만 직접 경험을 묘사함으로써 주관성을 뛰어넘는 효과를 창출할 수 있다. 다른 사람들과 공유할 수 있게 되는 것이다. 이때 직접 경험은 보편적 경험으로 받아들여진다.

놀라움의 묘사

우리는 평소 자연적 태도로 세계를 경험한다. 이는 사건을 경험하는 순간 깨진다. 즉각적으로 세계는 다르게 다가온다. 사건에 대한 직접 경험은 사건을 다르게 인식하게 해준다. 이것이 놀라움으로 인도한다. 이런 놀라움의 묘사는 다른 묘사와 다르다.

일반적인 묘사는 정보 전달을 목적으로 한다. 그래서 대상의 속성과 특징을 기술한다. 사물 자체의 객관적 속성에 관심을 두는 것이다. 그러나 일반적인 묘사보다 더 자세한 묘사를 원할 때 이름 붙이기를 동원한다. 과학적 묘사는 사물에 이름을 붙이되 이름 사이의 관계를 드러내고 관계를 설명한다. 이름과 이름의 관계를 통해 세계의 구조를 설명하는 데 초점을 맞춘다. 그래서 대상을 논리적, 수량적으로 분석하고 이를 실험적, 객관적, 정량적으로 기술한다. '빛의 파장은 400~700nm 사이에 있다'라고 묘사한다.

문학적 묘사도 사물에 이름을 단다. 과학적 묘사처럼 관계나 설명을 하기보다 사물의 속성을 들추어내는 데 초점을 맞춘다. 사물은 물론, 사람, 장소, 기후, 색깔, 맛, 하늘, 시간 등에 이름을 달아 속성을 명시한다. 그리고 그 속성을 있는 그대로, 본 그대로, 경험한 그대로 제시하고자 한다. 다른 매개를 거치지 않고 직접 보여 준다. 이를 통해 감각적, 정서적 효과를 극대화하고자 한다. 은유, 상징, 감각적 이미지를 활용하기도 한다. '노을이 피처럼 붉게 하늘을 물들였다'라고 할 수 있다.

놀라움의 묘사는 이와 다르다. 과학적 묘사나 문학적 묘사처럼 정보 제공이나 설명, 관계 제시가 아닌 다른 것에 주목한다. 거듭 말했듯이 의식이 사건을 경험하는 방식을 가장 중요하게 여긴다. 경험의 본질을 밝히고 대상이 우리에게 어떻게 주어지는지를 탐구한다. 그래서 '무엇이 있다'고 말하는 것이 아니라, '그것이 어떻게 내게 주어지는가'를 따진다.

즉 '나는 이 책상을 단단한 것으로 경험하며, 그것이 공간 속에서 저항성을 갖는 방식을 알게 된다', '나는 빛을 색채로 경험하며, 특정한 조건에서 그것이 내게 어떻게 주어지는지 의식한다', '나는 하늘이 점차 붉어지는 변화를 경험하며, 그것이 내 감정과 연결되는 방식을 자각한다'라고 쓴다.

물론 묘사해야 하는 사건의 놀라움이 과학적 사건에서 일어나는 것이라면 과학적 묘사의 원칙을 따라야 할 것이다. 문학적 묘사가 필요한 놀라움이라면 또 문학적 묘사의 원칙을 따를 수도 있다. 놀라움의 묘사는 어떤 사건이든 있는 그대로를 직접 경험한 그대로 어떤 개입도 없이 제시하는 것에 초점을 맞춘다.

놀라움의 묘사는 프로세스를 따라간다. 사건은 프로세스이고 놀라움도 프로세스다. 먼저, 놀라움의 프로세스를 포착하는 데 집중해야 한다. 놀라움 이전과 이후 경험의 차이를 보여 줌으로써 놀라움을 분명하게 드러낸다. 일상적인 태도, 즉 자연적 태도가 어떻게 무너지는지 그린다. 또 놀라움을 경험하는 자가 무엇에 어떻게 놀라는지 보여 주는 놀라움의 지향성을 정확하게 그려 낸다. 그리고 시간의 흐름을 따라 놀라움의 경험이 어떻게 변하는지도 보여 준다. 놀라움의 경험을 이런 디테일을 통해 그려 낸다. 묘사를 통해 낱낱의 경험을 실체로 그려 내는 것이다.

이때 적절한 단어를 선택하는 것이 중요하다. 사건과 관련된 요소의 행동 흐름을 따라가야 하는데 그러자면 각 단계의 행동에 적합한 동사를 동원해야 한다. 감각적 디테일을 위한 동사도 중요하다. 강력한 동사를 동원할 수도 있지만, 기본적인 디테일을 전달할 수 있는 동사여야 한다.

동사와 함께 프로세스를 구성하는 특정한 명사도 정확하게 구사해야 한다. 이는 단순히 이름 붙이기와는 다르다. 사건이나 사물의 적합하고 세분된 명칭을 찾아내는 것이다. 모든 사물이나 사건은 저만의 단어를 갖고 있다. 명사는 사건이나 사물의 속성과 정확하게 부합해야 한다. 그 이미지와도 정확하게 부합해야 한다. 사건의 놀라움과 관련된 이미지, 태도, 감정 등을 불러올 수 있는 단어를 선택해야 한다.

정확한 명사를 따라 독자는 묘사되는 사건으로 깊숙이 들어간다. 반대로 사건과 명사가 어긋나면 묘사의 세계로 진입하지 못한다. 명사는 묘사의 구체적 위치를 찾아 주기 때문에 묘사의 안전성을 보장해 준다. 말하자면 명사는 사건의 좌표와 같은 역할을 한다.

물론 놀라움의 묘사는 정확성이 전부가 아니다. 정보가 전부가 아니다. 무엇인가 생각하게 만들고 무엇인가 기억할 만한 것을 만든다. 묘사의 디테일은 이를 위해 동원된다. 그러므로 디테일은 아름다운 것뿐만 아니라 추한 것, 어려운 것, 복잡한 것까지 포함한다. 그중에서도 중요한 것의 디테일이 핵심이다. 중요한 것은 어떤 것이든 직시해야 한다. 묘사의 글은 여기에 전력투구해야 한다. 그러므로 반드시 세련된 문장이나 서정적 문장을 동원해야 하는 것은 아니다.

놀라움의 묘사가 무엇을 향해 달려가는지 잊지 말아야 한다. 사건의 사물성 회복을 향해 간다. 직접 경험을 통해 얻은 놀라움을 바탕으로 사건의 사물성에 접근해야 한다. 지금까지 직접 경험을 다섯 가지로 나누어 이야기해 왔다. 관계 경험, 신체 경험, 공간 경험, 시간 경험, 물질 경험이다. 이 경험에 대한 묘사를 살펴보자.

먼저 관계 경험이다. 관계는 이야기를 지향한다. 단순

한 정보는 사건을 이야기하지 못한다. 설명은 관계를 단순한 사회적 사실로 다루기 때문에 이야기에 이르지 못한다. 묘사는 관계 속에 배어 있는 다양한 감정을 드러낸다. 관계의 미묘한 질감을 살려낸다. 이로써 사물을 개념이 아닌 실제적 경험으로 재현할 수 있다. 사건은 관계 속에서 복잡한 의미를 만들어 낸다. 관계의 묘사는 예상과 다른 반응을 드러냄으로써 이 복잡한 의미를 구체적 모습으로 제시할 수 있다.

관계는 다양한 층위를 갖고 있다. 시간적 관계, 인과적 관계, 공간적 관계, 사회 문화적 관계 등 다양한 관계를 주시해야 한다. 이 관계를 중심으로 사건이 개인과 개인 사이의 관계에 미치는 충격을 묘사해야 한다. 이 관계망 속에서 뉴스 인물 사이의 관계 변화를 두드러지게 드러내 예상 밖의 전환을 확인하는 것이 중요하다. 이때 익숙한 관계의 틀이 깨지는 순간을 포착하는 것이 관건이다.

신체 경험을 묘사할 때는 감각적 반응을 극대화해야 한다. 설명과 해석은 추상적 개념을 강조하지만, 묘사는 몸으로 경험하는 감각적 요소에 집중한다. 오감을 활용하고, 신체적 반응을 생생하게 묘사하는 것이 필요하다. 예상과 다른 촉각, 온도, 통증, 혹은 신체 반응을 강조한다. '손끝이 저리기 시작했다. 웃고 있던 그는, 순식간에 쓰러졌다'라는 묘사를 통해 뉴스 인물의 상태가 갑자기 변하는 것을 표현한다. 이렇게 몸의 감각이나 반응을 드러내면서 감정의 강도와 예기치 않은 전개를 구체화할 수 있다. 놀라움은 더 생생하게 드러난다.

몸의 반응을 놀라움의 징후로 활용하면 독자의 공감각적 몰입을 유도할 수 있다. 차가움과 따뜻함의 감각적 대비를 활용하는 것이다. 생리적 반응을 묘사할 수도 있다. 공포, 분노, 고통, 긴장 등의 감정은 신체적 경험과 밀접하다. 움직임과 이의 반응을 구체적으로 묘사하는 것도 중요하다. 움직임의 방향성과 느낌을 살려 낼 수 있다.

공간 경험은 공간의 구조, 움직임, 분위기를 구체적으로 드러내는 데 초점을 맞춘다. 공간은 단순한 좌표가 아니다. 경험되는 방식에 따라 공간의 의미는 달라진다. 설명은 공간을 개념적으로 정의하지만, 묘사는 공간을 경험되는 방식 그대로 전달한다. 이럴 때 공간은 단순한 정보가 아닌 체험의 장으로 되살아난다.

특히 익숙한 공간이 변하는 것을 강조하면 놀라움을 효과적으로 묘사할 수 있다. 장소의 성격이 극적으로 전환될 때의 충격을 묘사하는 것이다. 공간에 대한 기대나 공간에서의 일상성을 먼저 제시하고, 그 공간이 어떻게 극적으로 전환되는지 보여 주는 것이다. 예상과 다른 분위기 변화, 빛과 어둠의 대비, 소리의 유무를 활용하는 것이 효과적이다. 익숙한 공간을 강조한 후 예상치 못한 변화를 삽입할 수 있다. 장소가 가지는 감정적 의미와 기억의 의미를 먼저 부각한 후 그 공간이 깨지는 순간을 찾아내는 것이 관건이다.

또 공간의 축과 방향성을 제시하는 것이 중요하다. 공간의 좌표가 명확하면 독자는 그 위치를 쉽게 머릿속에서 그릴 수 있다. 같은 맥락에서 거리와 규모에 대한 감각도 중요하다. 근접성, 거리감을 표현하는 단어를 효과적으로 이용할 수 있어야 한다. 동선과 경로, 공간의 분위기와 질감에 대한 묘사도 필요하다. 조명, 그림자, 소리 등을 동원하면 효과적이다. 정적 요소와 동적 요소를 대비하여 긴장감을 조성하는 것도 도움이 된다. 공간의 생생한 질감을 회복할 수 있다.

시간 경험은 시간의 흐름을 조작함으로써 효과적으로 묘사할 수 있다. 시간은 단순한 물리적 흐름이 아니다. 경험 속에서 다르게 지각된다. 설명은 시간의 순서를 단순히 배열하지만, 묘사는 그 시간을 경험하는 방식까지 전달한다. 시간의 경험적 흐름을 전달하며, 순간을 다시 살아 있는 경험으로 만들어 준다. 시간의 흐름이 비틀리거나 중단되는 순간의 놀라움을 제시하는 것이 효과적이다. 시간의 예측 가능한 흐름을 강조하고, 거기에 끼어든 의외의 사건으로 긴장감을 높이는 것이다. 일상의 반복 속에서 발생한 일탈을 시간의 지표로 활용하는 것이 효율적이다.

느린 시간과 빠른 시간을 활용하여 감정을 고조시킬 수 있다. 순간적인 정적과 반전된 흐름을 조합하는 것도 좋은 시도다. 과거와 현재를 교차시키는 플래시백 기법을 사용할 수도 있다. 절대적 시간과 상대적 시간을 다른 관점에서 묘사할 수 있다. 또 불필요한 부분을 과감히 건너뛰고, 핵심 순간으로 바로 이동하는 시간 압축 또는 시간 도약도 효율적인 시간 경험의 묘사 방법이다.

시제 변화를 자유롭게 이용하면 시간 경험을 더 생생하게 묘사할 수 있다. 과거 시제는 사건이 이미 끝난 뒤 회상하는 느낌을 제공한다. 현재 시제를 이용하면 지금 순간에 독자가 동참하는 느낌을 만들 수 있다. 미래 시제는 예견이나 예감을 만들어 냄으로써 긴장감을 조성해 준다. 회상이나 예고 역시 비슷한 맥락에서 묘사의 질감을 강화할 수 있다.

물질 경험의 묘사는 물건이나 테크놀로지 등의 물질이 우리에게 어떻게 다가오는지 파악하는 데 초점을 맞춘다. 사물의 질감, 온도, 무게, 형태, 상태 등을 신체 감각을 통해 생생하게 전달하는 것이 중요하다. 사물과 감각의 관계를 역설적으로 표현하는 것이 효과적이다.

물질 환경이 깨지는 순간을 통해 놀라움을 포착할 수 있어야 한다. 사물, 환경, 배경의 안정성이 무너질 때의 인지적 충격을 구체적으로 그려 내는 것이다. '늘 단정하게 정리된 책상이 뒤엉켜 있었다. 커피 잔은 깨져 있었고, 모니터엔 정지된 영상만 깜박거렸다'는 묘사는 물질적 환경에 대한 묘사만으로 놀라움을 녹여 낼 수 있음을 보여 준다. 현실을 지탱하던 사물의 파괴를 통해 독자에게 불안을 전달하는 것이 포인트다.

이런 물질적 경험에 대한 묘사는 '사물은 내가 누구인지 말해 준다'는 입장에서 물질에 접근한다. '사물은 어떻게 이런 일을 하는가', '사물은 어떻게 우리의 육체와 정신을 연장하는가' 등의 질문으로 물질의 경험적 실체를 파악하려고 한다. 사물에 대한 일반적인 기대와 실제 경험의 차이를 강조하는 것이 좋다.

물질의 감각적 특성을 묘사하는 것도 중요하다. 질감, 무게, 온도 등의 감각적 요소를 대비적으로 묘사할 수도 있다. 사물과 인간의 감정적 연결을 드러내는 것도 효과적이다. 물질에 대한 행위와 이때의 감각을 연계해 묘사하는 것이다. 물질과 부딪친 결과를 보여 주는 상호 작용의 결과도 중요하다. 물질적 작용을 둘러싼 감각, 특히 소리와 시각 요소를 연결할 때 물질 경험의 놀라움을 효과적으로 묘사할 수 있다. 이때 물질에 대한 정서적 반응을 묘사할 수 있어야 한다.

묘사의 뉴스 스토리

놀라움의 묘사를 뉴스에 적용하면 어떤 모습일까. 이스라엘-하마스 분쟁 중 2024년 10월 25일 이스라엘이 가자 지구 병원을 공습한 사건을 보자. 대부분의 기사는 다음과 같이 작성될 것이다.

> '2024년 10월 25일, 이스라엘 공군은 가자 지구 북부 베이트 라히야에 위치한 카말 아드완 병원을 공습했다. 이 병원은 당시 북부 가자 지구에서 마지막으로 운영 중인 의료 시설 중 하나였다. 공습으로 인해 병원 시설이 심각하게 파손되었고, 산소 공급 장치가 파괴되어 환자들이 사망하는 등 큰 피해가 발생했다. 또한, 의료진과 환자들이 구금되거나 강제로 대피해야 했다. 세계보건기구(WHO)와 유엔 인권사무소는 이 공격은 국제법 위반 가능성이 있으며, 가자 지구의 의료 시스템을 붕괴 직전으로 몰아넣었다고 우려를 표명했다.'

사건 개요, 피해 상황, 국제 반응 등에 초점을 맞추고 있다. 그러나 사건 개요는 사건을 구성하는 사실 요소를 제공하는 데 그친다. 피해 상황은 시설 파괴, 환자 사망으로만 무미건조하게 표현하고 있다. 국제적 반응은 권위 있는 국제기구의 견해를 전달하는 데 그친다. 이 사건의 핵심은 이스라엘 공군이 병원을 폭격했다는 것이 아니다. 폭격으로 인한 인간적 재앙이 핵심이다. 이 이야기는 전혀 없다. 폭격의 의미는 이를 통하지 않고서는 제대로 설명할 수 없다.

가장 심각한 문제는 취재 기자가 사건 현장에서 직접 취재를 했다는 흔적이 없다는 점이다. 현장 취재를 통해 직접 경험한 것을 바탕으로 기사를 작성했다면 전혀 다른 뉴스를 만들 수 있었을 것이다. 이 사건을 다섯 가지 직접 경험 요소를 활용해 인간적 재앙의 놀라움을 묘사한 르포 기사를 작성해 보자(아브델은 가상의 인물이다).

[현장 르포] 여기서 아이들이 놀았어요… 병원이 무너진 날, 공간도 시간도 멈췄다

한때 간호사였던 라나 아브델(36)은 병원 외벽의 철근 잔해를 매만지며 말했다. "여기서 아이들하고 그림도 그리고… 놀았어요. 여기는 병원이자 피난처였거든요." 그녀 옆에 선 열한 살 난 딸 미나의 손은 꽉 쥔 채 떨리고 있었다. 그녀가 말하는 '여기'는 어제까지도 200명 넘는 민간인이 머물던 병원 지하실이었다.

병원 건물은 반쯤 무너졌고, 외벽은 기울어져 있었

다. 하얀색 침대 시트는 먼지에 젖어 갈색으로 변했고, 아이들이 그린 해바라기 그림이 붙어 있던 벽은 사라졌다.

그날도 평소처럼 저녁 기도가 끝난 시간이었다. "늘 이맘때 밥을 나누고, 아이들 재우고, 간호사들이 약을 나누죠. 어제도 그럴 줄 알았어요." 라나는 말을 멈췄다. 시계는 6시 41분을 가리킨 채 멈춰 있었다. 일상의 시간 흐름이 한순간에 뒤집혔다.

구조대원이 꺼낸 아이의 몸은 뜨거운 잔해에 눌린 채 창백하게 식어 있었다. 현장에 있던 기자들도 입을 다물지 못했다. "내 귀에 아직도 폭음이 울리는 것 같아요." 라나는 말했다. 손을 떨면서도 딸아이를 가슴에 끌어안고 있었다.

기자 발밑에는 무너진 천장의 파편, 쪼개진 병원 침대, 부서진 의약품 박스들이 널브러져 있었다. 아이의 신발 한 짝이 고개를 돌린 벽돌 위에 얹혀 있었다. 아무도 손대지 않았다.

이 기사에는 어떤 판단도 개입하지 않은 현장의 실체가 그대로 담겨 있다. 다섯 가지 직접 경험을 통해 폭격의 실체를 보여 준다. 보자. 사람들 사이를 연결하던 관계의 끈은 폭격 한 번에 끊겼다(관계 경험의 놀라움). 살아남은 사람들이 전하는 '그 공간이 더는 피난처가 아니게 되었다'는 말은 공간 자체가 증명해 주고 있다(공간 경험에 의한 놀라움). 부서진 시계는 폭격 시점에 멈춘 채 사건을 기록하는 증거가 되었다(시간 경험의 놀라움). 몸으로 기억되는 놀라움은 말보다 진했다(신체 경험의 놀라움). 현장을 구성하던 물리적 질서가 완전히 깨졌다(물질 경험의 놀라움). 이렇게 묘사된 사건의 현장은 이곳에서 일어난 일이 얼마나 비정상적인 현실인지 단박에 알 수 있는 모습을 드러내고 있다.

가자 병원 공습 사건은 단순한 폭격이 아니다. 한 공간의 의미, 한 시간의 흐름, 한 관계의 기억, 한 아이의 몸, 그리고 한 도시의 물질적 질서를 동시에 무너뜨린 충격이었다. 사건 현장에 대한 직접 취재를 통해 포착한 사실은 전쟁에 대한 인간적 경험의 진본성이 어떤 것인지 놀라움으로 드러낸다. 어떤 개념이나 개념을 동원한 설명이나 해석도 이런 놀라움을 전달하지는 못한다.

이처럼 놀라움의 묘사를 통해 사건의 직접 경험을 유지할 수 있다. 그 경험이 '무엇'인가를 넘어, '어떻게' 경험되는지를 구체적으로 보여 준다. 이는 개념적 언어로는 표현하기 어렵다. 일상적으로 경험하지만, 언어로 전환하기 어려운 부분 역시 묘사를 통해 구체적으로 보여 줄 수 있다. 묘사는 이런 독특한 방법으로 사건의 본질에 접근한다.

그렇다. 놀라움의 묘사는 개념화를 위한 글쓰기를 극복하고 사건의 사물성을 회복할 수 있는 글쓰기다. 비판적 사고에 기댄 개념화의 글쓰기는 관점을 미리 설정하고 대상을 분석한다. 그러니 편향된 시각이나 제한적인 이해로 이어질 수 있다. 또 추상적인 개념을 분석하고 평가하는 데 집중한다. 그러다 보면 그 개념이 인간의 삶과 경험에 어떻게 뿌리내리고 있는지에 대한 깊이 있는 탐구를 빠뜨릴 수 있다.

직접 경험에 근거한 놀라움의 묘사는 비판적 사고를 처음부터 제대로 수행할 수 있는 근거를 제공한다. 사물에 근거하지 않으면 개념화는 사상누각이다. 사물은 비사물에 대해 우위에 있다는 지적을 상기하라. 구체적인 체험의 심층적인 묘사를 통해 추상적인 개념에 대한 풍부하고 다층적인 이해를 얻을 수 있다. 그러니 묘사는 개념화를 위한 비판적 글쓰기의 토대가 된다.

개념화는 또 자신의 주장을 강화하기 위해 특정 관점을 강조하고 다른 관점을 간과해 버린다. 놀라움의 묘사는 이런 경직성을 해소한다. 포괄적이고 균형 잡힌 시각을 제시한다. 다양한 지향성을 찾아내 하나의 현상에 대한 다양한 해석과 관점이 존재할 수 있음을 보여 줄 수 있다. 묘사는 타인을 받아들이므로 열린 사고를 격려하기 때문이다.

개념화는 기존의 문제 틀 안에서 해결책을 모색하거나

특정 입장을 옹호하는 데 집중한다. 놀라움의 묘사는 이런 틀 자체를 재고한다. 기존의 당연하게 여겨지던 전제나 가정에 대해 근본적인 질문을 던진다. 여기서 새로운 사유의 가능성을 찾아낼 수 있다. 그래서 더 근본적인 차원에서 문제를 재정의할 것을 요구한다. 이런 놀라움의 글쓰기는 직접 경험에 대한 심층 묘사가 관건이다. 이는 인간 경험의 보편적 구조에 대한 이해를 얻기 위해 반드시 거쳐야 하는 절차다.

놀라움의 묘사는 사건의 놀라움이 거쳐 온 긴 여정의 마지막 단계다. 여기에 이르러서야 사건의 놀라움은 포괄적으로 이해할 수 있고 명확하게 정의를 내릴 수 있다. 사건은 주어진 것이지만 직접 경험을 통해 우리는 사건으로 돌아갈 수 있다. 그리고 사건을 관찰하고 묘사해 이의 본질을 찾아낼 수 있다. 가을날 숲속의 낙엽을 밟을 때, 어린 시절 아버지와 같이 걷던 숲길을 떠올리는 사건을 생각해 보자. 가을 낙엽은 내가 아니라 누구한테나 닥치는 주어진 사건이다. 그러나 낙엽 밟기라는 직접 경험은 낙엽이 과거의 기억을 불러오는 기제라는 통찰에 이르게 해 준다. 이때 낙엽은 아버지와 연결되는 독특함을 드러낸다. 이것을 가능하게 해 주는 것이 묘사다.

이제 저널리스트의 일이 무엇인지 이해했을 것이다. 저널리스트의 일은 직접 경험의 묘사다. 물론 저널리즘의 묘사는 큰 장애물을 건너야 한다. 문자에 기댄 글쓰기가 만들어 놓은 개념이다. 이 괴물은 간단하지 않다. 서구 역사를 관통해 온 철학에서, 과학, 종교, 정치, 사회, 문학에 이르기까지 엄청난 영향력을 갖고 있다. 개념은 거대 권력으로 성장한 괴물이다. 이것과 싸워야 한다. 본래 저널리즘이 해야 할 일이 이런 것과 싸우는 것이다. 한마디로 권력과 맞붙는 것이다. 싸움의 대상은 권력 현상만이 아니다. 권력 뒤에 도사린 메타 권력인 개념과도 싸워야 한다. 묘사는 이런 투쟁을 피하지 않는 용감한 저항이다.

나가면서

플루서의 글쓰기는 독특하다. 그의 글이 과거의 어떤 이론, 사상, 연구에 힘입었는지 가늠하는 것은 쉽지 않다. 그는 책을 직접 사 본 적이 없다. 사유에 어떤 영향이 개입하는 것도 허용하지 않으려는 고집이었을 것이다. 얽매이지 않으려 했을 것이다. 관습적 사고와 글쓰기에서 벗어나려고 했다는 것은 글을 읽으면 금방 알 수 있다. 많은 글을 어원을 더듬는 데서 시작했다는 것이 많은 것을 설명해 준다. 본질에 직접 연결되기를 원했던 것이라 생각한다.

알 수 없고 짐작하는 것이 전부는 아니다. 그가 오전에 글을 쓰고 오후에 술을 마셨다는 것은 확인할 수 있다. 논문은 형식을 벗어났고 신문에 기고를 많이 했다는 것도 확인된다. 글은 시작 전에 정확하게 계량해 더 쓰지도 덜 쓰지도 않았다. 한번 쓴 글은 수정하지 않았다. 포르투갈어, 독일어, 프랑스어, 영어를 할 줄 알고 쓸 줄 알았지만, 쓴 책을 다른 언어로 다시 쓰지는 않았다고 한다. 그는 분명히 독특한 작법을 가졌다.

책은 귀를 막은 고집을 행간에 깔고 있다. 한줄 한줄 읽어 내려갈 때마다 어디론가 끌려가는 것 같다고 느낀 적이 있는가. 개념으로 가득 찬 책의 고집 때문이다. 개념은 전제적이어서 거부하는 자를 내다 버린다. 따라오는 자는 그냥 끌려가기만 한다. 읽다 중간에 덮을 때 안도감이 드는 경험을 한 적이 있는가. 더 깊은 곳으로 빨려가기 전에 벗어났다는 느낌일 것이다. 읽지 않았으므로 원치 않은 생각에 동의하지 않아도 된다.

주제는 빈방을 빠져나가지 못하는 허망한 화두 같다. 종일 떠나지 않고 입가를 맴도니 어지럽기만 하다. 책을 덮으면 그런 것 하나도 괘념치 않아도 된다. 다른 방법도 있다. 책의 고집과 주제를 피해 요리조리 떠다니는 것이다. 책 사이를 건너뛰는 것이다. 행이 가는 대로 읽지 않고 눈이 가는 대로 읽는 것이다. 고집의 주제는 뿌리를 알 수 없고, 물론 내 것도 아니다. 내 것인 것은 하나도 없다. 내 것은 오직 의식의 흐름뿐. 여름날 잠시 왔다가는 장맛비 같은 짧은 인연 하나 남아 있지 않은 의식의 흐름이다. 그 비어 있는 공간에서 서늘한 바람이 지나가는 것을 본다.

오전의 글쓰기와 오후의 낮잠은 실체적 진실이다. 자판을 두드리는 손가락 마디가 얼얼하고 눈은 자꾸 충혈되고 초점을 잃어 가는 것도 그렇다. 감각은 이런 오후를 적극적으로 겪는다. 살아 있음을 확인한다. 하루는 구체적 사건으로 감지된다. 이것은 내 것이다. 내 것인 것이 그곳에 있다.

글쓰기는 왼쪽에서 오른쪽으로만 진행한다. 호흡은 정확한 간격을 두고 질서 있게 들어왔다 나간다. 생각의 흐름도 어느 시점에는 쉬어 간다. 마침표로 경계를 구분해 둔다. 경계 너머로 냅다 달리는 글쓰기는 책의 권력을 따르던 과거를 들추는 데 집중한다. 아직 쓰지 않은 글은 지난 하루를 추적하고 있다. 다음 행에선 정확한 문구 속으로 그 하루가 무너질 것이다.

책을 읽지 않을 변명이 필요하다. 책 대신 뉴스를 따라간다. 사건의 현상들, 사건에 연루된 해프닝에 주목한다. 억압적 이론은 뉴스로 체험하는 있는 그대로의 사건을 넘어서지 못한다. 뉴스의 사건은 이론이나 이데올로기에 쉽게 함몰되지 않는다. 구조적으로 그렇다. 이걸 살려야 한다. 사건은 나뭇잎에 부서지는 빛처럼 다양한 현상으로 조각난다. 그 빛이 살갗에 앉을 때 사건은 살아 있는 경험으로 감각된다.

사건은 이데올로기나 개념과 완전히 다르다. 분명한 좌표를 갖고 있다. 그러므로 살아 움직인다. 사건이 뿜어내는 공명을 직접 경험하는 순간은 위대하다. 개념 따위가 말 붙일 순간이 아니다. 놀라움은 확실히 선(先)개념이다.

놀라움을 쫓아, 사건을 따라 현상 속에 나를 내려 두려 한다. 가만히 지켜보려 한다. 시각을 필두로 오감이 작동하면 충분하다. 과거를 빌미로 권력을 주장하는 이론은 비겁한 역사적 세계관이다. 직접 경험은 이에 저항한다.

어느 순간의 글쓰기도 완전하진 않겠지만 어떤 글이든 순수하다. 의식의 흐름이 온전하게 드러나기만 하면 그렇다. 초고의 순간은 특히 순수 그 자체다. 할 수 있다면 초고를 수정하지 말아야 한다. 고치면 순수의 진본은 사라진다. 의식의 흐름은 배반당하고 종국에는 무너지고 만다. 차라리 완전히 다른 글을 써야 한다. 다른 언어로 쓰는 것이 낫다. 오류를 염두에 두지 말고 그냥 생각이 흐르는 대로 따라가면 그만이다. 그렇게 걸러지지 않은 직접 경험의 순수함을 지켜야 한다. 수정은 권력의 요구에 타협하는 것이다. 굴종이나 마찬가지다.

그러므로 수정의 거부는 저항이다. 복제 불가능한 쓰기엔 거친 숨이 담겨 있다. 그 숨이 다시 왼쪽으로 돌아와 잠시 쉰다. 슬픈 가족사의 필요 없는 설명처럼 먹먹하게 서 있다. 하루가 길을 벗어나지 않은 것은 이런 프레임 덕분이다. 글쓰기는 실존의 디자인이다. 허다한 이론이 세워 온 질서에 도전한다. 적어도 그들의 질서를 방해하고자 하는 엄밀한 목적을 갖고 있다. 이 도전에 저항하는 것은 저

그늘진 발끝에 미주로 처박아 둘 것이다.

이것이 저널리스트의 글쓰기다. 직접 겪어야 하는 일에서 시작하는 것이 저널리스트의 글쓰기다. 형용사나 부사가 없어도 묘사는 얼마든지 가능하다. 명사와 동사가 직접 경험의 생생함을 표현해 낼 것이다. 모자람이 있을지 모르지만 잘못될 이유는 없다. 일상의 생활 세계 그곳에 있고 정적 속에서 거주하면 된다. 그곳에서 몸소 취재해 얻은 것이라면 명사와 동사로 이름 붙일 수 있다. 그것이면 충분하다. 그렇다. 뉴스는 에세이적 글쓰기다.

저널리스트가 아니라도 그렇다. 어느 글인들 이래야 하지 않을까.

선은 없어요
면만 있는 거예요

선에 기댄 산은 없습니다
나무, 바람, 사람, 그리고
시간을 생각해 보세요
그런 것들이 가득하니
능선이 드러나는 것일 뿐입니다

세월에 묻혀
사람이 보이지 않고
이파리 지고 나뭇가지 부러지니
그런 것일 뿐입니다
…하늘가 바람은 어떻습니까
이런 것 없이
산은 없답니다

그래도 선이나
선 같은 산이 보인다면
그건 아무래도
당신이 너무 진한 사연을
갖고 있기 때문일 겁니다
선 밑에 숨겨 둘 수밖에 없는 거죠

늦지 않게
면을 찾으세요
산 주변에다 선만큼 진한
이야기들을 채워야 합니다
옆으로 빗긴 사선으로
나무들도 그려 두고요

참, 바람을 잊지 마세요
선을 그릴 때 그렇게 절실했던
어떤 생각들을 찾아내세요
마침내 선 너머 산
그 산이 사람이 되는
지경이 되어야 합니다

대신, 이건 아셔야 해요
그 속의 사람들은
엄혹한 아픔을 숨기고
칠흑 같은 어둠을
견딘답니다

선 한 번 잘못 긋는 그 일

고꾸라진 산길 걸어가는 사람
획 사라진 이유
바람이 다른 하늘로
훅 떠나 버린 이유
세상 모든 것이 험해지는
이유랍니다

미주

1) 화용론(Pragmatics)은 언어가 사용되는 맥락(context)에서 의미가 어떻게 형성되고 전달되는지를 연구하는 분야다. 단순히 문장 자체의 구조나 의미를 넘어서, 발화자와 청자 간의 관계, 시간, 장소, 사회적 상황 등 맥락적 요소를 고려하여 언어 사용과 의사소통 과정을 분석한다. 피터 그런디(Peter Grundy)의 『화용론의 실제』(박철우 옮김, 커뮤니케이션북스, 2016)를 참고하라.

2) 2002년 안드레아스 스퇼(Andreas Ströhl)이 플루서의 26개 글을 편집해 Writings를 출간했다[Ströhl, A.(2002). *Writings: Vilém Flusser. Minneapolis*. University of Minnesota Press]. 다양하고 독특한 커뮤니케이션 이슈를 다루어 커뮤니케이션을 새로운 관점에서 이해할 수 있도록 이끈다. 이 책은 플루서의 이야기 곳곳에서 많은 영감을 얻었다. 비록 그의 주장들 중에는 내키지 않는 대목도 있었지만 아무 페이지에서나 어떤 생각을 연결할 수 있는 통찰을 얻을 수 있었다.

3) 죽음을 대하는 서양과 동양의 입장은 정반대다. 서양은 죽음을 두려워하고 동양은 삶의 고해를 두려워한다. 기독교는 영생을 찾으라 말하고 불교는 또 다른 삶으로 돌아가는 윤회의 단절인 열반을 추구한다. 어느 경우든 삶의 마지막 순간에 절대 고독을 맞이할 수밖에 없다는 점은 똑같다.

4) 현상학에서 지평은 중요한 의미를 지닌다. 에드문트 후설(Edmund Husserl)은 지평을 경험의 열린 구조라고 설명했다[오영환 · 이종훈 옮김(1999). 『순수현상학과 현상학적 철학의 이념』. 서광사]. 그에 의하면 의식은 항상 무엇인가에 대한 것이고 이 과정에서 지평이 형성된다. 즉 대상의 지각이 항상 지평적으로 열린 구조를 갖

는다는 것이다. 지평이란 우리가 세계를 바라보는 틀이며, 경험과 해석을 통해 끊임없이 변화하는 과정이다. 그러므로 우리가 세계를 경험하고 이해하는 방식의 한계를 설정함과 동시에 가능성을 제공한다.

5) 장소는 저널리즘에서 다양하게 논의되고 있다. 필자는 졸저, 『탈진실 바로잡기: 팩트, 사건, 뉴스 그리고 시스템 C』(책세상, 2023)의 4장에서 장소가 소멸할 때 일어나는 문제를 분석했다. 장소는 위치만 이야기하는 것이 아니라 물질적 형식과 의미 등이 하나로 통합된 곳으로서 사회적 · 문화적 실체와 순환 관계를 갖고 있다. 그러므로 관습과 제도를 통해 만들어진다. 장소가 존재함으로써 사건은 뉴스로 다루어질 수 있다. 이는 장소가 사람들을 육체적으로 물리적으로 한 곳에 묶어 두는 공동체의 결속 기제이기 때문이다. 장소는 공동체의 핵심인 것이다. 그래서 장소가 소멸하면 공동체가 소멸하고 저널리즘의 의미도 사그라들 수밖에 없다. 저널리스트가 사건을 장소를 통해 접근해야 하는 이유가 여기에 있다.

6) 지리학자 이-푸 투안(Yi-Fu Tuan)은 인문지리학과 지리 철학을 기반으로 공간과 장소의 의미를 탐구했다[윤영호 · 김미선 옮김(2022). 『공간과 장소: 경험의 관점에서』. 사이]. 그는 장소 감각과 장소 만들기를 통해 특정 공간이 장소로 이동하는 과정을 설명했다. 그의 장소 만들기 개념은 인간의 감각과 정서를 중시한다. 즉 사람들이 공간을 경험하고 의미를 부여하는 과정이라는 것이다. 요컨대 장소 만들기는 단순한 물리적 공간 조성이 아니라, 경험, 감각, 기억, 정체성이 결합한 과정이다.

7) 마르틴 하이데거(Martin Heidegger)는 간과했던 존재 자체에 대한 질문을 새롭게 제기하며 이를 철학적 출발점으로 논의했다[이상기 옮김(2015). 『존재와 시간』. 이학사]. Dasein은 단순히 객관적으

로 존재하는 사물과 달리 자신의 존재에 대해 질문을 던지고 이해할 수 있는 유일한 존재라고 보았다.

8) 이-푸 투안(Yi-Fu Tuan)은 장소 감각이라는 개념을 통해 장소가 어떻게 인간과 연결되는지 분석했다[이옥진 옮김(2011). 『토포필리아: 환경 지각, 태도, 가치의 연구』. 에코리브르]. 이때 감각이 중요한 역할을 한다고 보았다.

9) 빌렘 플루서(Flusser, V.)는 *Into the universe of technical images* (Vol. 32, U of Minnesota press, 2011)는 사진이나 영상을 테크놀로지를 이용한 기술이 만드는 그림이라는 점에서 technical image라고 했다. 이를 기술 그림이라고 번역했다. 테크놀로지가 개입하는 모든 종류의 이미지는 기술 그림이다.

10) 공간과 장소는 분명히 구분된다. 장소는 방이나 건물 도시와 같이 사람, 관행, 객체, 재현 등에 의해 채워진 공간이다. 장소는 우리가 의미를 부여하는 공간이다. 즉 공간에 대한 특정한 의도나 의미가 작용해 구체성을 띠는 현실로 드러날 때 장소라고 볼 수 있다. 장소가 이처럼 물리적이고 구체적인 정체성을 갖는다면 공간은 개념적이고 분석적이다[김사승(2022). 『탈진실 바로잡기』. 책세상].

11) 막스 반 마넨(Max van Manen)은 *Phennomenology of Practice*(NY: Routledge, 2014)에서 이들 실존적 경험 요소들을 통해 사건의 사물성을 회복해야 한다는 점을 강조했다.

12) 주로 롤랑 바르트(Roland Barthes)와 같은 기호학자들이 사용한 개념이다[이상빈 옮김(2020). 『롤랑 바르트의 신화들』. 민음사]. 특정 이데올로기나 권력 구조가 자신의 존재를 숨기거나 자연스러운 것으로 위장하는 과정을 가리킨다. 즉 이름을 부여하지 않음으로써 그것의 존재나 영향력을 비가시화하는 현상을 의미한다. 바르트는

프랑스 혁명 당시 부르주아는 자신들이 특정한 이름으로 명명되는 것을 회피했다고 지적했다. 당시 이들은 자신들의 권력 획득을 국민 전체의 해방이라는 보편적 가치로 포장했다. 이렇게 자신들의 계급적 정체성과 이익을 보편적인 것으로 위장하기 위해 명명 회피 전략을 사용했다는 것이다.

13) 일상의 균열을 내는 놀라움은 바로 다름 때문이다. 이는 놀라움의 본질적 미스터리다. 에마뉘엘 레비나스(Emmanuel Levinas)는 이런 미스터리는 일상에 갑자기 등장한 타자성의 환원되지 않는 비결정성 때문에 일어난다고 주장했다[Levinas, E.(1979). *Totality and infinity: An essay on exteriority*(Vol.1). Springer Science & Business Media]. 이는 타자가 주체의 인식과 권력 구조를 초월하는 절대적 타자성, 다시 말해 결정되지 않는 상태의 가능성을 의미한다. 이런 타자성이 일상에 개입할 때 놀라움이 초래되는 것이다.

14) 파스칼 메르시어(Pascal Mercier)가 2004년 쓴 현대 유럽 문학의 고전으로 평가받는 소설이다[전은경 옮김(2022), 『리스본행 야간열차』, 비채]. 자아를 찾아가는 여정을 제시하며, 인생의 의미와 인간 본연의 모습에 대해 깊이 있게 성찰할 기회를 제공한다. 2013년에는 이 소설을 원작으로 한 동명의 영화가 제작되었다. 제러미 아이언스가 주연을 맡아 그레고리우스 역을 연기했으며, 잭 휴스턴, 샬럿 램플링 등 유명 배우들이 출연했다.

15) 에드문트 후설(Edmund Husserl)은 감각적 경험과 논리적 판단이 어떻게 연결되는지를 분석했다[이종훈 옮김(2016). 『경험과 판단: 논리학의 발생론 연구』. 민음사]. 감각을 단순한 물리적 수용이 아니라, 의식이 능동적으로 구성하는 요소라고 보았다. 또 메를로퐁티(Maurice Merleau-Ponty)는 『지각의 현상학』(류의근 옮김, 문학과 지성사, 2002)에서 감각을 단순한 생리적 반응이 아니라 세계와의 상

호 작용 속에서 형성되는 지각적 경험으로 분석했다.

16) 빌렘 플루서(Vilém Flusser)는 사진과 같은 기술 그림(technical image)은 회화와 같은 전통적 이미지와 본질적으로 다르다고 주장했다[Flusser, V.(2013). *Towards a philosophy of photography* Reaktion Books]. 기술 그림을 생산하는 사람은 창작자가 아니라 장치(apparatus)에 의해 프로그램된 기능을 이용하는 자라고 보았다. 즉 기계나 시스템이 미리 설정한 방식대로 이미지를 생성한다는 것이다. 그러므로 이들은 창조적 행위가 아닌 프로그램된 기능을 수행하는 역할을 한다. 장치에 의존하고 재현이 아닌 조작을 하며 자율성이 제한된 기능인(functionary)이라는 것이다.

17) 하이데거는 『존재와 시간』에서 일상적 존재와 본래적 존재를 구분하면서 인간이 세계를 경험하는 두 가지 근본적인 방식을 제시했다. 일상적 존재란 주어진 사회적 틀과 습관 속에서 무비판적으로 살아가는 존재를 말한다. 사회적 규범과 '그들(Das man)'로 불리는 타인의 기대 속에서 자신을 정의한다. 고민하지 않고 자동적인 사고로 남을 따라 산다. 자신의 삶을 외부 환경에 맡기는 것이다. 본래적 존재는 자신의 실존적 가능성을 자각하고, 타인의 기준이 아니라 자신에게 충실한 방식으로 살아가는 존재다. 나로 존재하기를 원하며 실존적 불안을 회피하지 않는다. 이를 위해 자신의 가능성을 탐색하고 선택하고 책임지려 한다.

18) 에드문트 후설(Edmund Husserl)은 '자연적 태도'에서 벗어나기 위한 판단 중지의 필요성을 논의했다[이종훈 옮김(2021). 『순수 현상학과 현상학적 철학의 이념들』. 한길그레이트북스]. 세계에 대한 기존의 판단을 일시적으로 중지하여, 사물의 본질을 순수한 직관으로 탐구하는 태도를 말한다. 우리의 경험이 선입견과 기존의 신념에 의해 영향을 받기 때문에, 이를 제거해야만 현상 자체를 순수하게 인식할 수

있다고 보았다. 이를 위해 판단을 일시적으로 보류(suspension)하는 과정, 즉 에포케(Epoché)를 수행해야 한다고 주장했다.

19) 질문에 대한 이론은 필자의 질문에 대한 논의를 참고하라[김사승(2023). 『저널리즘과 질문의 자격』. 커뮤니케이션북스]. 이 책은 저널리즘이 제기해야 할 질문을 묘사를 위한 질문, 해석을 위한 질문, 성찰을 위한 질문, 권력을 위한 질문 등으로 구분했다. 저널리스트가 이런 질문을 제대로 해낼 때 뉴스 생산의 직무는 단순한 노동(labor)에서 벗어나 일(work)이 된다고 보았다.

20) 하워드 파슨스(Howard L. Parsons)는 상처라는 경험을 통해 놀라움이 어떻게 작용하는지를 설명할 수 있다고 주장했다[Parsons, H. L.(1969). *A philosophy of wonder. Philosophy and phenomenological research*, *30*(1), pp.84-101]. 상처를 놀라움을 유발하는 강력한 경험적 계기로 보았다. 상처는 우리가 기존의 세계를 당연하게 받아들이던 태도를 깨고 새로운 방식으로 존재를 사유하게 만드는 놀라움의 사건이 된다는 것이다.

21) 질 들뢰즈(Gilles Deleuze)와 펠릭스 가타리(Félix Guattari)는 탈영토화를 기존의 의미 체계나 정체성이 해체되는 과정이라고 정의했다[김재인 옮김(2003). 『천 개의 고원』. 새물결]. 이 개념은 후설의 자연적 태도(natural attitude)의 붕괴와 연결되는 지점이기도 하다.

22) 자크 데리다(Jacque Derrida)는 서양 형이상학의 로고스 중심주의를 비판하고 해체 개념을 본격적으로 제시했다[김웅권 옮김(2004). 『그라마톨로지에 대하여』. 동문선]. 언어가 의미를 고정하는 것이 아니라, 기표와 기표 간의 끝없는 연쇄 속에서 의미가 미끄러진다는 점을 강조했다.

23) 토마스 페티트(Thomas Pettitt)는 구텐베르크의 인쇄술이 등장하면서 형성된 문자 문화의 시기를 하나의 '일시적 중단', 즉 괄호 안에 넣어도 될 만한 휴지기로 보았다(Before the Gutenberg Parenthesis: Elizabethan-American Compatibilities. Media in *Transition 5: Creativity, Ownership and Collaboration in the Digital Age Plenary 1: "Folk Cultures and Digital Cultures"*, 2007). 디지털 이전까지 잘해야 500년의 짧은 시간인 이 시기는 글과 인쇄물이 지식의 주요 매체가 되었고, 텍스트는 고정되고 권위 있는 것으로 여겨졌다. 또 저자의 권위, 텍스트의 불변성, 선형적 사고방식이 강조되었다. 그는 디지털 시대가 다시 구텐베르크 이전의 구술 문화적 특징을 회복하는 과정으로 나아간다고 주장했다. 즉 유동성, 참여, 공동 창작과 같은 구술 문화와 유사한 속성을 지닌 문화로 돌아가고 있다는 것이다.

24) 플루서는 비판적 사고를 완전한 하나(oneness)를 훈련된 방법으로 둘로 나누는 능력이라고 말했다. 글쓰기는 이런 능력에서 창출된다고 보았다[Flusser, V.(2004). *Writings. electronic mediations, volume 6*, Andreas Ströhl, editor Translated by Erik Eisel, University of Minnesota Press Minneapolis / London].

25) 타자성은 다름(otherness)과 구분해야 한다. 타자성은 '나'와 타자 사이의 관계에서 완전한 동화나 이해가 불가능한 근원적인 차이를 말한다. 반면 다름(otherness)은 보다 일반적인 차이를 의미한다.

26) 사건과 사실의 규모는 다르다. 얼핏 사건이 사실보다 더 큰 것처럼 보인다. 그러나 화이트는 사실이 사건보다 크다고 말했다[White, A.(1970). *Truth. Garden City*, NY: Anchor Books]. 사실은 사건 이전부터 존재한다. 사건은 그 사실들 가운데 사건과 관련된 사실로 구성된다. 사실 취재는 사건과 관계없이 평소에 다양한 사실을 수집한

다. 사실 전체를 대상으로 취재하는 것을 말한다. 반대로 사건 취재는 사건이 터진 다음 그 사건에만 초점을 맞춘다. 따라서 취재해야 하는 사실의 규모는 제한된다. 그래서 사실 취재는 사건 취재보다 크다.

27) 폴 리쾨르(Paul Ricoeur)의 서사적 정체성 개념은 인간의 정체성이 단순히 고정된 실체가 아니라, 시간성 속에서 이야기를 통해 구성된다고 주장한다[김화용 옮김(2002). 『자기-자신으로서의 타자』. 문예출판사]. 이는 끊임없이 재구성되는 과정적 성격을 가지며, 이를 통해 우리는 시간성 속에서 일관된 자아를 유지하면서도 변화와 성장을 이룰 수 있다.

28) 브라이언 맥네어(Brian McNair)는 뉴스를 '실재하는 사회 세계의 알려지지 않는(unknown) 새로운 속성에 관한 진실성이 담긴 진술 또는 이의 기록이라고 주장하는 문어, 또는 시청각 형식의 저자의 텍스트(authored text)'라고 정의했다[McNair, B.(1998). *The Sociology of Journalism, London*: Arnold].

29) 레베카 맥클라나한(Rebecca McClanahan)은 묘사를 단어로 그림 그리기라고 정의했다[(McClanahan, R.(1999). *Word painting: A guide to writing more descriptively*. Penguin]. 그에 의하면 묘사는 단순한 장식이 아니라 독자와 감정적으로 연결되는 창구다. 그래서 그는 묘사는 단지 보이는 것을 적는 것이 아니라, 말로 그림을 그리는 것이라고 주장했다. 또 일반화된 언어가 아닌 구체적인 세부가 인상을 각인시킨다고 지적했다. 화려한 형용사보다 명사와 동사의 정확한 선택이 더 효과적이며, 등장인물의 외형뿐만 아니라 행동과 상황을 통해 캐릭터를 묘사해야 하고, 묘사가 음악적인 리듬과 조화를 이루어야 독자의 몰입을 유도할 수 있다고 설명했다. 묘사를 통해 독자가 '보게' 하는 것이 아니라, '경험하게' 만들어야 한다는 것이다.

김사승

숭실대 언론홍보학과 교수. 서강대 사학과를 졸업하고 영국 레스터대학 신문방송학과에서 석사학위와 박사학위를 받았다. ≪문화일보≫ 기자를 지냈다. 주요 저서로 『저널리즘 생존 프레임』(2012), 『현대 저널리즘』(2013), 『디지털 경계관리』(2017), 『탈진실 바로잡기』(2022), 『저널리즘과 질문의 자격』(2023) 등이 있다.